深圳证券交易所
SHENZHEN
STOCK EXCHANGE

深交所创新成长学院

U0960713

深交所创新成长学院系列读物

公司债券和
资产证券化产品发行问答

深圳证券交易所创业企业培训中心 编著

中国财经出版传媒集团
中国财政经济出版社

图书在版编目（CIP）数据

公司债券和资产证券化产品发行问答 / 深圳证券交易所创业企业培训中心编著. --北京：中国财政经济出版社，2021.6
（深交所创新成长学院系列读物）
ISBN 978-7-5095-9829-0

Ⅰ.①公… Ⅱ.①深… Ⅲ.①公司债券-中国-问题解答②资产证券化-中国-问题解答 Ⅳ.①F812.5-44 ②F832.51-44

中国版本图书馆 CIP 数据核字（2020）第 092707 号

责任编辑：贾延平　　责任校对：胡永立
封面设计：田　晗　　责任印制：刘春年

公司债券和资产证券化产品发行问答
GONGSI ZHAIQUAN HE ZICHAN ZHENGQUANHUA CHANPIN FAXING WENDA

中国财政经济出版社 出版
URL：http：//www.cfeph.cn
E-mail：cfeph@cfeph.cn

社址：北京市海淀区阜成路甲 28 号　邮政编码：100142
营销中心电话：010-88191522
天猫网店：中国财政经济出版社旗舰店
网址：https：//zgczjjcbs.tmall.com
北京时捷印刷有限公司印刷　各地新华书店经销
成品尺寸：156mm×230mm　16 开　18.25 印张　243 000 字
2021 年 6 月第 1 版　2021 年 6 月北京第 1 次印刷
定价：48.00 元
ISBN 978-7-5095-9829-0
（图书出现印装问题，本社负责调换，电话：010-88190548）
本社质量投诉电话：010-88190744
打击盗版举报热线：010-88191661　QQ：2242791300

前　言

改革开放以来，伴随着我国的经济腾飞，作为实体经济血液的金融市场，迎来了前所未有的大发展，取得了举世瞩目的伟大成就。其中，债券市场作为重要的金融子市场之一，是实体经济的直接融资渠道、宏观调控的重要实施阵地、国家战略的重要落实场所，对金融市场和金融体系乃至整个经济社会的发展，始终发挥着不可或缺的重要作用。从全球来看，一国债券市场的整体发展水平，往往代表着一国整体的资源配置效率和风险管理水平，是金融核心竞争力的集中体现。可以说，在一个经济强盛、金融发达的国家中，一个具有深度、广度和活跃度的债券市场是其必不可少的基础性支撑，债券市场已成为整个市场安全、高效运行的核心。

一、我国债券市场改革发展情况

随着改革开放和社会经济的发展，我国债券市场在各方共同努力下，历经艰辛探索、改革实践、发展壮大、国际接轨等阶段，取得了巨大成就，已成为我国金融市场的重要组成部分。债券市场不仅具有企业融资、资产定价等微观功能，还有优化融资结构、促进要素价格市场化、改善货币政策传导机制、促进人民币国际化等宏观功能。我国债券市场的发展是改革开放的产物，同时它又促进了改革开放和经济发展。

从市场规模看，我国债券市场从 2012 年的 26.28 万亿元，到 2021 年第一季度末的近 117.33 万亿元，已成为全球第二大债券市场；我国地方政府债券市场的年度发行规模已跃居全球首位；债券年交易量已突破 1200 万亿元。

从债券品种看，经过多年的发展，我国债券市场的产品类型覆盖全面，包括了国债、地方政府债、央行票据、金融债、企业债、公司债、短期融资券、中期票据、定向工具、资产支持证券等传统品种，还有熊猫债、可转债、可交换债、可续期债、创新创业债、纾困债、专项金融债、项目收益债、绿色债券（包括碳中和债等）、住房租赁债、“一带一路”债、权益出资型票据等创新品种不断涌现。

从交易业务种类看，买断式回购、债券远期、债券借贷、三方回购等业务相继开展。在近年信用违约事件增多、民营企业融资困难的背景下，推出信用风险缓释工具、民企融资支持工具，完善了信用分担机制。此外，违约债券转让的制度性政策安排正式落地，债券违约处置机制进一步完善。从投资主体看，个人投资者、农村金融机构、信托产品、资管产品、商业银行理财产品、私募基金及境外投资者等相继获准进入债券市场，丰富了投资者类型，优化了投资者结构，提高了二级市场流动性和市场活跃度。商业银行虽然仍是债券市场的最主要投资者，但其持有债券的比重近年来已呈下降趋势。随着QFII、RQFII、“直接入市”及“债券通”等外资入市渠道的不断丰富，截至2020年末，境外机构连续25个月增持境内债券，持有规模达2.88万亿元，同比增加1万亿元，同比增长53.70%。

二、交易所债券市场发展情况

近年来，我国交易所债券市场发展迅速，市场化、法治化、国际化程度持续提升，在服务实体经济发展、提高直接融资比重、降低社会融资成本等方面发挥了越来越重要的作用。

2007年，国内首只公司债——长江电力公司债发行，标志着公司债开始登上我国资本市场的舞台。在经历2007年起步、2008年停发以及2009年重发等阶段之后，公司债从2015年开始迎来了快速发展时期。2015年1月，中国证监会修订并发布了《公司债券发行与交易管理办法》，推动债券市场化改革，对实体经济的支持力度显著提升，有效提高了直接融资在社会融资规模中的比重。截至2021

年第一季度，交易所债券市场公司债券发行量为 8453.75 亿元，比 2015 年同期增长 23.67 倍。从社会融资规模占比看，2021 年第一季度新增公司信用类债券融资规模在社会融资规模中的比重为 10.44%，其中公司债券占比为 2.23%，是企业直接融资的重要品种。

与此同时，作为盘活企业存量资产、降低杠杆的重要工具，交易所债券市场资产支持证券（ABS）的基础资产类型不断丰富，服务实体经济能力不断增强。资产支持证券起源于 20 世纪 70 年代的美国，最早出现的形式是住房抵押贷款支持证券（RMBS），之后其取得了巨大成功。此后，证券化的资产从抵押贷款扩展到其他资产上面，出现了资产支持证券。目前，基础资产已遍及租金、版权、专利费、信用卡贷款、汽车贷款、公路收费等领域。自资产证券化备案制实施至 2021 年第一季度末，我国交易所债券市场共有 14323 只资产支持证券完成发行，发行金额共计 5.29 万亿元。基础资产包括基础设施收费权、应收账款债权、消费金融债权、租赁债权、商业物业租金、PPP 项目资产支持证券等类型。

此外，地方债也成为交易所债券市场的重要品种。为了进一步拓宽地方政府债券的发行渠道，培育地方债投资者群体，提高地方债流动性和发行定价市场化程度，优化投资者结构，交易所积极支持地方债发行。截至 2021 年第一季度末，几乎所有省份都在交易所成功发行了地方债，今年第一季度发行规模达 8951.10 亿元。

三、深交所固定收益市场发展情况

近年来，深交所在中国证监会的指导下，以对接国家战略、服务实体经济发展为导向，强化基础制度建设，优化审核体系，促进了固定收益市场平稳有序发展。截至 2021 年 5 月 31 日，深交所上市固定收益产品 8398 只，托管规模约 2.68 万亿元，累计服务超过 1844 家企业，融资超过 5 万亿元，成为深交所服务实体经济的重要组成部分。深交所固定收益市场具有以下特点：

融资成本较低。公司债的票面利率与宏观环境、资金面、企业资质、投资者认可程度等相关，不同企业存在差异。与银行借款、信托借款等相比，公司债券募集资金用途较为灵活，按募集说明书约定使用即可，包括偿还公司债务、补充营运资金、项目建设、收购股权和基金出资等。此外，资产支持证券（以下简称“ABS”）的发行利率由于基础资产的不同还会存在差异。

审核发行上市效率较高。债券审核方面，深交所向全社会全程公开，全程电子化，审核效率较高。目前，深交所公募债券审核时限不超过30个交易日，其中AAA公募债券平均审核时限为9个交易日，私募债券审核时限为15个交易日。其中，AAA私募债券平均审核时限为7个交易日；ABS审核时限为15个交易日，平均审核时限为11个交易日。针对符合公司债券优化审核程序的发行人，审核时间小于10个交易日。发行上市方面，建立了债券发行上市一站式服务体系，简化发行登记手续，大幅提升债券发行、登记、上市效率，实现债券从发行结束到完成上市，最快仅需3个交易日。

产品创新较多。深交所积极推动债券品种创新，公司债方面，2020年以来，陆续发布疫情防控债问答、私募可转债实施办法和公司债券创新品种业务指引，进一步丰富产品布局。目前，深交所创新推出了疫情防控债、纾困债、绿色债（含碳中和债）、双创债、“一带一路”债、大湾区债、熊猫债等产品。资产证券化方面，深交所陆续推出市场首单供应链金融ABS、知识产权ABS、类REITs等创新产品，2020年推动首单5G专场ABS项目－高新投知识产权（5G专场）、首单短期限可滚动发行ABS项目－徐工租赁等项目落地。

四、公司债与资产证券化产品发展及建议

与主要发达国家相比，虽然近年来我国信用债市场规模不断扩大，品种日益丰富，但在规模、债券评级、流动性以及持有者结构方面与发达国家还有较大差距。而交易所债券市场是我国信用债市场中最重要的板块之一，考虑到其基础设施先进、规范程度和国际化水平高，交易所公司债和资产证券化产品应当作为我国债券市场发展的重点予以大力支持。未来，债券市场的发展空间将十分广阔。

具体来说，为进一步推动交易所公司债和资产证券化发展，建

议重点开展以下几方面工作：

一是明确市场各方权责利，完成投资理念更新转换。发行人、承销机构、评级、会计师及律师事务所等主体要厘清各自的权利、义务和责任，同时要配合监管和交易所向投资人传递正确的信用债投资理念，帮助投资人做好风险管理。不同的投资人有不同的风险偏好。风险是不能避免的，只能分散、对冲和管控。

二是打破刚性兑付，牢固树立信用文化。近年来，刚性兑付的局面已被打破，但个人投资者仍对刚性兑付有所依赖。短期内，刚性兑付导致承销商承销债券的意愿下降，也会影响债券市场融资功能的发挥，但这是在刮骨疗毒，长期来讲，有利于市场良性发展。

三是坚决打击“逃废债”，制度上遏制企业及地方政府的道德风险。企业和地方政府都是利益主体，现在民营企业和国有企业都存在“逃废债”的可能性。2020 年下半年发生债券违约的发行主体，其中不少是 AAA 级国有企业，这些事件对市场有重大影响。

四是加强信用评级市场的制度建设。与国际评级机构相比，国内评级机构呈现数量多、集中度低的特点，各家评级机构为了获得更大的市场份额，对债券发行人的评级普遍偏高，评级有效性较弱，投资者对评级的认可度较低。在目前已取消公开发行公司债券的强制评级要求、降低发行人对第三方评级依赖的基础上，应不断完善证券评级业务规则，规范评级的职业行为。

五是推进投资者和持有者多元化，提升市场流动性。目前，我国信用债投资者相对单一，主要以广义基金和商业银行持有为主，保险机构占比很低，整体流动性偏低。对比之下，保险公司是美国信用债最大的投资主体，占比高达 43%；其次是境外投资者，占比约 28%；共同基金占比约为 16%，其他持有人还包括家庭、养老金、州和地方政府等，持有规模相对较小。

作为资本市场培训、培育的重要组织者之一，深圳证券交易所创业企业培训中心（以下简称“培训中心”）充分发挥了在培育市场、服务市场等方面的优势，组织来自监管机构、承销机构、律师事务所、会计师事务所等的一线专家，首次编写了《公司债券和资产证券化产品发行问答》。本书通过增强债券发行人和原始权益人对交易所债券市场发行公司债和资产证券化产品、市场和相关流程的全面了解，将发行人和原始权益人在此过程中涉及的观念转变、规范运作等大家关心的重点问题、难点问题以百科问答的形式展现出来，形成参考资料，供广大发行人和原始权益人遇到疑问时即可随手翻阅。本书全面系统，集市场、产品、政策和实操于一体，深入浅出，语言生动，案例典型，希望可以帮助广大发行人和原始权益人利用好交易所固定收益市场顺畅融资，从而促进实体经济的高质量发展和高水平循环。

深交所创业企业培训中心

2021 年 6 月

目　录

上篇　公司债券

下篇　资产证券化

上篇
公司债券

第一章
公司债券常识

第一节　基本概念和制度演进

1. 什么是公司债券?

公司债券，是指公司依照法定程序发行并约定在一定期限还本付息的有价证券，是一种债权债务关系的凭证。

2. 债券品种有哪些?

债券分为利率债和信用债两类。利率债的发行人为国家或信用等级与国家相当的机构，其信用风险极低，收益率主要受利率影响；信用债，没有国家信用背书，发行人信用情况是决定债券收益率的主要因素。

利率债包括国债、地方政府债、央行票据、政策银行金融债等。信用债包括非政策性银行金融债、企业债、公司债、中期票据、短期融资券等，按发行人是否属于金融企业可分为金融和非金融两大类，金融类信用债发行人主要是银行、保险和券商，目前信用债以非金融类为主。

非金融类信用债分为三类：

（1）公司债券，包括大公募、小公募和私募，由中国证券监督管理委员会监管。

（2）短期融资券、超短期融资券、中期票据等，主要由中国银行间市场交易商协会（NAFMII）监管。

（3）企业债，主要由国家发展和改革委员会监管。

3. 公司债券经历了哪些制度变化？

《证券法》对公开发行公司债券的条件、监管审核的机构及不得再次公开发行公司债券的情况进行了明确的规定，是其他监管办法和监管指引制定的基础。

2007年8月14日，中国证监会颁布《公司债券发行试点办法》，对公司债券发行条件、发行程序、债券持有人权益保护、监督管理等内容进行规定。2009年沪深交易所修订发布了公司债券上市规则，并推进上市公司发行可转债和可分离债，丰富了债券品种。2012年，上海证券交易所（以下简称"上交所"）及深圳证券交易所（以下简称"深交所"）分别发布了《上海证券交易所中小企业私募债券业务试点办法》和《深圳证券交易所中小企业私募债券业务试点办法》，明确规定试点期间中小企业私募债券的发行人为未上市中小微企业，暂不包括房地产企业和金融企业。2015年1月15日，中国证监会公布《公司债券发行与交易管理办法》，取代施行7年多的《公司债券发行试点办法》。

2019年12月29日，新《证券法》正式公布，并于2020年3月1日起施行，其中与债券相关的重要修正条款如下：

（1）由核准制变更为注册制。新《证券法》规定：公开发行证券，必须符合法律、行政法规规定的条件，并依法报经国务院证券监督管理机构或者国务院授权的部门注册。未经依法注册，任何单位和个人不得公开发行证券。

（2）调整发行条件，取消净资产40%的规模限制。

（3）调整不得再次公开发行公司债券的情形范围，取消前一次公开发行的公司债券尚未募足的条件限制。

4. 公司债券发行的基本程序有哪些？

（1）发行人聘请中介机构。公司债券发行中介机构主要包括证券公司（主承销商）、信用评级公司（资信评级机构）、会计师事务所（审计机构）、律师事务所（法律顾问）、受托管理机构（受托管理人）。

（2）召开公司债券发行启动会议。选定中介机构后，一般由发行人组织召开首次公司债券发行会议，在实务中亦是首次中介机构协调联席会议。

（3）中介机构尽职调查。启动会议后，各中介机构在主承销商的统一协调下，各自着手开展相关的尽职调查工作。

（4）准备相关文件资料。在尽职调查的基础上，发行人制作募集说明书，主承销商制作核查意见，评级机构出具资信评级报告，审计机构出具审计报告，律师出具法律意见书。

（5）文件资料申报。各中介机构准备完成相关材料，发行人按照规定的程序和要求，向主管机关进行文件资料申报。

（6）问题反馈。一般情况下，在发行人上报相关文件资料后，主管机关会对公司债券发行中存在的问题向发行人进行反馈，由发行人会同相关中介机构共同协商解决。

（7）取得发行文件。在反馈问题得到解决或说明后，发行人取得公司债券发行的注册文件或无异议函，即可发行债券。

（8）债券的承销。发行公司债券应当由具有证券承销业务资格的证券公司承销。发行人和主承销商应当签订承销协议，在承销协议中界定双方的权利义务关系，约定明确的承销基数。承销机构在取得发行文件后，通过路演、推介、询价、簿记建档或市场化招标、定价、配售等一系列环节，最终完成债券的销售工作。

（9）债券的上市与挂牌。公司债券承销完成后，公募债券可申请在交易所上市转让，私募债券可申请在交易所挂牌转让。

第二节　大公募债券

5. 什么是大公募？

“大公募”全名为“面向普通投资者的公开发行的公司债券”，其发行对象是普通投资者，发行方式为公开发行。《公司债券发行与交易管理办法》将公司债券区分为公开发行的债券及非公开发行的债券，其中，向普通投资者公开发行的债券称被为“大公募”，向专业投资者公开发行的债券被称为“小公募”。

6. 大公募发行条件是什么？

《证券法》第十五条规定，公开发行公司债券，应当符合下列条件：

（1）具备健全且运行良好的组织机构。

（2）最近三年平均可分配利润足以支付公司债券一年的利息。

（3）国务院规定的其他条件。

《公司债券发行与交易管理办法》规定，大公募除了需满足上述条件之外，同时应满足：

（1）发行人最近三年无债务违约或迟延支付本息的事实。

（2）发行人最近三个会计年度实现的年均可分配利润不少于债券一年利息的1.5倍。

（3）债券信用评级达到AAA级。

《证券法》第十七条规定，有下列情形之一的，不得再次公开发行公司债券：

（1）对已公开发行的公司债券或者其他债务有违约或者延迟支付本息的事实，仍处于继续状态。

（2）违反《证券法》规定，改变公开发行公司债券所募资金的用途。

7. 大公募信用评级有什么要求？

公开发行公司债券，应当委托具有从事证券服务业务资格的资信评级机构进行信用评级。大公募债强制要求信用评级且评级需要达到AAA级。除首次评级报告之外，在债券有效存续期间内，每年须至少公布一次跟踪评级报告。公募债的信息披露要求比私募债高。

8. 大公募申报材料有哪些？

在不同阶段的申报材料主要有：

（1）审核阶段：募集说明书及其摘要、主承销商核查意见、审计报告、评级报告及法律意见书等。

（2）发行申请阶段：募集说明书及其摘要、发行公告、发行批文等。

（3）上市申请阶段：上市申请书、债券发行的注册文件、募集资金证明文件、债券持有人名册、审计报告、评级报告、法律意见书、担保文件（若有）。

9. 大公募审核程序有哪些？

（1）受理：发行人按照监管机构信息披露内容与格式的有关规定编制和报送公开发行公司债券的申请文件。交易所接收申请文件后，依法审核公开发行公司债券的申请。

（2）审核：申请受理后，审查部门分别从财务和非财务角度对申报材料进行审核，并适时启动诚信档案查询程序。审查部门在审查申请材料的过程中，依据法定条件和程序，可以直接或者委托派出机构对申请材料的有关内容进行实地核查。需要申请人作出书面说明、解释的，原则上应当将问题一次汇总成书面反馈意见。申请人应当在审查部门规定的期限内提交书面回复意见；确有困难的，可以提交延期回复的书面报告，并说明理由。

（3）注册：交易所审核通过后，申请人将注册文件提交中国证监会履行注册程序，由中国证监会出具同意注册的证监许可。

10. 大公募交易和转让方式有哪些？

大公募上市后，可以同时采取竞价交易和协议交易方式，在交易所交易的公司债还可以采取报价和询价的交易方式。

11. 大公募资金用途及管理有何规定？

公开发行公司债券，募集资金必须按照公司债券募集办法所列资金用途使用，用于本企业的生产经营，不得擅自挪作他用，不得用于弥补亏损和非生产性支出，也不得用于房地产买卖、股票买卖以及期货交易等高风险投资。除金融类企业外，募集资金不得转借他人。发行人应当指定专项账户，用于公司债券募集资金的接收、存储、划转与本息偿付。发行人应当在当期报告中披露公开发行公司债券募集资金的使用情况。

第三节　小公募债券

12. 什么是小公募?

“小公募”全名为“面向专业投资者的公开发行的公司债券”，认购或投资的人数没有限制。

13. 小公募发行条件是什么?

《证券法》第十五条规定，公开发行公司债券，应当符合下列条件：

（1）具备健全且运行良好的组织机构。

（2）最近三年平均可分配利润足以支付公司债券一年的利息。

（3）国务院规定的其他条件。

《证券法》第十七条规定，有下列情形之一的，不得再次公开发行公司债券：

（1）对已公开发行的公司债券或者其他债务有违约或者延迟支付本息的事实，仍处于继续状态。

（2）违反《证券法》规定，改变公开发行公司债券所募资金的用途。

此外，产能过剩行业或者房地产企业发行“小公募”时，还应当符合证券交易所的特别规定。如上海证券交易所在《关于试行房地产产能过剩行业公司债券分类监管的函》和深圳证券交易所在《债券业务办理指南第1号——公开发行公司债券上市预审核、发行及上市业务办理》作出的特别规定。

14. 小公募信用评级有什么要求?

公开发行公司债券，应当委托具有从事证券服务业务资格的资信评级机构进行信用评级，小公募的发行要求强制评级，但对债项评级无具体要求。

15. 小公募的专业投资者应满足什么条件?

按照风险认知水平和风险承受能力的不同，债券市场投资者分为专业投资者和普通投资者。

为了保护投资者的合法权益，引导投资者理性参与债券市场，促进债券市场健康稳定发展，深圳证券交易所制定了《深圳证券交易所债券市场投资者适当性管理办法》，对专业投资者的界定做出更加明确的界定：

（1）经有关金融监管部门批准设立的金融机构，包括证券公司、期货公司、基金管理公司及其子公司、商业银行、保险公司、信托公司、财务公司等；经行业协会备案或者登记的证券公司子公司、期货公司子公司、私募基金管理人。

（2）上述金融机构面向投资者发行的理财产品，包括但不限于证券公司资产管理产品、基金管理公司及其子公司产品、期货公司资产管理产品、银行理财产品、保险产品、信托产品、经行业协会备案的私募基金。

（3）社会保障基金、企业年金等养老基金，慈善基金等社会公益基金，合格境外机构投资者（QFII）、人民币合格境外机构投资者（RQFII）。

（4）同时符合下列条件的法人或者其他组织：最近一年末净资产不低于2000万元；最近一年末金融资产不低于1000万元；具有两年以上证券、基金、期货、黄金、外汇等投资经历。

（5）同时符合下列条件的个人：申请资格认定前20个交易日名下金融资产日均不低于500万元，或者最近三年个人年均收入不低于50万元；具有两年以上证券、基金、期货、黄金、外汇等投资经历，或者具有两年以上金融产品设计、投资、风险管理及相关工作经历，或者属于本条第（1）项规定的合格投资者的高级管理人员、获得职业资格认证的从事金融相关业务的注册会计师和律师。

（6）中国证监会和深圳证券交易所认可的其他投资者。

16. 小公募申报材料有哪些?

小公募申报材料与大公募申报材料基本一致,具体可以参考大公募的申报材料。

17. 小公募审核程序是什么?

小公募审核程序与大公募基本相同,均由交易所受理、审核,审核通过后提交中国证监会注册。发行人到交易场所领取核准发行批文后,无重大事项或已履行完重大事项程序的,可按相关规定启动发行。

18. 小公募交易和转让有何要求?

仅面向专业投资者公开发行的小公募,且不能达到下列任何一个条件的,应采取协议交易方式:

(1) 债券信用评级达到 AA 级及以上。

(2) 发行人最近一期末的资产负债率或者加权平均资产负债率(适用于多个主体以集合债形式发行债券的情形)不高于75%,或者发行人最近一期末净资产不低于5亿元人民币。

(3) 发行人最近三个会计年度经审计的年均可分配利润不少于债券一年利息的1.5倍,以集合债形式发行的债券,所有发行人最近三个会计年度经审计的加总年平均可分配利润不少于债券一年利息的1.5倍。

19. 小公募资金用途及管理有何规定?

小公募资金用途及管理同大公募的管理要求一致。

第四节 私募债券

20. 什么是私募?

私募公司债,指采取非公开发行方式发行的公司债券,非公开发行的公司债券应当向合格投资者发行,不得采用广告、公开劝诱和变相公开方式，每次发行对象不得超过200人。私募公司债（以下简称私募债或私募）一般由投资者和发行人对公司债券的相关问题进行磋商并达成合意，因此其发行程序相对简单，法律法规限制较少。

21. 私募发行条件是什么？

符合《公司债券发行与交易管理办法》等法律法规的相关规定，不存在《非公开发行公司债券项目承接负面清单指引》（以下简称《负面清单》）所列示情形。《负面清单》如下：

（1）最近24个月内公司财务会计文件存在虚假记载，或公司存在其他重大违法行为。

（2）对已发行的公司债券或者其他债务有违约或迟延支付本息的事实，仍处于继续状态。

（3）存在违规对外担保或者资金被关联方或第三方以借款、代偿债务、代垫款项等方式违规占用的情形，仍处于继续状态。

（4）最近12个月内因违反公司债券相关规定被中国证监会采取行政监管措施；或最近6个月内因违反公司债券相关规定被证券交易所等自律组织采取纪律处分，尚未完成整改的。

（5）最近两年内财务报表曾被注册会计师出具保留意见且保留意见所涉及事项的重大影响尚未消除，或被注册会计师出具否定意见或者无法表示意见的审计报告。

（6）因严重违法失信行为，被有权部门认定为失信被执行人、失信生产经营单位或者其他失信单位，并被暂停或限制发行公司债券。

（7）擅自改变前次发行公司债券募集资金的用途而未做纠正。

（8）本次发行募集资金用途违反相关法律法规或募集资金投向不符合国家产业政策。

（9）除金融类企业外，本次发行债券募集资金用途为持有以交易为目的的金融资产、委托理财等财务性投资，或本次发行债券募集资金用途为直接或间接投资于以买卖有价证券为主要业务的公司。

（10）本次发行文件存在虚假记载、误导性陈述或重大遗漏。

（11）存在严重损害投资者合法权益和社会公共利益情形。

（12）地方融资平台公司。本条所指的地方融资平台公司，是指根据国务院相关文件规定，由地方政府及其部门和机构等通过财政拨款或注入土地、股权等资产设立，承担政府投资项目融资功能，并拥有独立法人资格的经济实体。

（13）主管部门认定的存在“闲置土地”“炒地”“捂盘惜售”“哄抬房价”等违法违规行为的房地产公司。

（14）典当行。

（15）未能同时满足以下条件的担保公司：经营融资担保业务满三年；注册资本不低于人民币 6 亿元；主体信用评级 AA 级（含）以上；近三年无重大违法违规行为。

（16）未能同时满足以下条件的小贷公司：经省级主管机关批准设立或备案，且成立时间满两年；省级监管评级或考核评级最近两年连续达到最高等级；主体信用评级达到 AA 级（含）以上。

22. 私募信用评级有什么要求？

没有强制要求，非公开发行公司债券是否进行信用评级由发行人确定，并在债券募集说明书中披露即可。

23. 私募的专业投资者应满足什么条件？

私募债的专业投资者为《深圳证券交易所债券市场投资者适当性管理办法》第六条规定的专业投资者（具体详见本书第 15 个问题）中的机构投资者。

根据《深圳证券交易所债券市场投资者适当性管理办法》第八条的规定，仅限专业投资者中的机构投资者认购及交易的债券类型包括：

（1）债券信用评级在 AAA 级以下（不含 AAA 级）的公司债券、企业债券（不包括公开发行的可转换公司债券）。

（2）非公开发行的公司债券、企业债券。

（3）资产支持证券。

（4）深圳证券交易所认可的其他仅限专业投资者中的机构投资

者认购及交易的债券。

发行人的董事、监事、高级管理人员及持股比例超过5%的股东，可以认购及交易该发行人发行的公司债券，资产支持证券原始权益人及其关联方认购及交易相应的资产支持证券，不受《深圳证券交易所债券市场投资者适当性管理办法》第六条规定的专业投资者条件的限制。

24. 私募申报材料有哪些？

私募申报材料与大公募申报材料相同，具体详见本书第8个问题。

25. 私募审核程序是什么？

私募审核程序即转让条件确认工作，包括受理、核对、反馈、召开核对工作小组会议及期后事项等主要环节。交易所固定收益品种业务专区（以下简称“固收专区”）将根据转让条件确认工作进度实时更新项目进度状态。

26. 受理阶段主要工作有哪些？

（1）申请。主承销商应当登录固收专区提交债券转让条件确认申请材料，填报申请信息。

（2）申请材料修改。申请材料通过固收专区提交后至交易所受理前，主承销商可与工作人员联系，撤回申请或修改申请材料。申请材料经确认受理后，主承销商仅可申请中止或撤回申请。固收专区将保存申请材料提交、撤回、中止及修改的历史记录。

（3）申请受理。主承销商提交申请材料后，工作人员应当在两个工作日内对申请材料进行齐备性核对，形式要件齐备的确认受理，不齐备的告知需补正事项。申请材料存在严重质量问题或存在中介机构明显不勤勉尽责等情形的，交易所可以不受理申请材料。

（4）申请材料补正。主承销商应当按照补正要求及时对申请材料予以补正，并提交补正后的申请材料；补正后符合要求的，工作人员确认受理。

27. 核对与反馈阶段主要工作有哪些?

（1）核对。申请材料受理后，即按交易所内部程序分配给核对人员进行核对。核对人员提出相关意见，提交反馈会集体讨论。

（2）反馈。自受理申请材料之日起10个工作日内，交易所通过固收专区出具书面反馈意见函，特殊情况除外；核对中未发现不符合法定转让条件的情形且申请材料符合相关规定和要求的，交易所不再出具书面反馈意见。

（3）静默期。自申请材料受理至首次出具书面反馈意见函期间为静默期，交易所不接受发行人及相关中介机构就本次债券转让确认申请事宜的来访或其他任何形式的沟通。反馈意见函出具后，主承销商对反馈意见有疑问的，可与核对人员在工作时间内通过电话、邮件、传真、会谈等方式进行沟通。核对人员对申请材料及反馈意见回复中不清晰的问题，也可通过上述方式询问发行人及中介机构相关人员，被询问人员应积极配合，如实、准确地回答相关询问。

（4）反馈意见回复。主承销商应当根据反馈意见的具体内容，组织发行人、相关机构补充开展相关工作，逐项明确回复，并形成由发行人、主承销商加盖公章的书面反馈意见回复。反馈意见回复前，发行人发生本指南规定的重大事项的，可以在反馈意见回复中一并说明。需要修改相关申请材料的，应当对修改的内容以楷体加粗方式标注。需要主承销商或律师进行补充发表核查意见的，主承销商和律师应当完善原核查意见或者出具专项意见。

（5）反馈意见回复时间。主承销商应当于交易所通过固收专区发出书面反馈意见函之日起15个工作日内，通过固收专区提交符合要求的书面反馈意见回复及修改后的申请材料。因特殊情形需延期回复的，发行人、主承销商应当在回复期限届满前通过固收专区向交易所提交延期回复申请，说明延期理由和延期回复时间。延期回复时间最长不得超过15个工作日。延期回复时间内仍不能提交符合要求的回复的，发行人可以申请中止核对。

（6）再次反馈。反馈意见回复及经修改的申请材料不符合要求或出现重大事项需进一步说明的，交易所履行内部程序后，可再次出具反馈意见。

（7）征询专家意见。核对中遇到相关专业领域的疑难问题等，交易所可以咨询相关专家。征询专家意见的时间，不计算在核对期限内。

28. 召开核对工作小组会议的主要工作有哪些？

（1）召开核对工作小组会议。反馈意见回复及经修改的申请材料符合反馈意见要求的，自这些文件提交之日起5个工作日内召开核对工作小组会议进行讨论。无须出具反馈意见的，自核对人员通知发行人或主承销商之日起5个工作日内召开核对工作小组会议。

（2）会议决议。核对工作小组会议决议分为"通过""有条件通过"和"不通过"三种。交易所于核对工作小组会议召开后两个工作日内在固收专区通知会议决议结果。

（3）有条件通过相关事项。会议意见为"有条件通过"的，核对人员应当将会议确定需要补充披露或进一步反馈落实的重大事项形成"补充材料通知书"，并上传固收专区。主承销商应当在两个月内按照"补充材料通知书"修改或者完善项目材料，并通过固收专区及时上传更新后的材料。未在两个月内提交的，转让条件确认流程自动终止。修改或者完善项目材料符合要求的，按"通过"后续流程处理；出现重大事项需要由原核对工作小组会议核对的，可以再次召开核对工作小组会议。

（4）通过或不通过。会议意见为"通过"的，主承销商应当尽快报送项目纸质材料，交易所在收到发行人报送的申请材料原件后，完成封卷、归档和留存工作，并向发行人出具"符合转让条件的无异议函"。会议意见为"不通过"的，交易所应向发行人出具相关文件，并告知理由。

29. 私募备案有何要求？

债券发行完成5个交易日内，发行人及主承销商应当向中国证券业协会备案。

30. 私募发行、交易和转让有何规定?

（1）发行人取得交易所“符合转让条件的无异议函”的，应当在12个月内完成发行并向交易所提交转让服务申请，在12个月内未完成发行且未向交易所提交转让服务申请的，交易所将不为该债券提供转让服务。债券分期发行的，每期债券均须在前述有效期内完成发行并向交易所提交转让服务申请。

（2）发行完成10个交易日内，发行人应当通过交易所固收专区披露《非公开发行公司债券募集说明书》《公非公开发行公司债券发行结果公告》及《债券资信评级报告》（如有）等公告。

（3）债券发行备案完成后，发行人应当依据中国证券登记结算有限责任公司的相关规定，在中国证券登记结算有限责任公司深圳分公司办理债券集中登记。

（4）债券完成发行1个月内，发行人应当向交易所提交债券转让服务申请材料。交易所收到完备的转让申请材料后，将在5个交易日内做出是否同意转让的决定。同意债券转让的，交易所将向发行人出具“提供转让服务通知书”。债券转让前，发行人应当与交易所签订“深圳证券交易所非公开发行公司债券转让服务协议”。

（5）交易所为债券提供转让服务前5个交易日内，发行人应当通过交易所固收专区披露《非公开发行公司债券转让服务公告》。

（6）非公开发行的公司债券仅限于专业投资者范围内转让。转让后，持有同次发行债券的专业投资者合计不得超过200人。

31. 私募资金用途及管理有何规定?

非公开发行公司债券，募集资金应当用于约定的用途。除金融类企业外，募集资金不得转借他人。发行人应当指定专项账户，用于公司债券募集资金的接收、存储、划转与本息偿付。

第二章
发行公司债券前期准备

第一节　尽职调查

32. 尽职调查主要包括哪些内容？

承销机构及其业务人员应根据《证券法》《公司法》《公司债券发行与交易管理办法》《公司债券承销业务规范》《公司债券承销业务尽职调查指引》等相关法律法规、规范性文件和自律规则，遵循勤勉尽责、诚实信用的原则，通过各种有效方法和步骤对发行人进行充分调查，以掌握发行人经营情况、财务状况和偿债能力，并有合理理由确信发行文件真实、准确、完整以及核查发行文件中与发行条件相关的内容是否符合相关法律法规及部门规章的规定。

根据《公司债券承销业务尽职调查指引》，发行公司债券的尽职调查内容包括但不限于：

（1）发行人基本情况；

（2）财务会计信息；

（3）发行人及本期债券的资信情况；

（4）募集资金运用；

（5）增信机制、偿债计划及其他保障措施；

（6）重大利害关系；

（7）发行人履行规定的内部决策程序情况；

(8) 发行文件中与发行条件相关的内容；

(9) 发行人存在的主要风险；

(10) 在承销业务中涉及的、可能影响发行人偿债能力的其他重大事项。

33. 尽职调查有哪些主要程序和方法?

承销机构开展尽职调查的主要程序和方法包括查阅、访谈、列席会议、实地调查、信息分析、印证和讨论等。

查阅的主要渠道包括：由企业提供相关资料；通过公共诚信系统查询获得相关资料；通过公开信息披露媒体、互联网及其他可靠渠道搜集相关资料。

访谈，是指通过与企业的高级管理人员，以及财务、销售、内部控制等部门的负责人员进行对话和访谈，从而掌握企业的最新情况，并核实已有的资料。

列席会议，是指列席企业有关债务融资工具事宜的会议，如股东会、董事会、高级管理层办公会和部门协调会及其他涉及债务融资工具发行目的、用途、资金安排等事宜的会议。

实地调查，是指到企业的主要生产场地或建设工地等业务基地进行实地调查。实地调查包括生产状况、设备运行情况、库存情况、生产管理水平、项目进展情况和现场人员工作情况等。

信息分析，是指通过各种方法对采集的信息、资料进行分析，从而得出结论性意见。

印证，主要是指通过与有关机构进行沟通和验证，从而确认查阅和实地调查结论的真实性。

讨论，主要是指讨论尽职调查中涉及的问题和分歧，从而使主承销商与企业的意见达成一致。

34. 发行人风险因素的尽职调查包含什么内容?

发行人风险因素的尽职调查包含：

(1) 承销机构通过查阅发行人的审计报告、业务数据、行业中可比企业的相关资料、发行人公司章程、内部管理制度、组织结构资料，分析发行人可能面临的财务风险、经营风险、管理风险及政策风险。

（2）通过关注公司债券的发行条款是否涉及特殊条款（如含权、担保等），了解相关风险。

35. 发行人基本情况的尽职调查包含什么内容？

（1）历史沿革及股权结构。承销机构通过查阅发行人工商登记文件、营业执照、公司章程和财务报告等材料，对发行人进行访谈；通过咨询发行人律师等途径全面了解发行人的设立情况、股权结构情况和变化，以及重大资产重组情况。

（2）发行人的控股股东及实际控制人。承销机构通过查阅发行人历年公司章程和股东名册、控股股东和实际控制人相关资料，对发行人及控股股东、实际控制人进行访谈，并通过咨询发行人律师等途径，全面了解发行人控股股东及实际控制人的相关情况。

（3）发行人对其他企业的重要权益投资。承销机构通过查阅发行人股权投资、重大项目投资的相关资料，必要时查阅被投资公司的财务报告、审计报告、评估报告（如有），判断交易的公允性、合理性及会计处理的合规性。

（4）经营独立性。经营独立性情况包括资产、人员、机构、财务独以及业务五个方面。承销机构通过查阅资产权属文件、相关租赁合同等资质文件，了解发行人是否拥有独立的生产系统、辅助系统及配套设施，主要经营设备的权属是否清晰，是否存在纠纷或资产被其他方占用的情况；通过查阅制度文件和调查重点人员的任职和领薪情况，了解发行人是否拥有独立、完整的人事管理体系；通过查阅公司治理制度文件、会议纪要、企业工商及税务登记文件等，了解发行人的机构独立性情况；通过与高管人员和相关业务人员谈话，查阅发行人财务会计制度、银行开户资料、纳税资料，到相关单位进行核实等方法，了解发行人是否满足财务独立的标准；通过调查发行人组织机构情况、生产流程情况、同业竞争及关联交易情况，判断发行人是否满足业务独立的标准。

（5）公司治理及内部控制。承销机构通过查阅公司章程、有权机构议事规则、历年有权机构决议、咨询律师或法律顾问等方式，对发行人和控股股东、实际控制人的独立性和关联交易情况进行调查，了解发行人公司治理的建立情况、公司治理规章制度的制定和完善情况，以及发行人和控股股东、实际控制人的独立性情况。

36. 发行人资信状况的尽职调查包含什么内容？

发行人资信状况的尽职调查包含：承销机构通过查阅发行人融资政策、纳税凭证、借款合同与还款凭证、征信报告等资料，咨询律师或法律顾问、信用评级机构，以及查询公共诚信系统等方式调查发行人历史债务偿还情况，全面了解发行人资信情况。

37. 发行人增信机制的尽职调查包含什么内容？

（1）调查保证人信息。对于提供保证担保的，且保证人为法人或其他组织，承销机构应当查阅保证人有关资料，调查保证人情况，包括但不限于：基本情况（属融资性担保机构的，核实其业务资质）；最近一年及一期财务报告，重点关注净资产、资产负债率、净资产收益率、流动比率、速动比率等主要财务指标；诚信情况；最近一期末对外担保情况（累计对外担保余额、累计担保余额及其占净资产的比例等）；偿债能力情况；对公开市场信用类债券的担保履约情况。

对于提供保证担保的，且保证人为自然人，承销机构应当调查保证人与发行人的关系、保证人的诚信情况、代偿能力、资产受限情况、对外担保情况以及可能影响保证权利实现的其他信息。

对于提供保证担保的，且保证人为发行人控股股东或实际控制人的，承销机构还应当调查保证人所拥有的除发行人股权之外的其他主要资产，以及该部分资产的权利限制及是否存在后续权利限制安排。

（2）担保合同或担保函。承销机构应当取得债券担保合同或担保函，核查担保合同或担保函内容是否包括下列事项，并就相关担保合同或担保函的责任条款与担保人进行确认：担保金额；担保期限；担保方式；担保范围；发行人、担保人、债券受托管理人、债券持有人之间的权利义务关系；反担保和共同担保的情况（如有）；各方认为需要约定的其他事项；担保合同的合法性、有效性。

（3）抵押或质押担保。对于提供抵押或质押担保的，承销机构应当查阅担保物的权属证明文件、评估报告或其他可证明担保物价值的文件（如有）、抵质押合同等有关资料，了解担保物情况，包括但不限于担保物名称、账面价值、评估值、担保范围、担保物金额与所发行债券面值总额和本息总额之间的比例，担保物的评估、登记、保管和相关法律手续的办理情况，以及后续登记、保管和发生重大变化时的安排。同一担保物上已经设定其他担保的，还应当核查已经担保的债务总余额以及抵/质押顺序。

（4）其他增信方式。对于采用限制发行人债务和对外担保规模安排、对外投资规模，限制发行人向第三方出售或抵押主要资产，设置债券回售条款，设置商业保险等商业安排，设立偿债专项基金等其他方式进行增信的，承销机构应当调查增信措施的具体内容、相关协议的主要条款、实现方式、相应风险以及相关手续的办理情况等事项。

38. 发行人业务状况的尽职调查包含什么内容？

（1）承销机构通过查阅发行人审计报告、发展战略和规划、重大业务合同等资料，对发行人管理层和各业务部门负责人进行访谈，以及咨询发行人审计机构等途径，全面了解发行人的主营业务及经营模式、业务发展目标、持续经营能力以及盈利的连续性和稳定性情况。结合发行人所在行业情况，了解发行人在行业中的地位和竞争优势等。

（2）承销机构通过查阅发行人会计账簿、财务报告、采购和销售记录，以及对发行人管理层和采购部门及销售部门负责人进行访谈等途径，了解发行人主要供应商和客户基本情况、供应商和客户集中度情况，及发行人对主要供应商和客户的依赖程度。

39. 发行人财务状况的尽职调查包含什么内容？

（1）承销机构通过查阅发行人财务制度、审计报告、会计账簿等资料，分析发行人主要财务指标，将发行人财务信息和指标与行业平均水平进行对比，调查发行人资产负债情况、历史融资情况，调查发行人收入、成本、费用的配比性，对发行人管理层、财务负责人和财务会计人员进行访谈，以及咨询发行人审计机构等途径，全面了解发行人财务状况。

（2）承销机构通过查阅发行人审计报告、会计账簿、相关未决诉讼资料、处罚通知、整改报告、发行人主要资产的权属证明、担保记录、纳税证明等资料，对发行人法律部门负责人以及相关工作人员进行访谈，查询公共诚信系统等，以及咨询发行人审计机构、律师等方式，了解发行人报告期是否存在重大违法违规行为，是否存在重大未决诉讼或仲裁，资产权属是否清晰完备，是否存在违规担保以及是否存在偷税漏税情况。

40. 募集资金用途的尽职调查包含什么内容？

（1）承销机构应当调查募集资金用途、使用计划、募集资金专项账户管理安排，以及募集资金使用是否符合国家相关法律法规及政策要求。

（2）募集资金用于项目投资、股权投资或收购资产的，承销机构应当调查拟投资项目的基本情况（包括但不限于项目总投资金额、已投资金额、资本金比例等）、股权投资情况、拟收购资产的基本情况。

（3）募集资金运用涉及立项、土地、环保等有关报批事项的，承销机构应当核查取得的有关主管部门批准的进展情况。

（4）募集资金用于补充流动资金或者偿还有息债务的，承销机构应当调查补充流动资金或者偿还有息债务的金额、合理性和对公司财务状况的影响。

41. 投资者权益保护的尽职调查包含什么内容？

投资者权益保护的尽职调查包含：核查债券持有人会议规则及债券受托管理协议内容是否符合《公司债券发行与交易管理办法》及中国证监会、相关自律组织业务规则的规定。

第二节 编制募集说明书

42. 募集说明书的封面、书脊、目录、释义有何要求？

募集说明书封面及书脊应载明债券全称，募集说明书封面还应载明发行人及主承销商的名称和住所、募集说明书的签署日期。

募集说明书目录应标明各章、节的标题及其对应的页码。发行人应对可能对投资者理解有障碍及有特定含义的术语作出释义。释义应在目录次页排印。

43. 募集说明书的声明与提示章节应包括什么内容？

募集说明书文本扉页应当刊载如下声明："凡欲认购本期债券的投资者，请认真阅读本募集说明书及有关的信息披露文件，进行独立投资判断并自行承担相关风险。证券监督管理机构及其他政府部门对本次发行所作的任何决定，均不表明其对发行人的经营风险、偿债风险、诉讼风险以及公司债券的投资风险或收益等作出判断或者保证。任何与之相反的声明均属虚假不实陈述。投资者认购或持有本期公司债券视作同意债券受托管理协议、债券持有人会议规则及债券募集说明书中其他有关发行人、债券持有人、债券受托管理人等主体权利义务的相关约定。"

对投资者有重大影响的事项，发行人应在募集说明书文本扉页中作"重大事项提示"，提醒投资者关注。重大事项包括但不限于发行人重大风险、可能影响担保履约的重大事项以及私募债券重大偿付风险、特殊产品设计等内容。

44. 募集说明书的发行概况章节应包括什么内容？

发行概况应包括发行条款、有关各方的联系方式及发行人与中介机构的关系，具体如下：

（1）发行基本情况及发行条款。

如为公开发行，发行人应披露发行的基本情况及发行条款，包括但不限于：

①发行的核准文件、核准规模和本期债券的名称和发行总额。发行人应明确是否分期发行，若分期发行，则披露本期发行安排，如未明确则视为一次性发行；

②票面金额、债券期限、还本付息的方式，本期债券的起息日、利息登记日、付息日期、本金支付日、支付方式、支付金额及其他具体安排；

③债券利率/发行价格或其确定方式、定价流程；

④赎回条款、回售条款、可交换为股票条款、减记条款等（如有）；

⑤担保情况及其他增信措施（如有）；

⑥募集资金专项账户；

⑦信用级别及资信评级机构；

⑧债券受托管理人；

⑨发行方式、发行对象与配售规则；

⑩承销方式；

⑪公司债券上市或转让安排。

如为非公开发行私募债券，发行人应披露发行的基本情况及发行条款，包括但不限于：

①申请私募债券发行及转让的发行人董事会或股东会等有权决策机构的决议；

②有权机构出具的同意发行及转让私募债券的文件、时间、文号以及申请规模，若分期发行的，披露各期发行安排；

③私募债券发行相关情况，包括私募债券全称、私募债券简称和代码、发行总额、发行方式和发行对象、债券票面面额、发行价格、存续期限、票面利率、计息方式、还本付息方式、发行首日/起息日、付息日、本金兑付日、提前偿还本金安排（如有）、发行人或者投资者选择权条款（如有）、换股条款（如有）、担保措施及担保方式（如有）、私募债券受托管理人、偿债保障机制等；

④私募债券募集资金用途及专项账户开立情况；

⑤私募债券资信评级机构与信用级别（如有）；

⑥主承销商和承销方式；

⑦私募债券转让安排，包括申请挂牌转让的地点与平台、投资者适当性管理与200人投资者限制等内容。

（2）本次债券发行的有关机构及联系方式。发行人应披露下列机构的名称、法定代表人、住所、联系电话、传真，同时应披露有关经办人员的姓名：主承销商及其他承销机构（如分销商）；律师事务所；会计师事务所；担保人及其他第三方增信机构（如有）；资信评级机构（如有）；债券受托管理人；募集资金专项账户开户银行；公司债券申请上市或转让的证券交易场所（如为公开发行）；申请私募债券挂牌转让的证券交易所（如为非公开发行）；登记机构；资产评估机构（如有）；其他与发行相关的机构（如有）。

（3）发行人与本次发行的有关机构、人员的利害关系。发行人应披露其与本次发行有关的中介机构及其负责人、高级管理人员及经办人员之间存在的直接或间接的股权关系或其他重大利害关系，如主承销商持有的发行人股票情况等。

45. 募集说明书的风险因素章节应包括什么内容？

发行人应当遵循重要性原则，按顺序披露可能直接或间接对本期债券的偿付产生重大不利影响的所有因素，包括发行人自身、担保或其他增信措施（如有）、外部环境、政策等的相关风险。应披露的风险因素包括但不限于下列内容：

（1）发行人因资产结构、负债结构和其他财务结构不合理而形成的财务风险，如对外担保等导致发行人整体变现能力差、有息负债较高、短期偿付压力较大、应收款项回收风险等。

（2）发行人因产品或服务的市场前景、行业经营环境等的变化导致的经营风险。

（3）发行人因组织模式和管理制度不完善、同业竞争、重大关联交易、重大资产重组、重要股东变更导致的管理风险。

（4）发行人因国家法律、法规、政策的可能变化对发行人产生的具体政策性风险。

（5）控股型公司应当结合母公司口径净利润等相关财务指标、子公司的分红制度等说明可能存在的偿付风险。

（6）发行可交换公司债券的，应当说明收益不确定风险、无法换股风险（包括行使赎回权导致换股期缩短、股票停牌或股票限售期延长导致无法换股的风险等）、质押担保比率不足风险等。

发行人应结合实际情况充分、准确、具体地描述相关风险因素，应对所披露的风险因素做定量分析，无法进行定量分析的，应针对性地进行定性描述。

有关风险因素对本期债券的偿付有严重不利影响的，发行人应在募集说明书文本扉页中进行重大事项提示，提醒投资者关注。发行人若披露风险的相应对策，主要应披露发行人针对风险已经采取的具体措施。

46. 募集说明书的发行人及本期债券的资信状况章节应包括什么内容？

（1）信用评级情况。发行人应披露所聘请的资信评级机构及其对本期债券的信用评级情况，并应披露信用评级报告的主要事项，包括但不限于资信评级机构名称、评级时间、评级结论及标识所代表的含义、有无担保的情况下评级结论的差异、评级报告揭示的主要风险、跟踪评级报告的时间等。发行人债项评级高于主体评级的，应说明原因。

发行人应当明确说明是否存在最近三年（如为公开发行）/最近两年（如为非公开发行）在境内发行的其他债券、债券融资工具进行资信评级且最近一次主体评级结果（含主体跟踪评级结果）与本次评级结果有差异的情形；如有差异，应当在募集说明书中充分披露差异原因，评级机构应结合评级标准、评级方法及所选参数等说明做出本次评级的理由；如无差异，应明确说明没有差异。

（2）其他资信情况。

①银行授信情况。募集说明书应当披露最近一期末发行人获得主要贷款银行的授信情况及使用情况，是否存在关注类等不良贷款等情况，以及最近三年（如为公开发行）/最近两年（如为非公开发行）与主要客户发生业务往来时，是否有严重违约现象。

②已发债券情况。发行人应披露截至最近一期末其（包括合并

报表范围内的子公司）在境内外已发行的公司债券、债务融资工具及其他债券的具体情况和尚未发行的各债券品种额度。

③历史违约情况（如有）。发行人报告期内曾发生公开发行公司债券或其他债务违约（含银行贷款违约）或延期支付本息的事实，已归还或按规定处理且未处于持续状态的，发行人应在募集说明书中说明违约或延期支付本息，以及归还和按规定处理的相关情况。

④诚信情况（如有）。发行人应披露其自身以及重要子公司存在因严重违法、失信行为被列为失信被执行人、失信生产经营单位或其他失信单位情况（如有）。

⑤主要财务情况。发行人应披露最近三年（如为公开发行）/最近两年（如为非公开发行）的流动比率、速动比率、资产负债率、利息倍数［（利润总额+利息费用）/利息费用］、贷款偿还率（实际贷款偿还额/应偿还贷款额）、利息偿付率（实际支付利息/应付利息）等财务指标。

47. 募集说明书的增信机制、偿债计划及其他保障措施章节应包括什么内容？

（1）增信措施。如债券存在增信措施，则应披露增信措施主体的内部决策及外部批准情况、具体形式（属于保证的，应说明是否为连带保证责任）、覆盖范围、持续监督安排、增信措施有效性的说明、增信措施的实现方式（包括处置条件、时间、方式和价款分配）及失效时的主要补救措施，并提供增信措施相关证明文件。属于保证担保的，应说明担保人偿付能力和资信情况，属于抵押、质押担保的，应说明担保物的现状、是否存在优先权利安排。

（2）偿债计划及其他保障措施。

①偿债资金来源。偿债资金主要来源于发行人现金流、营业收入及营业利润的，应当结合具体财务数据合理说明。

②专项偿债账户。设置专项偿债账户的，应披露该账户的资金来源、提取的起止时间、提取频率、提取金额、管理方式、监督安排及信息披露等内容。

③银行流动性支持（如有）。存在银行提供流动性支持的，应披

露这些约定不具备强制执行性和存在的风险。

④其他偿债措施（如有）包括：不向股东分配利润；暂缓重大对外投资、收购兼并等资本性支出项目的实施；调减或者停发董事和高级管理人员的工资和奖金；主要责任人不得调离；增加第三方担保或者追加抵押、质押的资产；提前偿付全部或者部分债券本息；暂缓新增债务或者为第三方提供担保。

（3）争议解决机制。发行人应披露构成债券违约的情形、违约责任及其承担方式，并明确发生违约后的争议解决机制。募集说明书的争议解决机制应当独立约定，并应与担保函（如有）、担保协议（如有）、受托管理协议、债券持有人会议规则等文件中的相关约定不冲突。

48. 募集说明书的发行人基本情况章节应包括什么内容？

发行人应披露包括但不限于以下情况：

（1）发行人基本情况。发行人应简要披露以下情况：公司名称、法定代表人、设立日期、注册资本、实缴资本、住所、邮编、信息披露事务负责人及其联系方式、所属行业、经营范围、组织机构代码等。

（2）发行人设立及历史沿革。发行人应简要披露公司设立及最近三年内实际控制人变化情况、重大资产重组情况及报告期末的前十大股东情况，相关重大资产重组涉及资产评估事项的，还应简要披露资产评估情况。

（3）发行人控股股东和实际控制人情况。发行人应披露控股股东和实际控制人的基本情况。实际控制人应披露到最终的国有控股主体或自然人为止。

若发行人的控股股东或实际控制人为自然人，应披露其姓名、简要背景、与其他主要股东的关系及直接或间接持有的发行人股份/股权是否被质押或存在争议的情况，同时披露该自然人对其他企业的主要投资情况。

若发行人的控股股东或实际控制人为法人，应披露该法人的名称及其主要股东。披露该法人的成立日期、注册资本、主要业务、主要资产情况、所持有的发行人股份/股权是否被质押或存在争议的情况。

（4）发行人重要权益投资情况。对发行人主要子公司以及其他有重要影响的参股公司、合营企业和联营企业，应当披露其基本情况、主营业务和最近一年的主要财务数据；对发行人持股比例未达50%但纳入合并报表范围的子公司，应当充分说明原因。

（5）发行人法人治理结构。发行人应披露法人治理结构及相关机构最近三年内的运行情况，包括但不限于公司的组织结构、治理机制、主要内控制度等。

（6）发行人董事、监事及高级管理人员。发行人应列表披露现任董事、监事、高级管理人员的基本情况，至少包括姓名、现任职务及任期、从业简历、兼职情况、持有发行人股份/股权和债券的情况。

（7）发行人主要业务情况。发行人应对自身主要业务、面临的主要竞争状况、经营方针及战略开展情况进行披露，包括但不限于：报告期业务收入的主要构成，相关产品或服务的运营主体、区域分布；报告期主要产品或服务上下游产业链情况，如原材料、能源及供应情况，主要产品或服务的主要客户情况等，存在对单一客户或供应商依赖情形的，应充分披露风险；对创新型业务或投资者不易了解的业务，应当充分说明业务模式、盈利模式等。

（8）发行人所在行业分析。发行人应分析所在行业的基本情况、竞争格局、未来发展趋势、行业政策等。对于房地产、产能过剩等行业的发行人，还应根据相关规定补充披露。

（9）发行人关联方及关联交易。发行人应根据《公司法》和《企业会计准则》的相关规定披露关联方、关联关系、关联交易，并说明关联交易的决策权限、决策程序、定价机制。

对于往来占款和资金拆借占发行人资产规模比例较大的，应就相关往来占款或资金拆借情况（包括形成原因、对手方与发行人关系、金额、期限、回款安排及报告期内回款情况）、决策权限、决策程序、定价机制等（关联方往来参照企业会计准则中“关联方披露”的相关披露要求执行）在募集说明书中进行详细披露，并进行风险提示，影响重大的进行重大事项提示。必要时还应明确披露债券存续期内是否还将涉及新增非经营性往来占款或资金拆借事项，如有，应进一步披露相关事项应履行的决策程序和持续信息披露安排。

（10）信息披露事务与投资者关系管理。发行人应披露信息披露事务及投资者关系管理的相关制度安排。

发行人根据自身风险特征和风险因素，承诺财务指标、事先约束条款等的，应在募集说明书等有关文件中有针对性地合理设置投资者保护契约条款，并明确约定触发情形和处置机制。

（11）公司违法违规及受处罚的情况。

49. 募集说明书的财务会计信息章节应包括什么内容？

（1）编制依据。募集说明书中引用的近三年（如为公开发行）/近两年（如为非公开发行）的财务会计信息应按《企业会计准则》的规定编制，并应摘自经具有证券期货相关业务资格会计师事务所（会计师事务所设分所的，通常要求审计报告为总所出具）审计的财务报告。

（2）财务数据有效期。募集说明书引用的财务报表在其最近一期截止后6个月内有效。特别情况下，发行人可申请适当延长，但至多不超过1个月。财务报表应以年度末、半年度末或者季度末为截止日。

（3）财务会计信息披露。发行人应简要披露财务会计信息，主要包括：

①最近三年及一期（如为公开发行）/最近两年及一期（如为非公开发行）的资产负债表、利润表及现金流量表；发行人编制合并财务报表的，应同时披露合并财务报表和母公司财务报表。最近三年及一期（如为公开发行）/最近两年及一期（如为非公开发行）合并财务报表范围发生重大变化的，还应披露合并财务报表范围的具体变化情况、变化原因及其影响。

②最近三年及一期（如为公开发行）/最近两年及一期（如为非公开发行）内进行过导致公司主营业务和经营性资产发生实质变

更的重大资产购买、出售、置换的发行人，披露最近三年及一期（如为公开发行）/最近两年及一期（如为非公开发行）的财务报表应包括重组完成后各年的资产负债表、利润表、现金流量表，以及重组前一年的备考财务报表和备考报表的编制基础。

③最近三年及一期（如为公开发行）/最近两年及一期（如为非公开发行）的主要财务指标以及公司管理层提出的关于公司最近三年及一期（如为公开发行）/最近两年及一期（如为非公开发行）的财务分析的简明结论性意见，主要以合并财务报表为基础，分析说明发行人资产负债结构、现金流量、偿债能力、最近三年的盈利能力、未来业务目标以及盈利能力的可持续性。

（4）财务数据分析。发行人应对最近三年及一期（如为公开发行）/最近两年及一期（如为非公开发行）的主要会计数据和财务指标进行比较，发生重大变化的应说明原因。

披露报告期内各期营业收入的构成及比例，分析营业收入的增减变动情况及原因；披露报告期内各期主要费用（含研发）及其占营业收入的比重和变化情况；披露报告期内各期重大投资收益和计入当期损益的政府补助情况；披露报告期内各期末主要资产情况及重大变动分析；披露报告期内各期末主要负债情况，有逾期未偿还债项的，应说明其金额、未按期偿还的原因等。

（5）管理层讨论与分析。以合并财务报表为基础，分析说明发行人资产负债结构、现金流量、偿债能力、近三年（如为公开发行）/近两年（如为非公开发行）的盈利能力、未来业务目标以及盈利能力的可持续性；对于大额异常变动的科目（通常以变化幅度超过30%作为标准），应当充分披露具体原因。

（6）会计政策/会计估计变更。发行人报告期内发生会计政策/会计估计变更且对财务状况或经营成果产生重大影响的，发行人应披露会计政策/会计估计变更的时间、其对财务状况/经营成果的影响，以及相关账务处理是否符合《企业会计准则》、国家相关会计制度的规定。

（7）有息债务要求。发行人应说明最近一个会计年度期末有息债务的总余额、债务期限结构、信用融资与担保融资的结构等情况，本次发行公司债券后公司资产负债结构的变化。

（8）审计报告为非标意见（如有）。会计师事务所曾对发行人近三年（如为公开发行）/近两年（如为非公开发行）财务报告出具非标准无保留意见的，发行人应披露发行人董事会（或者法律法规及公司章程规定的有权机构）关于非标准无保留意见审计报告涉及事项处理情况的说明，以及会计师事务所及注册会计师关于非标准无保留意见审计报告的补充意见。

（9）资产负债表日后事项、或有事项及其他重要事项。发行人应披露会计报表附注中的资产负债表日后事项、或有事项及其他重要事项，包括对公司财务状况、经营成果、声誉、业务活动、未来前景等可能产生较大影响的诉讼或仲裁、担保等事项。

（10）资产抵押、质押和其他限制用途安排。发行人应披露截至募集说明书签署之日的资产抵押、质押、担保和其他权利限制安排，以及除此以外的其他具有可对抗第三人的优先偿付负债的情况。

50. 募集说明书的募集资金运用章节应包括什么内容？

发行人应合理、审慎安排募集资金用途，充分披露募集资金的用途、使用计划、募集资金专项账户的设立及管理安排等。非金融企业应在募集说明书中承诺并披露募集资金不会转借他人。募集资金由经监管部门批准设立的企业集团财务公司统一运用，或按相关规定运用的，可按相关规定办理。募集说明书可以事先约定募集资金具体使用计划调整安排，属于项目投资调整的，后续项目应具备相同属性；用于偿还债务或项目投资的，可以约定使用完毕后有节余的，用于补充流动资金。

募集资金用于补充流动资金的，应按照国家和公司关于企业流动资金使用的相关规定和要求使用，应当充分披露补充流动资金的理由、拟补充流动资金的相关业务及对公司财务状况的影响。

当募集资金用于偿还有息债务的，发行人可以在募集说明书中约定调整偿还债务明细安排；可以在募集说明书中约定在有息负债偿付日前，发行人可以在不影响偿债计划的前提下，根据公司财务及募集资金使用管理制度履行内部决策程序，将闲置的债券募集资金用于补充流动资金（单次补充流动资金最长不超过12个月）。

募集资金用于项目投资、股权投资或收购资产。应当披露拟投资项目的基本情况、股权投资情况、拟收购资产的基本情况，涉及立项、土地、环保等有关报批事项的，发行人应当披露已经取得有关主管部门批准的情况。

发行人可以在募集说明书中约定募集资金用于置换已先期投入的自有资金，但仍应符合项目资本金出资要求、项目相关批复以及相关合同的规定和约定；可以约定根据募投项目建设进度，参考公司财务及募集资金使用管理制度履行内部决策程序，在不影响项目建设的前提下，将闲置的债券募集资金用于补充流动资金（单次补充流动资金最长不超过12个月）；补充流动资金到期日之前，发行人承诺将该部分资金归还至募集资金专项账户。

发行人可以在募集说明书中约定，在不影响募集资金使用计划正常进行的情况下，发行人经公司董事会或者内设有权机构批准，可将暂时闲置的募集资金进行现金管理，投资于安全性高、流动性好的产品，如国债、政策性银行金融债、地方政府债、交易所债券逆回购等。

对于报告期内再次申请发行公司债券的，发行人应在募集说明书中披露前次债券的发行情况和募集资金的使用情况。

51.《债券持有人会议规则》章节应披露什么内容？

募集说明书中应披露当期债券的《债券持有人会议规则》的主要内容。

募集说明书应当披露债券持有人会议的权限范围、召开程序以及决议的生效条件和效力，并明确提示投资者，认购本期债券将视作同意发行人制定的债券持有人会议规则，持有人会议的效力覆盖全体债券持有人，包括所有出席会议、未出席会议、反对议案或者放弃投票权、无表决权的债券持有人以及在决议通过后受让债券的持有人。

《债券持有人会议规则》应作为募集说明书的备查文件。

52.《债券受托管理协议》章节应披露什么内容?

发行人应披露所聘任的债券受托管理人及其联系人和所订立的债券受托管理协议的情况。

募集说明书应当披露当期债券的《债券受托管理协议》的主要内容，发行人应披露债券受托管理人保护债券持有人合法权益的主要措施，说明债券受托管理事务的主要程序和方式，说明如何出具债券受托管理事务报告。同时，发行人应披露债券受托管理人应履行的义务，并确保其符合《公司债券发行与交易管理办法》《深圳证券交易所非公开发行公司债券挂牌转让规则》及中国证监会、相关自律组织业务规则的规定。

《债券受托管理协议》应作为募集说明书的备查文件。

53. 募集说明书的发行人、中介机构及相关人员声明章节应包括什么内容?

（1）发行人声明。如为公开发行，发行人应在募集说明书正文的尾页声明。以在深交所上市为例，声明为“根据《证券法》《公司法》《公司债券发行与交易管理办法》以及中国证监会、深圳证券交易所有关规定，本公司符合公开发行公司债券并上市的条件。”如为非公开发行，声明内容可相应修改。发行人声明应由发行人法定代表人签名并由发行人加盖公章。

（2）发行人董监高声明。发行人全体董事、监事、高级管理人员应在募集说明书正文的尾页声明：“本公司全体董事、监事及高级管理人员承诺本募集说明书及其摘要不存在虚假记载、误导性陈述或重大遗漏，并对其真实性、准确性、完整性承担相应的法律责任。”此声明应由全体董事、监事及高级管理人员签名，并由发行人加盖公章。

（3）主承销商声明。主承销商应在募集说明书正文后声明：“本公司已对募集说明书及其摘要进行了核查，确认不存在虚假记载、误导性陈述或重大遗漏，并对其真实性、准确性和完整性承担相应的法律责任。”此声明应由主承销商项目负责人、主承销商法定代表人或其授权代表签名，并由主承销商加盖公章。

（4）发行人律师声明。发行人律师应在募集说明书正文后声明：

“本所及签字的律师已阅读募集说明书及其摘要，确认募集说明书及其摘要与本所出具的法律意见书不存在矛盾。本所及签字律师对发行人在募集说明书及其摘要中引用的法律意见书的内容无异议，确认募集说明书不致因所引用内容而出现虚假记载、误导性陈述或重大遗漏，并对其真实性、准确性和完整性承担相应的法律责任。”此声明应由法律意见书签字的律师、所在律师事务所负责人签名，并由律师事务所加盖公章。

（5）会计师事务所声明。承担审计业务的会计师事务所应在募集说明书正文后声明：“本所及签字注册会计师已阅读募集说明书及其摘要，确认募集说明书及其摘要与本所出具的报告不存在矛盾。本所及签字注册会计师对发行人在募集说明书及其摘要中引用的财务报告的内容无异议，确认募集说明书不致因所引用内容而出现虚假记载、误导性陈述或重大遗漏，并对其真实性、准确性和完整性承担相应的法律责任。”

此声明应由审计报告签字注册会计师及所在会计师事务所负责人签名，并由会计师事务所加盖公章。若在报告期内更换过注册会计师的，建议所有签字注册会计师均签字（如已离职，建议由会计师事务所说明）。若在报告期内更换过会计师事务所的，建议所有会计师事务所均出具上述声明文件。

（6）资信评级或资产评估机构声明（如有）。承担资信评级业务或者资产评估业务（如有）的机构应在募集说明书正文后声明：“本机构及签字的资信评级人员（或资产评估人员）已阅读募集说明书及其摘要，确认募集说明书及其摘要与本机构出具的报告不存在矛盾。本机构及签字的资信评级人员（或资产评估人员）对发行人在募集说明书及其摘要中引用的报告的内容无异议，确认募集说明书及其摘要不致因所引用内容而出现虚假记载、误导性陈述或重大遗漏，并对其真实性、准确性和完整性承担相应的法律责任。”

此声明应由签字的资信评级人员（或资产评估人员）及单位负责人签名，并由资信评级机构或者资产评估机构加盖公章。

54. 募集说明书的备查文件应包括什么内容?

募集说明书结尾应列明备查文件，并注明查阅地址及联系方式。一般包括报告期内发行人审计报告及财务报表、主承销商核查意见、法律意见书、评级报告、持有人会议规则、债券受托管理协议、有权机构出具的同意注册文件（公开发行）或无异议函（非公开发行）。

第三节 主承销商核查意见

55. 关于声明有何要求?

主承销商应当按照《公司债券发行与交易管理办法》《公司债券承销业务规范》和《尽职调查指引》等相关规定开展核查工作，审慎撰写核查意见。主承销商应声明已诚实守信、勤勉尽责履行了相关义务，严格按照依法制定的业务规则、行业执业规范和道德准则出具本核查意见，并保证其出具的核查意见的真实性、准确性和完整性。

56. 关于发行人基本情况的核查有何要求?

主承销商应核查发行人基本情况，包括但不限于发行人设立及历史沿革、发行人控股股东和实际控制人情况、发行人应披露控股股东和实际控制人的基本情况等。

主承销商应就发行人基本情况发表核查意见，确认发行人为依法设立并有效存续的有限责任公司或股份有限公司，不存在根据中国现行相关法律、行政法规、部门规章、规范性文件及公司章程需要终止的情形，具有本次债券发行必要的主体资格。

57. 关于债券主要发行条款的核查有何要求?

主承销商应核查募集说明书披露的发行条款，确认发行人本次债券发行条款符合《公司法》《证券法》和《公司债券发行与交易管理办法》等中国现行的相关法律、行政法规、规章、规范性文件及发行人公司章程的规定。

58. 关于主承销商核查的内容主要包括哪些方面？

主承销商应对下述事项进行核查并发表明确、结论性核查意见并说明结论依据：

（1）对发行人内部决策程序的核查意见。发行人是否履行了规定的内部决策程序，决策文件是否合法有效。

（2）发行人符合发行公司债券条件的核查意见。对于公开发行的，应核查发行人是否符合《证券法》第十五条、第十七条及《公司债券发行与交易管理办法》第十五条、第十七条、第六十九条规定的发行条件，并逐条发表意见。

对于非公开发行的，应核查发行人是否符合《公司债券发行与交易管理办法》第十五条、第六十九条规定的发行条件，以及是否属于中国证券业协会《负面清单》所列示的情形。

（3）关于发行人不存在法律法规禁止发行的情形的核查意见。对于公开发行的，主承销商需要核查发行人是否存在已公开发行的公司债券或者其他债务违约或延迟支付本息的事实并仍处于持续状态；擅自改变公开发行公司债券所募资金的用途；最近36个月内公司财务会计文件存在虚假记载的情形；其他重大违法行为。董事、监事和高级管理人员是否涉嫌重大违纪违法。针对以上核查内容，主承销商应发表明确意见。

（4）关于发行人前次公司债券募集资金使用情况的核查意见。发行人前次公司债券募集资金是否合理，是否审慎使用，是否与募集说明书约定用途、使用计划及其他约定一致。

（5）发行人重大资产重组相关情况的核查意见。发行人报告期是否发生重大资产重组，如有发生，发行人是否符合《上市公司重大资产重组管理办法》第五十一条第二款规定的间隔期要求；如果模拟计算重组前业绩，主承销商应就是否符合模拟计算条件发表明确意见。

（6）发行涉及中介机构资质的核查意见。核查相关中介机构及其为发行人制作、出具有关申请材料的人员资质是否符合《公司债券发行与交易管理办法》的要求。

（7）发行涉及中介机构受到行政处罚及监管措施情况的核查意

见。核查相关中介机构是否存在被监管部门限制债券承销或参与债券发行业务活动资格的事项；是否存在被立案调查或被司法机关侦查且尚未结案的情况。若存在被立案调查或被司法机关侦查且尚未结案的，应当说明涉案事项是否涉及同类行政许可事项，是否对市场有重大影响，案件调查进展是否影响其从事证券服务业务资格等情况。

（8）对《债券持有人会议规则》相关内容的核查情况。核查《债券持有人规则》是否符合《公司债券发行与交易管理办法》《公司债券上市规则》《公司债券挂牌转让规则》的相关规定。

（9）对《债券受托管理协议》相关内容的核查情况。核查《债券受托管理协议》是否符合《公司债券发行与交易管理办法》《公司债券受托管理人执业行为准则》的相关规定。

核查增信措施（如有）是否合法有效，包括增信措施提供方的主体资格、授权情况、具体增信机制、应履行的相关程序及执行风险等。

（10）对发行人存在的主要风险的核查情况。核查本次发行《募集说明书》中“重大事项提示”内容是否完整，披露的主要风险因素是否充分，披露的涉及相关发行人的特定事项或其他重大事项及其风险是否完整、充分。

（11）对债券发行规模的合理性的核查情况。根据发行人财务状况、偿债能力及未来资金需求，核查发行人本次债券发行规模是否合理。

（12）对募集文件是否符合编制规范的核查意见。募集文件是否符合《公司债券发行与交易管理办法》《公开发行证券的公司信息披露内容与格式准则第 23 号——公开发行公司债券募集说明书》及深交所《债券业务办理指南》的编制规范，并符合真实性、准确性和完整性要求。

（13）与发行人相关的其他核查事项，包括但不限于：

①发行人股权结构是否真实、准确、完整并履行相关权属登记程序，是否存在重大权属纠纷，是否存在质押或其他受限情形。

②发行人重要子公司范围是否真实、准确、完整，重要子公司

是否均依法设立并有效存续，发行人是否取得了必要权属证明或其他控制权文件，是否存在重大权属纠纷，是否存在质押或其他受限情形。

③发行人及其重要子公司的主要资产是否已取得完备权属证书或证明，是否存在重大权属纠纷，是否存在租赁、抵押、质押或其他受限情形。

④发行人非经营性往来占款或资金拆借行为是否合法合规。

⑤发行人是否存在媒体质疑的重大事项。

59. 关于发行人存在的主要风险的核查有何要求？

主承销商应遵循重要性原则，核查可能直接或间接对本期债券的偿付产生重大不利影响的所有因素，包括发行人自身、担保或其他增信措施（如有）、外部环境、政策等的相关风险。

应核查的风险因素包括但不限于下列内容：本期债券的投资风险，如利率风险、流动性风险、偿付风险、本期债券安排所特有的风险、担保（如有）或评级的风险。发行人的相关风险，如财务风险、经营风险、管理风险、政策风险等。

60. 关于主承销商内核程序、内核意见及其解决情况的披露有何要求？

主承销商应披露是否履行了内核程序，并应在主承销商核查意见中引用内核关注的主要问题、解决情况以及内核意见。

61. 主承销商其他核查意见包括哪些内容？

主承销商应核查并发表对发行人是否是地方政府融资平台公司的核查意见（适用于地方政府及其部门或机构直接或间接控股的发行人）；应核查发行人是否存在因严重违法、失信行为被列为失信被执行人、失信生产经营单位或其他失信单位，并被暂停或限制发行公司债券的情形。应根据《关于加强证券公司在投资银行类业务中聘请第三方等廉洁从业风险防控的意见》（中国证监会公告〔2018〕22 号）相关要求，就债券承销业务中聘请第三方相关事项进行自查和信息披露。

此外，对于房地产、产能过剩等行业的发行人，主承销商还应根据《关于试行房地产、产能过剩行业公司债券分类监管的函》等相关监管要求，对发行人相关情况进行核查。

62. 关于核查结论有何要求？

应披露承销商就已按照有关规定进行尽职调查和审慎核查并已认真履行了内核程序做出的承诺，并发表明确结论，主要内容包括但不限于：发行人本次发行公司债券是否符合法律法规规定的发行条件；本次发行公司债券是否履行了规定的内部决策程序；相关中介机构是否具有参与发行公司债券的资格；募集说明书披露的主要风险和其他信息是否真实、准确、完整，符合规范要求；债券持有人会议规则和债券受托管理协议是否符合相关规定。

第四节　发行人律师意见

63. 关于发行的批准和授权的法律意见有何要求？

发行人律师应核查本次发行是否经董事会、股东大会的批准和授权，上述股东大会决议和董事会决议是否符合《公司法》和公司章程的有关规定，决议内容与债券发行的授权事项是否合法有效。

64. 关于发行的主要条款的法律意见有何要求？

法律意见书中应列式发行的主要条款，并就主要条款是否符合《证券法》《公司债券发行与交易管理办法》等法律法规的有关规定发表意见。

65. 关于对发行人债券发行的主体资格的法律意见有何要求？

法律意见书中应对公司依法存续，不存在法律、法规和公司章程规定需要终止的情形发表核查意见；对发行人是否履行了法定的内部决策程序，决策文件是否合法有效发表核查意见；对募集文件披露的发行人股权结构是否真实、准确、完整并履行了股权登记手续等程序，所投资的重要子公司是否均依法设立并有效存续，发行人是否取得了必要权属证明或其他控制权文件，股权是否存在重大权属纠纷或存在质押等受限情形，逐条发表核查意见；对发行人及其重要子公司的主要资产是否已取得完备权属证书或证明，是否存在重大权属纠纷，是否存在租赁、抵质押等受限情形，逐条发表核查意见。

66. 关于发行人债券发行的实质条件的法律意见有何要求？

对于公开发行的，应核查发行人是否符合《证券法》第十五条、第十七条及《公司债券发行与交易管理办法》第十五条、第十七条、第六十九条规定的发行条件，逐条发表意见。

对于非公开发行的，应核查发行人是否符合《公司债券发行与交易管理办法》第十五条、第六十九条规定的发行条件，以及是否属于中国证券业协会《负面清单》所列示的情形。

67. 关于发行债券的募集资金用途的法律意见有何要求？

法律意见书中应对发行人是否合理、审慎安排募集资金用途，是否充分披露募集资金的用途、使用计划、募集资金专项账户的设立及管理安排等发表核查意见。

68. 关于债券发行的增信措施的法律意见有何要求？

法律意见书中应对增信措施（如有）的合法有效发表核查意见。

69. 关于债券发行承销的法律意见有何要求？

法律意见书中应对承销协议约定的基本条款是否符合《公司债券发行与交易管理办法》第三十六条的规定发表核查意见。基本条款包括先决条件、本次债券条款、发行和托管、承销责任、募集款项净额的划付、与本次债券有关的费用、付息和本金兑付、陈述和保证、发行人义务、承销商义务、税款、保密、违约责任、不可抗力事件及免责等。

70. 关于债券发行的相关中介机构的法律意见有何要求?

法律意见书中应核查相关中介机构及其为发行人制作、出具的有关申请材料的人员资质是否符合《公司债券发行与交易管理办法》要求，是否存在被监管部门限制债券承销或参与债券发行业务活动资格的事项，是否存在被立案调查或被司法机关侦查且尚未结案的情况。存在被立案调查或被司法机关侦查且尚未结案的，应当说明涉案事项是否涉及同类行政许可事项，是否对市场有重大影响，案件调查进展是否影响其从事证券服务业务资格等情况。

71. 关于债券持有人权益保护措施的法律意见有何要求?

法律意见书中应对发行人在募集说明书、公司债券持有人会议规则和债券受托管理协议中有关发行人、债券持有人、债券受托管理人等主体权利义务的相关约定是否符合《公司债券发行与交易管理办法》《公司债券受托管理人执业行为准则》等相关规定发表核查意见。

72. 关于发行人关联方资金占用、担保情况的法律意见有何要求?

法律意见书中应对发行人在报告期内是否存在资金被控股股东、实际控制人及其关联方违规占用，或者违规为控股股东、实际控制人及其关联方提供担保的情形发表核查意见。

73. 关于诉讼、仲裁及行政处罚的法律意见有何要求?

法律意见书中应对发行人及其控股子公司是否存在对公司的财务状况、经营成果、声誉、业务活动、未来前景等可能产生重大影响的诉讼或仲裁等事项发表核查意见。

法律意见书中应对发行人及其控股子公司是否存在对公司的财务状况、经营成果、声誉、业务活动、未来前景等可能产生重大影响的行政处罚发表核查意见。

74. 关于募集说明书引用法律意见书相关内容有何要求?

发行人律师应确认“募集文件引用法律意见书中的相关内容，

与法律意见书并无矛盾之处，不会因引用法律意见书的相关内容而出现虚假记载、严重误导性陈述或者重大遗漏，并对其真实性、准确性和完整性承担相应的法律责任"，并在募集说明书中发表明确意见。

75. 关于债券发行其他相关事项的核查有何要求？

律师应对下述事项进行核查并发表明确、结论性核查意见，同时说明结论依据：

（1）发行人报告期内是否发生重大资产重组，如是，发行人是否符合《上市公司重大资产重组管理办法》第五十一条第二款规定的间隔期要求。如拟模拟计算重组前业绩，律师应就是否符合模拟计算条件发表明确意见。

（2）发行人是否存在因严重违法、失信行为被列为失信被执行人、失信生产经营单位或其他失信单位，并被暂停或限制发行公司债券的情形。发行人非经营性往来占款或资金拆借行为是否合法合规。发行人是否存在媒体质疑的重大事项。发行人董事、监事和高级管理人员是否涉嫌重大违纪违法。发行人是否是地方政府融资平台公司（适用于地方政府及其部门或机构直接或间接控股的发行人）。

（3）对于房地产、产能过剩等行业的发行人，发行人律师还应根据《关于试行房地产、产能过剩行业公司债券分类监管的函》等相关监管要求，对发行人相关情况进行核查。

76. 法律意见书的结论通常包括哪些内容？

律师应对以下核查内容给出明确结论：

（1）除尚需获得中国证监会关于本次发行的注册外，发行人已经取得了本次发行所需取得的各项合法的批准和授权。

（2）发行人具备《公司法》《证券法》和《公司债券发行与交易管理办法》等相关法律、法规、规范性文件规定的公开发行公司债券的主体资格和实质条件。

（3）本次债券发行的募集资金运用、增信措施、信用评级、承销、债券持有人权益保护措施等符合相关规定。

（4）本次发行的《债券持有人会议规则》和《债券受托管理协议》的内容符合相关法律、法规的有关规定。

（5）参与本次发行的承销机构、审计机构、律师事务所、债券受托管理人及资信评级机构均具有从事相关业务的资格。

（6）发行人不存在对公司财务状况、经营成果、声誉、业务活动、未来前景等可能产生重大影响的诉讼或仲裁等事项，也不存在对公司的财务状况、经营成果、声誉、业务活动、未来前景等可能产生重大影响的行政处罚。

（7）本次债券发行的募集说明书及其摘要不致因所引用本法律意见书内容而出现虚假记载、误导性陈述或重大遗漏。

第三章
资信评级、受托管理与债券持有人权益保护

第一节　资信评级要求

77. 评级工作的业务程序包括哪些？

证券评级机构应制定评级业务程序，并据此开展评级业务。评级业务程序一般包括评级准备、尽职调查、报告撰写、报告审核、等级评定、评级结果反馈与复评、评级结果公布、资料存档和跟踪评级等环节。

78. 评级工作的尽职调查程序如何进行？

首次评级时，证券评级机构应当在与委托方签署评级业务委托书并全额收取首次评级费用后再进场开展尽职调查工作。

跟踪评级时，证券评级机构应当按照评级业务委托书及跟踪评级业务需要确定是否进场及进场时间。

评级项目组在评级作业前，应当针对评级对象形成评级现场工作计划。工作计划至少应当包括项目组人员组成及联系方式、需收集的资料清单、现场调研计划、访谈提纲等。

（1）资料收集。评级项目组应当根据证券评级业务需要，按照评级对象的类型和特征确定资料收集的内容，包括但不限于：

①宏观经济、区域经济和行业资料，包括宏观经济数据、区域

经济数据、行业运行数据以及政府调控政策等；

②评级对象为企业主体时，相关基础资料、生产经营和财务资料，包括企业税务登记文件、公司章程、股东信息及持股比例、公司治理情况、组织架构、人员状况、生产经营数据、设备技术资料、研发情况、管理制度文件、经营计划与总结报告、发展规划、公司及主要子公司财务审计报告、授信情况及在证券期货市场诚信档案数据库和银行信贷登记系统的信用记录等；

③评级对象为固定收益类产品时，除第二项中要求的资料外，还应当包括发行方案、募集资金用途、偿债保障措施安排以及偿债计划等；

④评级对象为资产支持证券时，除第三项中要求的资料外，还应当包括资产池内基础资产的相关资料、交易结构设计方案及其涉及主体的资料等；

⑤评级对象具有增信措施的，应当包括增信方案、担保方相关资料或抵质押资产的相关资料等；

⑥其他相关资料，包括项目可行性研究报告、对外担保、法律诉讼以及其他重大事项等。

（2）现场考察与访谈。现场考察与访谈前，评级项目组应当对初步收集的资料进行认真研究和分析，列出拟考察项目及访谈人员，制定访谈提纲并发送给评级对象，与其沟通、确定现场考察与访谈的具体时间、人员安排，并制定不能实现考察和访谈目的时所采取的补充方案。

现场考察与访谈过程中，评级项目组成员应当有针对性地提问，并认真做好访谈记录。访谈记录内容至少应当包括受访谈单位名称、受访谈人员姓名及职务、访谈地点及时间、访谈内容。访谈记录应当由负责记录的评级项目组成员和受访谈人签字确认，并作为工作底稿统一归档留存。

现场考察与访谈包括但不限于以下内容：

①考察评级对象主要生产经营场所，或评级对象的主要基础资产和相关主体的主要生产经营场所等；

②评级对象为企业主体的，访谈评级对象及相关主体的高级管

理人员、主要业务和管理部门负责人、总资产、销售收入或净利润占公司合并数据20%以上的子公司负责人等；

③必要时，可访谈评级对象涉及相关主体的外部关联机构，包括但不限于开户银行、母公司、行业管理部门、同行业主要竞争对手、主要客户、税务部门、工商部门、海关及有关专家等。

79. 评级报告主要包括什么内容？

评级报告应当包括概述、声明、正文、跟踪评级安排和附录五个部分。

（1）概述。概述部分为概要介绍评级报告整体情况，至少应当包括评级结果、评级对象、评级项目组人员姓名、联系方式、出具报告时间和报告编号。

（2）声明。声明部分为全面登载证券评级机构关于评级情况的声明事项。

（3）正文。正文部分为完整的评级报告，是详尽的评级分析。

（4）跟踪评级安排。跟踪评级安排部分应当明确说明对评级对象、受评证券在存续期内的跟踪评级时间、评级范围、出具评级报告的方式等内容，持续揭示评级对象、受评证券的信用变化情况。评级业务委托书另有约定的，应当做出明确说明。

（5）附录。附录部分收录其他相关的重要事项，至少应当包括主要相关主体的财务数据概要、财务指标、财务指标计算公式说明、其他由于内容及版面原因不便在正文详述的股权结构、组织结构、下属子公司等情况。

80. 评级报告的出具时间有何要求？

证券评级机构开展首次信用评级时，从现场尽职调查结束之日至评级报告初稿完成之日，单个公司主体的信用评级或其发行的债券评级一般不少于10个工作日，集团公司主体的信用评级或其发行的债券评级一般不少于30个工作日。

证券评级机构对同一评级对象进行连续评级时，从尽职调查结束之日至评级报告初稿完成之日，单个公司主体的信用评级或其发行的债券评级一般不少于 6 个工作日，集团公司主体的信用评级或其发行的债券评级一般不少于 15 个工作日，另有规定的除外。

连续评级，是指同一证券评级机构对同一评级对象开展的第二次以上的信用评级，且评级工作开始之日应当在上次评级报告（包括跟踪评级报告）有效期内。进行连续评级的，如距对该评级对象最近一次进场尽职调查的结束之日超过一年的，证券评级机构应当进场开展尽职调查。

证券评级机构对评级对象进行定期跟踪评级时，从评级工作开始之日至评级报告初稿完成之日，单个公司主体的信用评级或其发行的债券评级一般不少于 5 个工作日，集团公司主体的信用评级或其发行的债券评级一般不少于 10 个工作日，另有规定的除外。

非公开发行证券的评级报告初稿完成时间由证券评级机构与委托人在评级业务委托书中自行约定。

第二节　受托管理事项

81. 公司债券存续期内重大事项的定义是什么？

在公司债券存续期内，受托管理人应当持续关注发行人的资信状况，监测发行人是否出现以下重大事项：

（1）发行人经营方针、经营范围或生产经营外部条件等发生重大变化；

（2）债券信用评级发生变化；

（3）发行人主要资产被查封、扣押、冻结；

（4）发行人发生未能清偿到期债务的违约情况；

（5）发行人当年累计新增借款或对外提供担保超过上年末净资产的 20%；

（6）发行人放弃债权或财产，超过上年末净资产的 10%；

（7）发行人发生超过上年末净资产 10% 的重大损失；

（8）发行人做出减资、合并、分立、解散、申请破产的决定；

（9）发行人涉及重大诉讼、仲裁事项或者受到重大行政处罚；

（10）发行人情况发生重大变化导致可能不符合公司债券上市条件；

（11）发行人涉嫌犯罪被司法机关立案调查，发行人董事、监事、高级管理人员涉嫌犯罪被司法机关采取强制措施；

（12）其他对债券持有人权益有重大影响的事项。

出现以上情形时，受托管理人应当按照规定和约定履行受托管理职责。

82. 债券受托管理人的权利是什么？

受托管理人为履行受托管理职责，有权代表债券持有人查询债券持有人名册及相关登记信息，专项账户中募集资金的存储与划转情况。

受托管理人对为履行受托管理职责所需的相关信息享有知情权，但应当依法保守所知悉的发行人商业秘密等非公开信息，不得利用提前获知的可能对债券持有人权益有重大影响的事项为自己或他人谋取利益。

受托管理人有权按照受托协议的约定，收取公司债券受托管理费用及受托协议约定的其他费用。

83. 债券受托管理人的义务是什么？

（1）持续关注和调查了解发行人的经营状况、财务状况、资信状况、增信措施的有效性及偿债保障措施的执行情况，以及可能影响债券持有人重大权益的事项，督促发行人履行还本付息义务；

（2）发行人为债券设定增信措施的，受托管理人应当在债券发行前或者募集说明书约定的时间内取得担保权利证明或者其他有关文件，并在增信措施有效期内妥善保管；

（3）监督发行人债券募集资金的使用情况；

（4）持续督导发行人履行有关承诺及信息披露义务；

（5）出现可能影响债券持有人重大权益或者其他约定情形时，根据规定和约定召集债券持有人会议；

（6）勤勉处理债券持有人与发行人之间的谈判或者诉讼等事务；

（7）发行人预计或者已经不能偿还债务时，根据相关规定、约定或者债券持有人的授权，勤勉处理债券违约风险，化解处置相关事务，包括但不限于与发行人、增信主体及其他责任主体进行谈判，要求发行人追加担保，接受债券持有人的委托依法申请财产保全措施，提起民事诉讼，申请仲裁，参与重组或者破产的法律程序等；

（8）定期和不定期向市场公告受托管理事务报告；

（9）妥善安排除债券正常到期兑付外被终止上市后，债券登记、托管及转让等事项；

（10）法律、行政法规、部门规章、规范性文件、《深圳证券交易所公司债券上市规则》、深交所其他相关规定、募集说明书以及受托管理协议等规定或者约定应当履行的其他职责。

84. 年度受托管理事务报告有何要求？

受托管理人应当建立对发行人的定期跟踪机制，监督发行人对公司债券募集说明书所约定义务的执行情况，并在每个会计年度结束之日起的6个月内向市场公告上一年度的受托管理事务报告。

受托管理事务报告应当至少包括以下内容：

（1）受托管理人履行职责情况；

（2）发行人的经营与财务状况；

（3）发行人募集资金使用及专项账户运作情况；

（4）内外部增信机制以及偿债保障措施发生重大变化的，说明基本情况及处理结果；

（5）发行人偿债保障措施的执行情况以及公司债券的本息偿付情况；

（6）发行人在公司债券募集说明书中约定的其他义务的执行情况（如有）；

（7）债券持有人会议召开的情况；

（8）发生重大事项的，说明基本情况及处理结果。

85. 临时受托管理事务报告有何要求？

在公司债券存续期内，出现以下情形之一的，受托管理人在知道或应当知道这些情形之日起5个工作日内向市场公告临时受托管理事务报告：

（1）受托管理人在履行受托管理职责时发生利益冲突；

（2）发行人募集资金使用情况和公司债券募集说明书不一致；

（3）内外部增信机制、偿债保障措施发生重大变化；

（4）发生重大事项。

86. 受托管理人需要变更的情形有哪些？

在公司债券存续期内，出现下列情形之一的，应当召开公司债券持有人会议，履行变更受托管理人的程序：

（1）受托管理人未能持续履行《公司债券受托管理人执业行为准则》或受托协议约定的受托管理人职责；

（2）受托管理人停业、解散、破产或依法被撤销；

（3）受托管理人提出书面辞职；

（4）受托管理人不再符合受托管理人资格的其他情形。

在受托管理人应当召集而未召集债券持有人会议时，单独或合计持有本期债券总额10%以上的债券持有人有权自行召集债券持有人会议。

87. 如何监管公司债券募集资金用途？

受托管理人对发行人指定专项账户用于公司债券募集资金的接收、存储、划转与本息偿付情况进行监督。受托管理人在募集资金到位后一个月内与发行人及存放募集资金的银行订立监管协议。

在公司债券存续期内，受托管理人持续监督并定期检查发行人募集资金的使用情况是否与公司债券募集说明书约定的一致。

受托管理人为履行受托管理职责，有权代表债券持有人查询专项账户中募集资金的存储与划转情况。

第三节　债券持有人权益保护

88. 受托管理人应当及时召集债券持有人会议的情形有哪些？

债券存续期间，出现下列情形之一的，受托管理人应当及时召集债券持有人会议：

（1）拟变更债券募集说明书的约定；

（2）拟修改债券持有人会议规则；

（3）拟变更债券受托管理人或者受托管理协议的主要内容；

（4）发行人已经或者预计不能按期支付本息；

（5）发行人发生减资、合并、分立、解散、被托管、申请破产或者依法进入破产程序等重大变化；

（6）增信主体、增信措施或者其他偿债保障措施发生重大变化且对债券持有人利益有重大不利影响；

（7）发行人、单独或者合计持有本期债券总额10%以上的债券持有人向受托管理人书面提议召开债券持有人会议；

（8）发行人管理层不能正常履行职责，导致发行人偿债能力面临严重不确定性；

（9）发行人因进行重大债务或者资产重组可能导致重大变化的；

（10）债券募集说明书约定的其他应当召开债券持有人会议的情形；

（11）发生其他对债券持有人权益有重大影响的事项。

其中，以上第（4）、第（5）、第（6）、第（8）及第（9）种情形，债券持有人会议应当就是否采取应对措施及应对措施的具体内容进行决议。

发行人、单独或者合计持有本期债券总额10%以上的债券持有人向受托管理人书面提议召开持有人会议的，受托管理人应当自收到书面提议之日起5个交易日内向提议人书面回复是否召集持有人会议，并说明会议相关安排或者不召集会议的理由。同意召集会议的，受托管理人应当于书面回复日起15个交易日内召开会议，但提议人同意延期召开的除外。受托管理人不同意召集或应当召集而未召集债券持有人会议时，发行人、单独或者合计持有本期债券总额10%以上的债券持有人有权自行召集债券持有人会议，受托管理人应当为召开债券持有人会议提供必要协助。

89. 是否应约定争议解决及违约处置机制？

发行人应当在债券募集说明书中约定构成债券违约的情形、违约责任及其承担方式以及公司债券发生违约后的诉讼、仲裁或其他争议解决机制。

90. 发行人预计不能或不能偿还债务时，受托管理人主要有哪些责任？

受托管理人应当至少提前20个工作日掌握公司债券还本付息、赎回、回售、分期偿还等的资金安排，督促发行人按时履约。

受托管理人预计发行人不能偿还债务时，应当要求发行人追加担保，督促发行人等履行受托协议约定的其他偿债保障措施，或者可以依法申请法定机关采取财产保全措施，并应当在受托协议中约定相关费用的承担方式及财产保全担保的提供方式。

受托管理人预计发行人不能偿还债务时，在采取上述措施的同时应告知债券交易场所和债券登记托管机构。

发行人不能偿还债务时，受托管理人应当督促发行人、增信机构和其他具有偿付义务的机构落实相应的偿债措施，并可以接受全部或部分债券持有人的委托，以自己名义代表债券持有人提起民事诉讼、参与重组或者破产的法律程序。

第四章
审核备案和承销上市

第一节　发行的审核与备案

91. 发行前要确定哪些发行方案细节？发行人与主承销商之间如何协商确定启动公司债券发行流程？

发行前需要确定的方案细节包括但不限于发行规模、发行期限、发行方式、询价利率区间、发行时间安排等。

发行人与主承销商之间通过会议等方式进行协商，主要是参照同类型企业的发债情况、当期市场利率以及发行人的资金需求，选择合适的发行规模、期限、利率等因素后，确定启动公司债券发行流程的时间安排。

92. 发行前需要发行人配合做哪些工作？

（1）与主承销商协商确定发行的规模、期限、询价区间、发行时间安排等要素。

（2）配合提供发行申请材料，包括更新募集说明书，提供相应底稿证明材料；如财务数据有效期已过，配合更新财务数据至有效期内。

93. 公司债券的发行申请流程是什么？

深圳证券交易所的公司债券主要分为大公募、小公募及私募债。

其中，大公募债券、小公募债券的发行申请流程参照《债券业务办理指南第1号——公开发行公司债券上市预审核、发行及上市业务办理》，私募债的发行申请流程参照《债券业务办理指南第2号——非公开发行公司债券转让条件确认、发行、转让及投资者适当性管理业务办理》。

94. 发行预审需要提交哪些材料?

（1）公募公司债发行预审需要提交的材料包括：

①募集说明书。

②募集说明书摘要。

③发行公告。

④评级报告。

⑤网上路演公告（如有）。

⑥上网发行申请表（仅设置网上发行时适用）。

⑦发行核准批文（仅大公募债适用）。

⑧期后事项承诺函（仅小公募债适用）。

⑨用于交换的股票质押证明文件（仅可交换公司债券适用）。

⑩交易所要求的其他文件。

其中，发行人为上市公司的，发行申请通过上市公司业务专区提交；发行人为非上市公司的，由主承销商通过固收专区提交。发行申请通过后，发行人还应按照《公司债券发行流程》的规定按时提交票面利率公告和发行结果公告。

（2）私募公司债发行预审需要提交的材料包括：

①发行人和主承销商《关于债券转让条件确认后是否发生重大变化的说明》。

②债券募集说明书（如发行时间等要素确定，请完整填入）。

③本期债券抵质押登记手续办理凭证（仅可交换私募债适用）。

④发行人、主承销商及受托管理人联络人及手机联络方式，向项目核对员申请债券转让代码。

95. 公司债券发行前文件所引用的财务报告的有效期为多长？何种情况下需要进行补充更新工作？

根据《公开发行证券的公司信息披露内容与格式准则第23号——公开发行公司债券募集说明书》和《债券业务办理指南第2号——非公开发行公司债券转让条件确认、发行、转让及投资者适当性管理业务办理》的要求，募集说明书引用的财务报表在其最近一期截止后6个月内有效。特别情况下发行人可申请适当延长，但至多不超过1个月。财务报表应以年度末、半年度末或者季度末为截止日。为保证核准前各时点财务报告均在有效期内，发行人与主承销商应当充分预留审核时间。但发行人为上市公司的，发行人提交的财务报告和在募集说明书中披露的财务数据，应当为已经公开披露的财务信息。

对于存在以下情形的发行人，发行人需使用最新一期财务报告编制申报文件，不得延期：

（1）报告期最近一期归属于母公司股东净利润较上年同期下降50%（含50%）以上或归属于母公司股东净利润为负等情形。

（2）最新一期财务报告出现其他重大不利变化或对其偿债能力产生重大影响的其他事项。

（3）发行人属于过剩产能行业的企业或房地产企业。

96. 发行人完成中国证监会注册程序后，应当在多长时间内完成债券发行？

发行人完成中国证监会注册程序后，按照批复文件的规定，可以一次发行，也可以分期发行。分期发行的，自中国证监会批复之日起，发行人应当在12个月内完成首期发行，剩余数量应当在24个月内发行完毕。采用分期发行方式的，发行人应当在后续发行中及时更新发行文件。

97. 公司债券可以采取何种发行方式？

发行人、承销商可以采取招标、簿记建档或簿记建档与网上发行相结合的方式发行公司债券。采取簿记建档发行的，发行人、簿记管理人应在发行前协商确定簿记建档利率（价格）区间，制订发行方案，明确簿记场所、簿记建档发行流程、价格或利率确定原则和配售规则、应急处理和簿记记录等内容。

98. 发行人取得证券交易所出具的无异议函后，提交非公开发行申请预审核的主要关注点是？

提交非公开发行申请预审核的主要关注点至少包括：

（1）自本期债券取得深交所《符合转让条件的无异议函》后至今，发行人是否出现《非公开发行公司债券业务管理暂行办法》第五十四条规定的重大事项；如存在重大事项，应当详细说明重大事项内容、形成原因及对债券还本付息是否产生重大影响，并在募集说明书“重大事项提示”中予以披露。

（2）说明本期债券发行时募集说明书中披露的发行人最近一期财务报表是否超过有效期，并说明发行人最新经营、财务及现金流情况是否出现不利变化及对本期债券偿债能力是否有较大影响。

（3）对于债券附有抵质押担保增信措施的，应当说明相关抵质押物登记手续办理情况，包括出质人、质权人、登记手续办理机构及办理完毕时间等内容。

（4）承诺已核查本期债券的债券全称和简称未与其他市场债券或发行人拟发行债券的全称和简称出现重复。

（5）其他事项，如发生债券产品设计的变化，说明变化前后的差异情况及是否符合相关决策程序等内容。

99. 非公开发行公司债券完成后，如何申请证券交易所提供挂牌转让服务？

非公开发行公司债券完成后，申请证券交易所提供挂牌转让服务程序如下：

（1）债券完成发行一个月内，发行人应当向交易所提交债券转让服务申请材料。交易所收到完备的转让申请材料后，将在5个交易日内做出是否同意转让的决定。同意债券转让的，交易所将向发行人出具“提供转让服务通知书”。

（2）债券转让前，发行人应当与交易所签订“深圳证券交易所非公开发行公司债券转让服务协议”。

（3）交易所对债券提供转让服务前5个交易日内，发行人应当通过交易所固收专区披露《非公开发行公司债券转让服务公告》。

100. 挂牌转让服务有什么意义？

为了维护市场经济秩序，国家相关部门制定了《非公开发行公司债券业务管理暂行办法》和《非公开发行公司债券挂牌转让规则》。债券转让，又称债券让与或合同权利的转让，是指债券持有人通过协议将其持有债券全部或者部分转让给第三人的行为。债券在全部让与时，受让人取代原债券持有人成为合同关系的新债权人，原债权人脱离合同关系；在部分让与时，受让人作为第三人将参加到原合同关系之中，与原债权人共同享有债权。

101. 发行簿记时发行人需要做什么？

发行人根据需要选定簿记管理人，并在充分询价的基础上，与主承销商协商确定簿记建档发行安排及簿记建档利率或者价格区间。发行人进入簿记建档现场后，应遵守簿记管理人指定的相关簿记建档规则。

102. 公司债券发行完成后是否需要向监管机构进行报备？

公开发行公司债券在每期发行完成后5个工作日内报中国证监会备案，非公开发行公司债券应当在每次发行完成后5个工作日内向中国证券业协会备案。

第二节　承销与上市

103. 如何组织承销团？

牵头主承销商可以根据实际需要与其他有证券承销资格的分销商组建承销团，并签订承销团协议，明确主承销商和分销商之间的权利义务。公开发行的公司债券必须组织承销团，非公开发行的公司债券可以选择是否组织承销团。

公司债券发行由两家以上承销机构联合主承销的，所有担任主承销商的承销机构应当共同承担主承销责任，履行相关义务。承销团由三家以上承销机构组成的，可以设副主承销商，协助主承销商组织承销活动。

承销团成员按照簿记建档发行安排和相关协议约定，参与簿记建档发行的参团、询价、申购、分销、缴款工作。承销团成员应当按照承销团协议及承销协议的约定进行承销活动，不得进行虚假承销。

承销协议的签订双方为主承销商和发行人，承销团协议的签订双方为主承销商和分销商。

104. 簿记建档的流程是什么?

（1）簿记建档前的准备阶段。簿记建档前，簿记管理人应向所有承销团成员及意向投资者询价，并对询价情况予以明确记录。

根据询价情况，簿记管理人应与发行人及除簿记管理人之外的主承销商（如有）确定簿记建档利率或者价格区间。簿记管理人应当督促和协助发行人披露发行相关文件，对发行流程、发行对象、利率或者价格区间、利率或者价格确定原则、配售规则、簿记场所等相关安排进行明确，并不晚于簿记建档前一交易日披露。

（2）申购过程中。投资者应依据发行文件约定直接向簿记管理人发送书面申购订单，或向承销团成员发送书面申购需求，并由承销团成员向簿记管理人发送书面申购订单。承销团成员应根据投资者申购需求及自身投资需求向簿记管理人发送申购订单，并对接收和发出的全部书面申购需求和订单予以保存，并形成申购记录。

簿记管理人依据发行文件约定的时间接受申购订单，并记录全部有效的申购订单信息，作为定价和配售的依据。申购利率或者价格及数量信息应当与申购订单保持一致。

簿记管理人应严格按照发行文件中披露的定价方式确定发行利率或者价格，做好书面记录和说明，并妥善保存簿记建档各个环节的文件和资料，包括但不限于申购订单、簿记建档配售结果等纸质文档。任何机构或个人不得蓄意干涉或操纵发行利率或者价格。

（3）配售过程中。簿记管理人按照利率（价格）优先原则配售公司债券。在边际区域配售时，簿记管理人原则上按比例配售，并可根据实际情况进行合理调整，同时记录分配依据及决策过程。

发行人和主承销商应当聘请律师事务所对发行过程、配售行为、参与认购的投资者的资质条件、通讯是否畅通等事项进行现场见证，出具专项法律意见书，并予以披露。

（4）配售完成后。配售结果确定后，簿记管理人应向获得配售的承销团成员和投资者发送配售确认及缴款通知的文件，并按发行相关文件约定安排募集资金的收缴和划付工作。

簿记管理人应根据分销需要设定分销期，安排承销团成员进行协议分销。分销期自簿记建档日开始到缴款截止日为止。

发行人和簿记管理人应于簿记建档结束后不晚于次一交易日向市场公开披露发行结果。缴款期限届满且发行结果有变化的，发行人不迟于上市或者转让前向市场公开披露簿记建档发行的最终结果。

（5）应急处置。簿记管理人应当按发行相关文件约定安排募集资金的收缴和划付工作，承销团成员、投资者应配合簿记管理人在约定时间内完成缴款事项。若出现未能及时缴款的情况，簿记管理人应配合发行人按发行相关文件或者约定进行应急处置。

簿记管理人应制定应急处置预案，做好应急处置相关事项。

簿记建档开始前，若出现可能对公司债券发行产生重大影响的政策调整，或有确定证据表明利率或者价格区间与市场存在严重偏差等情况的，主承销商、发行人经协商一致后可推迟发行或调整利率或者价格区间，并将推迟发行或调整利率或者价格区间事项及相关理由、证据及时披露，同时向交易所报告。

簿记建档发行过程中，若出现人为操作失误、系统故障、缴款违约等情况，导致可能影响正常发行及上市的，发行人及簿记管理人应按照事先确定的应急预案做好应急处置相关事项，及时披露，同时向交易所报告。

105. 对簿记建档的要求？

簿记建档参与方包括簿记管理人、发行人、主承销商、承销团成员、律师事务所、投资者及其他相关机构。

（1）对簿记管理人的要求。簿记管理人是受发行人委托，负责簿记建档具体运作的主承销商。发行人选择多家机构作为主承销商的，应指定其中一家机构牵头簿记建档工作，并在唯一指定场所进行簿记。

（2）对承销团的要求。公司债券发行由两家以上承销机构联合主承销的，所有担任主承销商的承销机构应当共同承担主承销责任，履行相关义务。承销团由三家以上承销机构组成的，可以设副主承销商，协助主承销商组织承销活动。

主承销商根据相关规定及实际需求需要组建承销团的，应本着勤勉尽责的原则向承销团成员及意向投资者进行询价，并参与簿记建档利率或者价格区间的确定、申购、配售、分销、缴款工作。

承销团成员按照簿记建档发行安排和相关协议约定，参与簿记建档发行的参团、询价、申购、分销、缴款工作。承销团成员应当按照承销团协议及承销协议的约定进行承销活动，不得进行虚假承销。

（3）对律师事务所的要求。律师事务所应对簿记建档发行过程、配售行为、参与认购的投资者资质条件、资金划拨等事项进行见证，并出具专项法律意见书。

（4）对投资者的要求。投资者应积极配合公司债券发行的询价工作，及时、准确地将投资需求反馈给承销团成员，并按照发行文件的相关约定，参与簿记建档发行的申购、分销（如有）、缴款工作。

参与申购的投资者应符合交易所及募集说明书关于债券投资者适当性管理的相关要求。

（5）对其他相关机构的要求。簿记建档参与方在簿记建档过程中不得有违反公平竞争、进行不正当利益输送、破坏市场秩序等行为；相关工作人员不得为本人或他人、直接或间接谋取或输送不正当利益。

106. 公开发行公司债券的发行流程是什么?

根据《公司债券发行与交易管理办法》等法规的相关规定，公司债有网上发行和网下发行两种方式。网上发行，是指将拟发行的债券按照询价所确定的价格和利率或利率区间，通过证券交易所竞价交易系统面向社会公众投资者的方式。网下发行，是指将拟发行的债券按照询价所确定的价格和利率或利率区间，通过证券交易所竞价交易系统面向机构投资者公开发行的方式。这两种发行方式都是由法定的询价发行制度所确定的。所谓询价发行制度，是指债券发行人与承销机构向市场投资者询问认同所发行债券的价格并且投资者愿意以一定价格申购发行人发行的债券的方式。

以 FT 日（首次发行日）为分界点，整个公司债券发行流程可以分为两个阶段进行，即发行前准备阶段和发行阶段。公司债券发行流程中，需要注意的是，公司债券应当进行竞价交易。所发行债券的起息日为发行首日，债券存续期应计利息的计算原则为“算头不算尾”，闰年 2 月 29 日不计息。存续年为自然年度的整数倍时，付息日及兑付日与起息日为同月同日，到期日与兑付日同日。存续期每个计息周期利息的债权登记日为付息日前一工作日，到期本息的债权登记日为到期日前 6 个工作日。

107. 上市的条件是什么?

（1）发行人申请其已经有权部门核准且已公开发行的债券在深交所上市，应当符合《证券法》规定的上市条件：公司债券的期限为 1 年以上；公司债券实际发行额不少于人民币 5000 万元；公司申请债券上市时应符合法定的公司债券发行条件。面向专业投资者公开发行的债券在上市时还应当符合深交所投资者适当性管理的相关规定。

（2）债券申请在深交所上市的，发行人应当在发行前根据相关法律、行政法规、部门规章、规范性文件、《深交所公司债券上市规则》及深交所其他相关规定，明确交易机制和投资者适当性安排。

108. 暂停、终止上市交易有哪些情形？

债券上市交易后，发行人发生《证券法》规定暂停其债券上市情形的，深交所有权决定暂停其债券上市交易。债券发生《证券法》及深交所业务规则规定的终止债券上市交易情形的，深交所可以终止其上市交易。

《证券法》规定，公司债券上市交易后，公司有下列情形之一的，由证券交易所决定暂停其公司债券上市交易：

（1）公司有重大违法行为。

（2）公司情况发生重大变化，不符合公司债券上市条件。

（3）发行公司债券所募集的资金不按照核准的用途使用。

（4）未按照公司债券募集办法履行义务。

（5）公司最近两年连续亏损。

公司有上述第（1）、第（4）项所列情形之一，经查实后果严重的，或者有第（2）、第（3）、第（5）项所列情形之一，在限期内未能消除的，由证券交易所决定终止其公司债券上市交易。公司解散或者被宣告破产的，由证券交易所终止其公司债券上市交易。

109. 挂牌转让的条件是什么？

根据《深圳证券交易所非公开发行公司债券挂牌转让规则》，发行人申请债券挂牌，应当符合下列条件：

（1）符合《公司债券发行与交易管理办法》等的相关规定。

（2）依法完成发行。

（3）债券产品结构符合《深交所公司债券上市规则》的相关规定，持有人符合深交所投资者适当性管理规定。

（4）深交所规定的其他条件。

深交所可以根据市场情况，调整债券挂牌条件。

110. 存续期内的信息披露风险管理一般规定有何要求？

发行人应当制定信息披露事务管理制度，并指定信息披露事务负责人及联络人负责信息披露相关事宜，按照规定和约定履行信息披露义务。

信息披露事务负责人应当由发行人的董事或者高级管理人员担任。发行人应当在募集说明书中披露信息披露事务负责人及联络人的信息，并在债券上市期间及时披露其变更事项等情况。

发行人披露的信息涉及资信评级、审计、法律、资产评估等事项的，应当由资信评级机构、会计师事务所、律师事务所和资产评估机构等出具书面意见。

发行人的控股股东、实际控制人、增信主体、专业机构及其相关人员应当及时、如实提供或者披露相关信息，积极配合发行人等信息披露义务人履行信息披露义务，并严格履行做出的承诺。

信息披露义务人应当在指定媒体上公告相关信息。

发行人为深交所上市公司的，应当同时遵守深交所关于上市公司信息披露的相关规定。

111. 存续期内的暂缓披露有何要求？

拟披露的信息存在不确定性，属于临时性商业秘密或者具有深交所认可的其他情形，及时披露可能会损害其利益或者误导投资者，且符合以下条件的，信息披露义务人可以向证券交易所申请暂缓披露，并说明暂缓披露的理由和期限：拟披露的信息未泄漏；有关内幕信息知情人已书面承诺保密；债券交易未发生异常波动。

经深交所同意，信息披露义务人可以暂缓披露相关信息，暂缓披露的期限一般不超过 2 个月。暂缓披露申请未获深交所同意、暂缓披露的原因已经消除或者暂缓披露的期限届满的，信息披露义务人应当及时披露。深交所上市公司拟暂缓披露相关信息的，按照深交所相关规定办理。

法律、行政法规、部门规章、规范性文件、《深交所公司债券上市规则》和深交所其他相关规定对上市公司暂缓披露事宜另有规定的，从其规定。

112. 存续期内的定期报告有何要求？

债券上市期间，发行人应当披露的定期报告包括年度报告、中期报告。

发行人应当披露的定期报告包括年度报告和中期报告。

发行人应当在每一会计年度结束之日起 4 个月内，和每一会计年度的上半年结束之日起 2 个月内，分别向深交所提交上一年年度报告和本年度中期报告，但债券募集说明书在发行时已经披露相关内容的除外。

定期报告的内容与格式应当符合《公开发行证券的公司信息披露内容与格式准则第 38 号——公司债券年度报告的内容与格式》《公开发行证券的公司信息披露内容与格式准则第 39 号——公司债券半年度报告的内容与格式》及深交所相关规定。

发行集合债的，其中任意发行人均应当按照《深交所公司债券上市规则》相关规定履行定期报告披露义务。

113. 存续期内的临时报告有何要求？

临时报告，是指信息披露义务人按照法律、行政法规、部门规章、规范性文件、《深交所公司债券上市规则》和深交所其他相关规定发布的除定期报告以外的公告。

债券存续期间，发生可能影响发行人偿债能力或者债券价格的重大事项，或者存在关于发行人及其债券的重大市场传闻，发行人应当按照相关法律、行政法规、部门规章、规范性文件、《深交所公司债券上市规则》和深交所其他相关规定，及时向深交所报告并按照规定的内容与格式披露临时报告，说明事件的起因、目前的状态和可能产生的后果。

前款所称重大事项包括但不限于：

（1）发行人经营方针、经营范围或者生产经营外部条件等发生重大变化。

（2）发行人主要资产被查封、扣押、冻结。

（3）发行人出售、转让主要资产或者发生重大资产重组。

（4）发行人放弃债权、财产或者其他导致发行人发生超过上年末净资产 10% 的重大损失。

（5）发行人当年累计新增借款或者对外提供担保超过上年末净资产的 20%。

（6）发行人发生未能清偿到期债务的违约情况。

（7）发行人涉及重大诉讼、仲裁事项，受到重大行政处罚、行政监管措施或者自律组织纪律处分。

（8）发行人减资、合并、分立、解散、申请破产或者依法进入破产程序。

（9）发行人或者其董事、监事、高级管理人员或者履行同等职责的人员涉嫌犯罪或者重大违法、失信行为，或者发行人董事、监事、高级管理人员或者履行同等职责的人员无法履行职责或者发生重大变动。

（10）发行人控股股东或者实际控制人涉嫌犯罪被立案调查或者发生变更。

（11）发行人发生可能导致不符合债券上市条件的重大变化。

（12）发行人主体或者债券信用评级发生变化。

（13）保证人、担保物或者其他偿债保障措施发生重大变化。

（14）其他对投资者作出投资决策有重大影响的事项。

（15）法律、行政法规、部门规章、规范性文件规定或者中国证监会、深交所要求的其他事项。

信息披露义务人披露重大事项后，已披露的重大事项出现可能对发行人偿债能力产生较大影响的进展或者变化的，应当及时披露后续进展或者变化情况及其影响。

发行人受到重大行政处罚、被采取行政监管措施或者受到纪律处分的，还应当及时披露相关违法违规行为的整改情况。

发行人应当在债权登记日前，披露债券付息或者本金兑付等有关事项。

债券附发行人调整票面利率条款的，发行人应当按照募集说明书约定的日期披露票面利率调整公告，并在利率调整日前至少披露三次。

债券附投资者回售条款的，发行人应当在回售申报起始日前披露回售程序、回售申报期、回售价格、回售资金到账日等内容，并在回售申报结束日前至少披露三次。

回售完成后，发行人应当及时披露债券回售情况及其影响。

债券附赎回条款的，发行人应当在满足债券赎回条件时，披露是否行使赎回权。行使赎回权的，应当披露赎回程序、赎回价格、赎回资金到账日等内容，并在赎回权行权日前至少披露三次。

赎回完成后，发行人应当及时披露债券赎回的情况及其影响。

债券附可续期条款的，发行人应当按照约定及时披露其是否行使续期选择权。

深交所可以视情况要求发行人聘请具有从事证券服务业务资格的会计师事务所对债券募集资金使用情况开展不定期专项审计，发行人应当根据要求及时披露募集资金使用情况的专项审计报告。

114. 存续期内关于专业机构的信息披露有何要求？

资信评级机构应当按照中国证监会有关评级的规定和深交所有关规定的要求，做好评级对象的持续跟踪工作，及时出具定期和不定期跟踪评级报告。跟踪评级报告应当同时向发行人和深交所提交，并由发行人和资信评级机构及时披露。评级报告原则上在非交易时间披露。

评级机构应当向深交所报备其评级业务负责人、联络人及其变更情况。

发行人和资信评级机构应当于每一会计年度结束之日起 6 个月内披露上一年度的债券年度跟踪评级报告。资信评级机构未能按时披露上一年度跟踪评级报告的，应当向深交所说明未能披露的原因、发行人及相关债券的风险状况。

债券存续期间，发行人发生可能影响信用评级的重大事项时，应当及时告知资信评级机构。资信评级机构应当充分关注影响评级对象信用等级的所有重大因素并开展不定期跟踪评级。信用等级调整的，发行人及资信评级机构应当立即向深交所报告并公告。

资信评级机构开展跟踪评级调查时，发行人及其董事、监事、高级管理人员或者履行同等职责的人员、控股股东、实际控制人、相关专业机构及增信主体应当予以配合，积极提供评级调查所需的资料、信息和相关情况。

受托管理人应当于每一会计年度结束之日起的 6 个月内出具上

一年度的受托管理事务年度报告，向深交所报告并公告。受托管理事务报告应当至少包括受托管理人履行职责情况、发行人经营与财务状况、募集资金使用的核查情况、发行人偿债能力分析、发行人偿债保障措施的执行情况与有效性分析、债券本息偿付情况、债券持有人会议召开情况等内容。

发行人出现上述规定的重大事项，或者发行人未按照募集说明书的约定履行义务，以及受托管理人与发行人发生债权债务等利害关系时，受托管理人应当督促发行人及时披露相关信息，并及时披露受托管理事务临时报告，说明事项情况、产生的影响及受托管理人已采取或者拟采取的应对措施等。相关重大事项及受托管理人采取的应对措施还应在受托管理事务年度报告中予以披露。

下篇
资产证券化

第一章
企业资产证券化常识

1. 什么是资产证券化？

资产证券化，是指将缺乏流动性但能够产生可预见的稳定现金流的资产，通过一定的结构安排，对资产中风险与收益要素进行分离与重组，进而转换成为在金融市场上可以出售的可流通的证券的过程。简而言之，就是将能够产生稳定现金流的资产出售给一个独立的专门从事资产证券化业务的特殊目的载体（SPV，Special Purpose Vehicle）。SPV 以资产为支撑发行证券，并用发行证券所募集的资金支付购买资产的价格。

2. 什么是企业资产证券化？

《资产证券化业务管理规定》第二条规定，企业资产证券化业务是指以基础资产所产生的现金流为偿付支持，通过结构化等方式进行信用增级，在此基础上发行资产支持证券的业务活动。具体而言，企业资产证券化（ABS）是证券公司、基金管理公司子公司、信托公司以资产支持专项计划为特殊目的载体，以计划管理人身份面向投资者发行资产支持受益凭证，按照约定用受托资金向原始权益人购买能够产生稳定现金流的基础资产，将该基础资产的收益分配给受益凭证持有人的专项资产管理业务。企业资产证券化是一种以专项计划为载体的企业未来收益权或既有债权证券化的融资方式，是融资方式变革的一个方向。

企业资产证券化是非金融机构企业将其缺乏流动性但未来能够产生现金流的资产，通过结构性重组和信用增级后真实出售给远离破产的 SPV 或信托后，由 SPV 在金融市场上向投资者发行资产支持证券的一种融资方式。

3. 资产证券化经历过哪些阶段？

（1）2000—2005 年是资产证券化课题研究阶段。2003 年中国证监会有关部门开始着手对资产证券化产品开展课题研究。2004 年 1 月，国务院下发《国务院关于推进资本市场改革开放和稳定发展的若干意见》（国发〔2004〕3 号），提出“积极探索并开发资产证券化品种”。2004 年 4 月，中国证监会正式开始对企业资产证券化进行研究论证，分别成立了资产证券化领导小组与资产证券化工作小组，本着“试点先行、个案推进；明确定位、把握节奏；逐步探索，控制风险；总结经验、完善制度”的原则，从创新类证券公司挑选试点单位，为企业资产证券化业务的起航遴选服务机构。同时，对企业资产证券化产品基础资产的选择也有较高要求，当时，监管机构要求基础资产应当为优质、能够产生持续、稳定、真实、可预测现金流的资产，不能以企业不良债权作为基础资产进行证券化。业务试点期间监管机构没有出台专门的业务规则，业务开展参照 2003 年 12 月发布的《证券公司客户资产管理业务试行办法》执行。由于这段时间业务处于试点阶段，出于审慎考虑，中国证监会对业务实行审批制，审核流程比较复杂，审核周期较长。

（2）2005—2008 年是资产证券化业务试点阶段。2005 年 4 月，中国人民银行、原中国银监会颁布《信贷资产证券化试点管理办法》，券商资产证券化也同时启动，资产证券化开始试点。这个阶段市场处于培育期，政策围绕着业务实操中遇到的各种问题不断进行调整。2005 年我国开始出现在证券交易所市场和银行间市场挂牌的资产证券化产品。受 2009—2011 年金融危机影响，国内的资产证券化试点一度暂停。

（3）2011—2014 年是资产证券化业务常态化发展阶段。2012 年 5 月，人民银行、原中国银监会和财政部联合发布《关于进一步扩大信贷资产证券化试点有关事项的通知》，标志着在经历了国际金融危机之后，我国资产证券化业务重新启动。2012 年 8 月银行间交易商协会发布《银行间债券市场非金融企业资产支持票据指引》，资产支持票据（ABN）正式诞生。至此，我国三种主要资产证券化产品类型（企业资产证券化、信贷资产证券化、资产支持票据）全部推出。常态化阶段扩大了开展资产证券化业务的业务主体以及基础资产范围，明确了 SPV 独立于原始权益人、管理人和投资人的法律地位，为资产证券化快速发展奠定了基础。

（4）2014 年底至今，资产证券化业务实施备案制，进入快速发展阶段。2014 年 12 月 24 日，中国证券投资基金业协会发布《资产支持专项计划备案管理办法》，开始针对企业资产证券化实施备案制，同时配套《资产证券化业务风险控制指引》和《负面清单指引》，提出 8 类负面清单，大大拓宽了发起人及基础资产的可选范围，促进企业资产证券化在 2015 年以来的高速发展。我国资产证券化业务监管从逐笔审批制向备案制的转变，通过完善制度、简化程序、加强信息披露和风险管理，促进市场良性快速发展。

4. 企业资产证券化参与主体有哪些？

（1）原始权益人（发起人）。企业资产证券化的原始权益人，是指按照规定及约定向专项计划转移其合法拥有的基础资产以获得资金的主体。企业资产证券化的原始权益人通常是非金融机构的工商企业。目前可以开展企业资产证券化业务的主要机构包括小贷公司、融资租赁公司、商业保理公司、城投公司、产业类公司等机构。

（2）特殊目的载体（SPV）。特殊目的载体，是指证券公司、基金管理公司子公司、信托公司为开展资产证券化业务专门设立的资产支持专项计划或者中国证监会认可的其他特殊目的载体。从资产证券化的整个流程可以看出，特殊目的载体作为原始资产持有人与投资者之间的一个中介隔离带，是资产证券化交易的中心。资产证券化是一个复杂的结构性融资交易过程，其精髓在于风险隔离机制，而达到风险隔离效果的制度设计主要是其独特的特殊目的载体制度。根据《资产证券化业务管理规定》第五条的规定，因专项计划资产的管理、运用、处分或者其他情形而取得的财产，归入专项计划资产。因处理专项计划事务所支出的费用、对第三人所负债务，以专项计划资产承担。专项计划资产独立于原始权益人、管理人、托管人及其他业务参与人的固有财产。原始权益人、管理人、托管人及其他业务参与人因依法解散、被依法撤销或者宣告破产等原因进行清算的，专项计划资产不属于其清算财产。

（3）投资者。投资者，是指从发行人或发行人的销售代理人购买证券的人。我国对企业资产证券化的投资者要求较高，仅有机构投资者可以购买证券化产品，个人投资者暂无投资资格。

（4）管理人。《资产证券化业务管理规定》第六条规定，企业资产证券化业务中的管理人是指为资产支持证券持有人之利益，对专项计划进行管理及履行其他法定及约定职责的证券公司、基金管理公司子公司。

虽然《资产证券化业务管理规定》的全称是《证券公司及基金管理公司子公司资产证券化业务管理规定》，且该规定的第六条也仅将证券公司、基金管理公司子公司列为管理人。但是，《资产证券化业务管理规定》第五十条还规定，经中国证监会认可，期货公司、证券金融公司、中国证监会负责监管的其他公司以及商业银行、保险公司、信托公司等金融机构，可参照适用《资产证券化业务管理规定》开展资产证券化业务。

2018 年，中国证监会与中国银保监会信托部会商并征求意见，一致同意在已获得特定目的信托受托机构资格且资产证券化业务经验丰富的信托公司中选择公司治理和内控体系完善、监管评级良好、合规状况良好的信托公司，试点参与企业资产证券化业务，获批试点业务资格的信托公司可以担任企业资产证券化的管理人。试点开展以来，已有信托公司担任管理人的企业资产证券化产品成功发行。

综上，目前可以担任企业资产证券化管理人的机构包括证券公司、基金管理公司子公司和信托公司，管理人为资产支持证券持有人的利益，对专项计划进行管理，履行其他法定及约定职责。

（5）托管人。企业资产证券化业务中的托管人，是指为资产支持证券持有人的利益，按照规定或约定对专项计划相关资产进行保管，并监督专项计划运作的商业银行或其他机构。

（6）其他辅助机构。为企业资产证券化提供中介服务的其他辅助机构，主要包括信用评级机构、信用增级机构、会计师事务所和律师事务所等。这些中介机构在为原始权益人提供中介服务时，所做出的专业意见应当真实、准确、完整，不存在虚假记载、误导性陈述或者重大遗漏。

5. 企业资产证券化基础资产应满足哪些要求？

实行企业资产证券化的基础资产应当符合《资产证券化业务管理规定》等相关法规的规定，且不属于负面清单范畴。《资产证券化业务管理规定》第三条规定，基础资产是指符合法律法规规定，权属明确，可以产生独立、可预测的现金流且可特定化的财产权利或者财产。基础资产可以是单项财产权利或者财产，也可以是多项财产权利或者财产构成的资产组合，该财产权利或者财产的交易基础应当真实，交易对价应当公允，现金流应当持续、稳定。基础资产可以是企业应收款、租赁债权、信贷资产、信托受益权等财产权利，也可以是基础设施、商业物业等不动产财产或不动产收益权，以及中国证监会认可的其他财产或财产权利。

《负面清单指引》第二条规定，资产证券化业务基础资产实行负面清单管理。负面清单列明不适宜采用的资产证券化业务形式，或者不符合资产证券化业务监管要求的基础资产。目前公布的负面清单包含八类基础资产：

（1）以地方政府为直接或间接债务人的基础资产。地方政府按照事先公开的收益约定规则，在政府与社会资本合作模式（PPP）下应当支付或承担的财政补贴除外。

（2）以地方融资平台公司为债务人的基础资产。本条所指的地方融资平台公司是指根据国务院相关文件规定，由地方政府及其部门和机构等通过财政拨款或注入土地、股权等资产设立，承担政府投资项目融资功能，并拥有独立法人资格的经济实体。

（3）矿产资源开采收益权、土地出让收益权等产生现金流的能力具有较大不确定性的资产。

（4）有下列情形之一的与不动产相关的基础资产：①因空置等原因不能产生稳定现金流的不动产租金债权；②待开发或在建占比超过 10% 的基础设施、商业物业、居民住宅等不动产或相关不动产收益权。当地政府证明已列入国家保障房计划并已开工建设的项目除外。

（5）不能直接产生现金流、仅依托处置资产才能产生现金流的基础资产，如提单、仓单、产权证书等具有物权属性的权利凭证。

（6）法律界定及业务形态属于不同类型且缺乏相关性的资产组合，如基础资产中包含企业应收账款、高速公路收费权等两种或两种以上不同类型资产。

（7）违反相关法律法规或政策规定的资产。

（8）最终投资标的为上述资产的信托计划受益权等基础资产。

6. 企业（发起人）开展资产证券化有哪些意义？

（1）增强企业资产流动性。企业资产证券化能够盘活存量，提高企业资金使用率。资产证券化将企业中流动性差、收益期限长的资产存量充分利用起来，并将其转化为现金回流，使得资产总量未发生变化的同时极大地提高了企业资产的流动性，为企业资金的高效率使用提供了全新的技术手段。

（2）降低企业融资成本。企业资产证券化能够降低融资成本，改善企业资本结构。资产证券化作为一种通过出售资产获取融资的表外融资方式，既不会增加企业的负债，也不会反映在资产负债表的“所有者权益”一栏中，进而不会增加企业的负债水平，使企业能以较低的成本获取融资。

（3）改善企业资本结构。企业资产证券化不但增加了企业自由现金流，有利于正净现值的投资机会的实施，而且降低了企业资产负债率，提高了资产流动性和资金使用效率，改善了企业财务状况和资本结构；资产证券化还为企业提供了一种流动性补充机制，降低了存量资产的风险。企业资产证券化融资是一种表外融资，它特有的真实出售、破产隔离和信用增级技术，降低了企业融资风险，改善了企业资本结构，为企业实施积极的现金流管理和灵活的财务杠杆提供了方法。

（4）拓宽企业融资渠道。企业资产证券化能够拓宽企业融资渠道，缓解中小企业融资难问题。在利用发行股票或企业债券等传统的证券化方式融资过程中，企业必须以其全部的资产、权益以及企业整体的信用为基础来获取投资者的青睐，要求比较高。而企业资产证券化则是原始权益人将本身的部分资产"真实出售"给SPV，最终证券的发行也是以该部分资产为支撑，与企业的经营风险相隔离。因此，与常规的贷款融资、发行债券、股权融资等方式相比，资产证券化使中小企业只要拥有较为优质的基础资产，就可以将其转化为现金回流，从而拓宽其融资通道，有效缓解融资难的问题。

7. 企业资产证券化发行申报环节有哪些程序？

（1）资产支持证券拟在深交所挂牌转让的，管理人应当在资产支持证券发行前向深交所申请确认是否符合挂牌转让条件。

（2）专项计划备案后，管理人申请资产支持证券在深交所挂牌的，应当经深交所同意，与深交所签订转让服务协议，并提交下列文件：

①挂牌申请书；

②专项计划备案证明文件；

③计划说明书、交易合同文本以及法律意见书等专项计划法律文件；

④资信评级机构出具的报告（如有）；

⑤特定原始权益人最近三年（未满三年的自成立之日起）经符合《证券法》规定的会计师事务所审计的财务会计报告及融资情况说明；

⑥募集完成后经符合《证券法》规定的会计师事务所出具的验资报告；

⑦深交所指定登记结算机构出具的登记托管证明文件；

⑧专项计划是否发生重大变化的说明；

⑨深交所要求的其他文件。

（3）深交所对挂牌申请文件进行完备性核对。挂牌申请文件完备的，深交所自接受挂牌申请文件之日起 5 个交易日内，出具接受挂牌通知书。

8. 企业资产证券化存续期间有哪些信息披露要求？

（1）资产支持证券存续期内，管理人应在每期资产支持证券收益分配日的两个交易日前向合格投资者披露专项计划收益分配报告，每年 4 月 30 日前披露经符合《证券法》规定的会计师事务所审计的上年度资产管理报告。对于设立不足两个月的，管理人可以不编制年度资产管理报告。

年度资产管理报告应当包括但不限于下列内容：基础资产的运行情况；原始权益人、管理人和托管人等资产证券化业务参与人的履约情况；特定原始权益人的经营情况；专项计划账户资金收支情况；各档次资产支持证券的本息兑付情况；管理人以自有资金或者其管理的资产管理计划、其他客户资产、证券投资基金等认购资产支持证券的情况；需要对资产支持证券投资者报告的其他事项。

（2）托管人应当在管理人披露资产管理报告的同时披露相应期间的托管报告，托管报告应当包括但不限于下列内容：专项计划资产托管情况，包括托管资产变动及状态、托管人履责情况等；对管理人的监督情况，包括管理人的管理指令遵守计划说明书或者托管协议约定的情况以及对资产管理报告有关数据的真实性、准确性、完整性的复核情况等；需要对投资者报告的其他事项。

（3）聘请资信评级机构针对资产支持证券出具评级报告的，在评级对象有效存续期间，资信评级机构应当于资产支持证券存续期内每年的 6 月 30 日前向合格投资者披露上年度的定期跟踪评级报告，并应当及时披露不定期跟踪评级报告。

定期跟踪评级报告应包括但不限于以下要点：评级意见及参考因素、基础资产（池）的变动概况、专项计划交易结构摘要、当期资产支持证券的还本付息情况、基础资产现金流运行情况、现金流压力测试结果、基础资产（池）信用质量分析、特定原始权益人的信用分析、资产证券化交易结构相关各方情况分析和评级结论等。设置循环购买交易的，还需包括循环购买机制有效性的分析。

（4）在发生可能对资产支持证券投资价值或价格有实质性影响的重大事件时，管理人应及时向合格投资者披露相关信息，并向中国基金业协会报告。重大事件包括但不限于以下事项：未按计划说明书约定分配收益；资产支持证券信用等级发生不利调整；专项计划资产发生超过资产支持证券未偿还本金余额10%以上的损失；基础资产的运行情况或产生现金流的能力发生重大变化；特定原始权益人、管理人、托管人等资产证券化业务参与人或者基础资产涉及法律纠纷，可能影响按时分配收益；预计基础资产现金流相比预期减少20%以上；原始权益人、管理人、托管人等资产证券化业务参与人违反合同约定，对资产支持证券投资者利益产生不利影响；特定原始权益人、管理人、托管人等资产证券化业务参与人的经营情况发生重大变化，或者作出减资、合并、分立、解散、申请破产等可能影响资产支持证券投资者利益的决定；管理人、托管人、资信评级机构等资产证券化业务参与人发生变更；特定原始权益人、管理人、托管人等资产证券化业务参与人信用等级发生调整，可能影响资产支持证券投资者利益；可能对资产支持证券投资者利益产生重大影响的其他情形。

（5）管理人应当自专项计划清算完毕之日起10个工作日内，向合格投资者披露清算报告。

（6）以基础资产产生的现金流循环购买新的同类基础资产方式组成专项计划资产的，管理人及其他信息披露义务人应当按照计划说明书的约定，定期披露循环购买符合入池标准的资产规模及循环购买的实际操作情况。

9. 企业资产证券化投资者有何要求？

根据《资产证券化业务管理规定》，资产支持证券应当面向合格投资者发行，发行对象不得超过200人，单笔认购不少于100万元人民币发行面值或等值份额。合格投资者应当符合《私募投资基金监督管理暂行办法》规定的条件，依法设立并受国务院金融监督管理机构监管，由相关金融机构实施主动管理的投资计划不再穿透核查最终投资者是否为合格投资者，不再合并计算投资者人数。

根据《私募投资基金监督管理暂行办法》，私募基金的合格投资者，是指具备相应风险识别能力和风险承担能力，投资于单只私募基金的金额不低于 100 万元且符合下列相关标准的单位和个人：净资产不低于 1000 万元的单位；金融资产不低于 300 万元或者最近三年个人年均收入不低于 50 万元的个人。前文所称的金融资产包括银行存款、股票、债券、基金份额、资产管理计划、银行理财产品、信托计划、保险产品、期货权益等。

根据《证券期货投资者适当性管理办法》，向投资者销售证券期货产品或者提供证券期货服务的机构（以下简称“经营机构”）应当在销售产品或者提供服务的过程中，勤勉尽责，审慎履职，全面了解投资者情况，深入调查分析产品或者服务信息，科学有效评估，充分揭示风险。同时，基于投资者的不同风险承受能力以及产品或者服务的不同风险等级等因素，提出明确的适当性匹配意见，将适当的产品或者服务销售或者提供给适合的投资者，并对违法违规行为承担法律责任。

第二章
企业资产证券化交易结构

第一节　基础资产

10. 什么资产适合证券化？

适合证券化的基础资产应当符合以下条件：具备合法合规性，权属明确，可特定化，具备独立性，具备可预测性及持续稳定性，无权利负担，规模及存续期限与资产支持证券匹配，具备可组合性，不属于负面清单。

11. 基础资产的合法合规性有哪些要求？

（1）基础资产的形成符合法律法规规定。基础资产的形成应合法合规。存在合法有效的合同或其他包括但不限于证书、许可等权属证明文件，使基础资产在法律上能够准确、清晰地界定为财产权利或财产；这些资产涉及的交易基础应当真实，避免因虚假交易致使法律关系无效或被撤销，从而导致基础资产自始不存在；原始权益人在基础法律关系项下予以确权的义务已履行完毕。

基础资产涉及的权利应有明确的法律依据，同时，原始权益人针对这些权利已根据法律法规的要求取得相应主管部门的批复、许可等，原始权益人对产生基础资产所依赖的运营资产合法拥有所有权或使用权。

（2）基础资产的转让符合法律法规规定。基础资产的转让应合法合规。法律法规层面，基础资产在法律法规层面不应存在禁止性规定的情况。合同约定层面，对于合同约定不得转让的资产以及对转让设定先决条件而先决条件无法完成的资产或合同虽未明确约定不得转让，但转让可能导致合同在其他层面违约的资产，应事先征得相对方对于转让资产的同意或签署补充协议放弃或取消上述限制规定。实践操作层面，原始权益人将基础资产转让给管理人发行资产支持证券需取得其内部及主管部门所必要的批准。此外，虽然法律法规和合同约定层面均未限制资产的转让，但实际转让时存在的操作障碍亦可能会对专项计划的基础资产产生影响。

（3）基础资产合法合规性瑕疵的应对方案。若拟转让予专项计划的基础资产存在瑕疵，如该情形在专项计划设立前即存在，但在专项计划设立后才发现，则原始权益人有义务根据相关交易文件的约定赎回对应的基础资产，或有义务置换为合格的基础资产；如该情形在专项计划设立后才发生，则这些瑕疵所造成的损失一般被视为专项计划的损失，或被视为可安排专项计划层面的风险触发事件或原始权益人的赎回或置换机制。上述条款的设置均可在一定程度上维护专项计划现金流的稳定性，进而保障投资者利益。

12. 基础资产权属明确有何要求？

（1）法律视角审视基础资产的权属。作为专项计划的基础资产，其应具有可描述性和可界定性，并可在时间、空间、金额上进行量化。从法律角度判断“可描述性”与“可界定性”，即基于相关权利义务层面，判断一项基础资产是否可界定、可量化。

（2）权属明确的判定要件。基础资产应属于并仅属于原始权益人，基础资产附带担保权益等从权利的，从权利亦应可以通过转让行为完整地转移给专项计划享有。例如，若原始权益人已将拟作为基础资产的债权等资产向其他第三方做了可赎回的转让，该等赎回操作必须通过自有资金或过桥资金在专项计划设立前完成，以保证基础资产在计划设立时就属于原始权益人，权属明确无争议。

13. 什么是基础资产特定化？

基础资产的特定化，是指基础资产应该可以被清晰识别，可以与原始权益人的其他财产、管理人和托管人的固有财产、管理人管理的其他专项计划的基础资产明确区分。

为了实现基础资产的特定化，管理人可以通过设定基础资产在基准日和专项计划设立日的合格标准对基础资产进行筛选，并通过设立托管账户归集专项计划资金以对专项计划存续期间的资金流转过程实行有效监督。

基础资产无法特定化，将会导致基础资产与原始权益人资产混同，从而在原始权益人出现破产、债务纠纷的情况下时，发生无法隔离基础资产被波及的风险。因此，针对同一债务人与原始权益人存在多笔债权债务关系的，需通过相关协议明确约定受偿顺序或区分方式，以避免出现现金流入无法特定化或出现偿付纠纷的情况。

14. 基础资产独立性有何要求？

基础资产在法律属性上应具有独立性，不应依附于其他权利而存在，亦不应存在因法定或约定导致基础资产在多个权利人中无法按份独立剥离的情况。基础资产在转让后，必须能够实现隔离，即与原始权益人、管理人、托管人及其他业务参与人均能实现风险与破产隔离。

（1）基础资产应独立于原始权益人固有财产。基础资产的转让应是无法撤销的，以此实现与原始权益人的隔离。根据《破产法》第三十一条第二款，人民法院受理破产申请前一年内，债务人的财产以明显不合理的价格进行交易的，破产管理人有权请求人民法院予以撤销。若原始权益人与专项计划的管理人对基础资产的买卖以公允价值进行，则不属于“明显不合理的价格”，破产管理人无权予以撤销。同时，自基础资产于资产交付日合法有效地转让给管理人起，原始权益人对基础资产不再享有任何权利。这些权利作为专项计划的财产，在原始权益人破产的情形下，可以与原始权益人的自有财产相分离，不会被视为原始权益人的破产财产，从而实现破产隔离。

（2）基础资产应独立于管理人固有财产。在专项计划设立前后，管理人将在托管人处设立专项计划账户，对专项计划单独记账、独立核算，并在专项计划文件中明确，这些专项计划账户独立于管理人的自有资金账户和其他收款账户。根据《破产法》第三十八条，在有效划清专项计划财产与管理人固有财产的基础上，专项计划财产一般不会被认定为管理人的清算财产。

（3）基础资产应独立于托管人固有财产。银行作为托管人接受管理人的委托，设立专项计划账户，对专项计划单独记账、独立核算。理论上基础资产相关的资金款项会受到商业银行的破产风险，但总体而言风险尚可控。

15. 为什么基础资产应具有可预测性及持续稳定性？

作为固定收益类产品，资产的可预测性以及持续稳定性十分关键。基础资产在专项计划存续期间可以产生的现金流入金额应该可以根据已签署的基础合同予以确定，或根据历史数据进行合理预测。应关注债务人在基础关系项下主张扣减及减免的权利，由有资质的机构出具现金流评估预测报告，考虑债务人的资信情况、偿还能力、持续经营能力、基础资产的历史违约率及分散程度等各种影响现金流波动的因素，从而针对造成基础资产现金流波动的影响因素进行压力测试，说明压力情境的参数设置及其合理性，并披露在正常情况及压力情况下各期基础资产现金流回收金额对于每个收益分配日资产支持证券本息偿付的覆盖倍数。

基础资产在专项计划期间产生的现金流应持续且稳定，例如学费收费权、园区门票收费权等资产。未来政策、经济、民众喜好等因素的可变性，以及存在招生人数、游客及票价等发生变化的可能性，都会导致实际回收的现金流同期初预测存在较大的差异。对于应收账款中属于未来债权的部分，根据合同的约定，债务人的付款义务与原始权益人提供货物或服务、项目进度等紧密相关，专项计划存续期间的现金流存在较大的不确定性。对于该类资产，目前多偏好于将其进行结构化处理。

16. 双 SPV 结构对基础资产可预测性及持续稳定性有何影响？

一些收益权类的资产，严格考量的话，其并不完全满足特定化及可产生稳定现金流的要求，如租金收益权中，租赁合同多为短期，而 ABS 存续期一般很长，且不能套用循环购买。因此，未来现金流存在很大不确定性，难以预测，此时可以通过构造双 SPV 的结构来缓解不确定性。双 SPV 结构，是指在专项计划之外，通过套用信托等方式，构架第二层 SPV，利用信托受益权作为基础资产所产生的现金流，以产生稳定的、可以预测的信托贷款的本息。套用信托计划后，虽然项目的还款来源还是底层资产的现金流，但因为借款人对相应的信托计划有还本付息的义务，所以从专项计划层面而言，基础资产具有稳定偿付的还款计划，从而增强了可预测性和稳定性。

17. 为什么基础资产应无权利负担？

（1）基础资产的权利负担类型。基础资产的权利负担，包括依附于该基础资产的抵押、质押等担保负担或者其他权利限制。例如，以应收账款债权为基础资产的交易中，常常发现原债权人将应收账款债权作为质物质押给其他机构，从而导致计划受让应收账款债权，使应收账款债权回款的稳定性存在一定的不确定性。

（2）权利负担的核查方式及解除方法。通过相关登记系统，可以查询基础资产及其相关资产的权属和权利限制情况。

《资产证券化业务管理规定》虽然要求基础资产不得附带抵押、质押等担保负担或者其他权利限制，但同时还规定，通过专项计划相关安排，在原始权益人向专项计划转移基础资产时能够解除相关担保负担和其他权利限制。如在有些项目中，允许以募集资金解除基础资产上的权利负担。具体而言，针对已出质的资产，专项计划可以设置相应安排，由原始权益人委托管理人将部分募集资金用于解除这些资产上存在的质押，并在合理期限内完成质押登记注销，并在注销后将这些资产向专项计划转让，未按前述时间及方式解除质押的资产将不再属于专项计划基础资产，并由原始权益人将相应的资产购买价款金额退还给专项计划。

（3）基础资产的权利负担对专项计划及投资人的影响。一旦基础资产上存在权利负担，就会造成资产转让协议的效力瑕疵。例如，《物权法》和《民法典》均规定，应收账款已经出质的，除非各方有其他安排，不得转让，也无法在相关登记系统进行应收账款转让登记。若资产转让的效力存在瑕疵，则该资产未被专项计划成功受让，可能会对专项计划现金流的稳定性以及投资人的收益造成影响。

（4）双SPV或其他嵌套结构下底层资产的穿透审查。在双SPV结构中，由于信托作为特殊目的载体无法直接产生现金流，其现金流均来源于信托对接的相关底层资产。因此，在进行该类项目的法律尽调时，除需关注信托受益权本身形成的合法性之外，还需重点穿透核查底层资产是否满足以下要求：合规性、权属明确、具备现金流且风险分散。

18. 什么是基础资产的规模及存续期限与资产支持证券匹配？

基础资产在专项计划期间产生的现金流入收益的总金额应与各档资产支持证券的总规模相匹配。若基础资产回收款中已区分本金及利息，专项计划大多会采取超额利差的增信方式，即全部基础资产所产生的收入现金流流入超过优先级资产支持证券所预期需要支付的收益及其他各项税费的部分。这些安排会为优先级资产支持证券提供一定的信用支持。若基础资产回收款中不区分本金及利息，为保证基础资产的回收款足以支付全部资产支持证券的本金及优先级资产支持证券的预期收益，管理人与原始权益人对于基础资产的买卖将采取折价的方式，同时，专项计划多采用超额覆盖的增信措施，即资产池在专项计划设立日的本金余额以较大比例超出优先级资产支持证券本金金额及预期收益，前述差额将被用于弥补可能产生的回收款不足。

基础资产期限应与专项计划存续期限相匹配。若基础资产涉及基础合同，则这些合同的到期日应足够分散，且到期日不晚于次级资产支持证券预期到期日，也可对最早到期的日期予以限制。同时，根据基础合同到期日、金额等因素对各档资产支持证券规模进行切分，并确定各档资产支持证券的预期到期日。若基础资产无相应基础资产支撑，例如收费权，则应根据拟入池的基础资产所在的特定区间期限对专项计划存续期间予以确定，并根据基础资产回收计划来确定专项计划兑付日、各档资产支持证券的规模及预期到期日。

19. 现金流可预测是基础资产的必备要求之一？

证券化产品着眼于资产所带来的现金流，而非其内涵价值。资产有内涵价值不代表其可以产生稳定的现金流入，例如古董、名画，均具有收藏价值，但在不处置的情况下无法产生稳定可预测的现金流，不能被证券化。项目实操中，一般管理人根据现金流测算或根据评估公司出具的现金流预测报告确定资产支持证券的规模，从而匹配基础资产购买价款。

20. 基础资产的可组合性是什么？

（1）基础资产的法律性质相同。基础资产可以是企业应收款、租赁债权、信贷资产、信托受益权等财产权利，基础设施、商业物业等不动产财产或不动产收益权。在选择基础资产时，在保证资产同质性的前提下，可以考虑入池同一法律性质的资产，以确保后期现金流的稳定性。

（2）基础资产的业务形态相似。同种业务产生的基础资产，其法律性质、权利负担和业务模式等情况大致相同，能够保证现金流回款的稳定。例如，多个融资租赁公司可以均作为原始权益人将其对相应承租人的租金请求权及其附属担保权益打包入池。

（3）不同的基础资产直接具有相关性。法律界定及业务形态属于不同类型且缺乏相关性的资产组合不可共同作为专项计划的基础资产。对于“相关性”，一般认为，同一合同中，债权发生原因不同，但有“相关性”的资产，也可以作为基础资产。

21. 哪些资产不可以证券化？

（1）以地方政府为直接或间接债务人的基础资产。以地方政府为直接或间接债务人的基础资产不得证券化，但地方政府按照事先公开的收益约定规则，在政府与社会资本合作模式（PPP）下应当支付或承担的财政补贴除外。同时，中国证监会在《资产证券化监管问答（一）》中明确对于类似污水处理、垃圾处理、政府还贷高速公路通行等为社会提供的公共产品或公共服务，虽实行专款专用的收支两条线管理，但是因为这些收费最终由使用者付费，并约定了明确的费用返还安排，这些收费权类资产可以作为基础资产开展资产证券化业务，还明确了该类基础资产应当取得地方财政部门或有权部门按约定划付购买服务款项的承诺或法律文件。以该类资产为基础资产的，管理人应当在尽职调查过程中详细了解提供公共产品或公共服务企业的历史现金流情况，约定明确的现金流返还账户，管理人应当对现金流返还账户获得完整、充分的控制权限。同时，《资产证券化监管问答（一）》还积极鼓励可再生能源发电、节能减排技术改造、能源清洁化利用、新能源汽车及配套设施建设、绿色节能建筑等领域的项目现金流中来源于按照国家统一政策标准发放的中央财政补贴的部分作为资产证券化的基础资产。

（2）以地方融资平台公司为债务人的基础资产。地方融资平台公司，是指根据国务院相关文件规定，由地方政府及其部门和机构等通过财政拨款或注入土地、股权等资产设立，承担政府投资项目融资功能，并拥有独立法人资格的经济实体。

（3）产生现金流的能力具有较大不确定性的资产。矿产资源开采收益权、土地出让收益权等产生现金流的能力具有较大不确定性的资产不可证券化。

（4）部分与不动产相关的基础资产。有下列情形之一的与不动产相关的基础资产不可证券化：因空置等原因不能产生稳定现金流的不动产租金债权；待开发或在建占比超过10%的基础设施、商业物业、居民住宅等不动产或相关不动产收益权。当地政府证明已列入国家保障房计划并已开工建设的项目除外。

（5）不能直接产生现金流、仅依托处置资产才能产生现金流的基础资产，如提单、仓单、产权证书等具有物权属性的权利凭证。

（6）法律界定及业务形态属于不同类型且缺乏相关性的资产组合。如基础资产中包含企业应收账款、高速公路收费权等两种或两种以上不同类型资产。

（7）违反相关法律法规或政策规定的资产。

（8）最终投资标的为上述资产的信托计划受益权等基础资产。

22. 债权类基础资产有何特点？

债权类基础资产，是指有明确债权债务关系，可以产生确定名义现金流的资产，如应收账款、租赁债权、保理债权、小额贷款等。此类基础资产的标准化程度高，且法律结构清晰，其风险识别内容主要包括基础资产的信用资质、分散性、收益率、违约率、早偿率、担保措施、现金流分布等。

对于债权类或权益类资产为基础形成的资产证券化产品，如不存在原始权益人或其关联方的信用增级安排，且无须其提供后续资产的运营与服务，则原始权益人的破产风险不会传导至该资产证券化产品，即可实现破产风险隔离。

对于债权类基础资产，应当明确债权转让通知或者向债务人进行公告的具体安排，明确债务人支付对象、支付流程是否发生变化。其中，对于以租赁形成的债权作为基础资产的，如果租赁物权属不随基础资产转让而转让，需关注采取何种措施防止第三方获得该租赁物权属。

23. 以应收账款合同债权为基础资产，应关注哪些问题？

（1）核实应收账款贸易背景真实性。管理人应当对每笔应收账款凭证的真实性进行核查，确保底层基础资产的真实性。管理人需要就基础交易背景进行核实，确认基础合同要件齐备，包括并不限于以下方面：具体的产品（服务）名称、规格型号、具体数量、结算单价、结算金额等。管理人应当核查出库单、入库单、运单、发票等文件；确认货物或服务已经按照合同约定供应完毕，且不存在质量问题等合同约定的可能导致抗辩的情形，即原始权益人在合同项下义务均已履行完毕。

（2）确定交易对价的公允性。应核查货物、服务实际交付的单价，并与市场价格进行对比，论证说明交易对价的公允性。

（3）充分披露关联关系（如有）。专项计划文件应当披露原始权益人与债务人的关联关系，包括原始权益人与债务人、担保人的股权关系，最近三年应收账款规模、期限、回收情况等。管理人应结合相关方自身状况以及关联关系说明其对专项计划的影响，在相关文件中向投资者充分揭示风险并提供合理缓释措施。

（4）明确约定债权转让通知的相关安排。专项计划应安排基础资产转让时的通知程序，采用电话、传真、电邮、书面通知等一切必要手段通知相关债务人基础资产转让事宜。计划说明书、法律意见书中应说明专项计划在债权转让方面是否已履行完权利转让手续，律师应对债权转让的有效性发表明确意见。

（5）对于抽样调查的适用性问题，小额贷款、融资租赁、应收账款等债权类基础资产，如入池资产符合笔数众多、资产同质性高、单笔资产占比较小等特征，可以采用抽样尽职调查方法。相关中介机构应设置科学合理的抽样方法和标准，并对抽取的样本是否具有代表性进行验证。对于资产池整体性质有重要影响的入池资产，应该着重进行抽样。

（6）对于应收账款、小额贷款等资产证券化中涉及循环购买的情况，有关信息披露与持续期管理的要求如下：专项计划说明书等文件中应详细披露循环购买的相关安排，包括循环购买入池标准、资产筛选及确认流程、资金与资产交割方式、可供购买的资产规模与计划管理人循环购买额度的匹配性、基础资产不足购买时的防范和处理机制、循环购买与专项计划现金流分配的衔接安排等。管理人应在循环购买时对新入池资产的真实性、完整性、是否符合入池标准等情况进行核查，并在原始权益人日常运营 IT 系统的基础上，通过设置明确机制主动监测、实时了解资产池的运行情况、风险特征变化。

24. 以收益权类资产为基础资产的，应关注哪些问题？

（1）收益权类基础资产，是指未来通过持续经营可以产生独立、稳定、可预测现金流的资产，例如各类市政收费权、PPP 项目收益权、门票收益权等。由于收益权的现金流需要依据未来经营实体的实际运作状况进行推断，不可预计的经营风险相较于债权资产风险更大，风险测量也更严格一些。对于基础资产的考察，需更多地通过基础资产所在行业未来发展前景、实际运营方的经营实力、现金流的稳定性、抵质押状况、现金流历史记录和分布测算等方面对基础资产的偿还能力进行分析。

（2）对于收益权类资产证券化产品，在实现真实出售的情况下，仍然需要原始权益人稳定的运营以产生持续现金流，原始权益人破产将直接影响资产支持证券的资产收益，可能导致无法完全实现破产隔离的风险。

（3）当基础资产的底层资产存在抵押、质押等权利限制时，对于涉及以供水、供暖、供热、供电合同、高速公路收费、票证收入、物业租赁合同等为基础资产的，底层资产的权利限制情况（如管道、设备、路面资产、土地、物业等存在抵质押）可能对专项计划基础资产的形成和存续、现金流的持续产生造成较大影响。尽职调查过程中，应当关注相关权利限制是否可能导致底层资产被处置，从而影响原始权益人的持续经营，如果底层资产可能影响原始权益人的持续经营和专项计划投资者利益，应当做好解除底层资产权利限制的安排。

（4）原始权益人将基础资产出售后，应当在计划存续期间维持正常的生产经营活动或者提供合理的支持，为基础资产产生预期现金流提供必要的保障。专项计划文件中，管理人应对原始权益人日常经营成本、基础资产以外的现金收入、可供使用的账面资金、外部资金支持等情况进行充分调查与测算，对可能存在的资金缺口进行充分披露与风险提示，持续关注并及时披露可能影响原始权益人持续运营、损害资产支持证券投资者利益的重大事项。

（5）对于收益权类基础资产何时需要专业资评机构对基础资产价值出具评估报告的问题，鉴于高速公路、电力收益权、门票等基础资产的专业性较强，尽职调查要求较高，建议管理人聘请具备中国证监会和财政部核准的证券期货相关业务评估资格的资产评估机构对前述基础资产的资产价值及现金流情况进行评估。

（6）有关因供水、供暖、供热、物业合同等在实际执行过程中存在合同变更而发生入池资产变动的问题，建议管理人通过剔除不确定性较大的合同、对合同变更事项发生后的安排事先做出约定（包括但不限于根据原入池标准对失效合同进行置换、购入新资产等）、设置触发加速清偿条款等方式予以解决，申报材料需对以上问题进行充分说明和风险提示。

25. 来源于物业费收入的基础资产现金流，应关注哪些问题？

（1）入池物业合同应合法合规。一般，物业合同应根据物业所在地的物业管理相关规定在有关部门进行备案。律师应在法律意见书中对入池合同的合法合规性以及是否备案发表明确意见。

（2）管理人应对入池物业合同的存续期限进行核查和披露。对于基础资产直接为物业服务合同债权的，物业合同期限应与专项计划期限相匹配。对于不以物业服务合同债权为基础资产的，物业合同期限如不能覆盖专项计划期限，管理人和律师应在专项计划文件中就合同续签事项发表明确意见，同时对投资者充分揭示风险并提供合理缓释措施。

（3）对于由开发商付费的前期物业服务合同，管理人应就该部分物业费用的入池比例、历史支付情况和延迟支付风险进行详细披露。如开发商与物业服务公司存在关联关系，管理人应重点进行说明和风险揭示。

（4）根据物业服务的业务模式，对于交易结构中涉及母公司从子公司受让物业合同债权的情形，项目文件中应明确约定在基础资产购买前已支付债权转让对价，且律师应在法律意见书就债权转让的公允性、合法性、有效性以及转让通知等事项发表明确意见。

（5）针对未交付物业项目，管理人应说明未交付小区物业预期交付的时间和进展安排，披露未交付小区物业的物业费规模占专项计划全部物业费规模的比例，披露如未交付小区物业未能及时向业主实际交付而导致物业费无法按时足额归集对专项计划现金流的影响，充分揭示风险并提供缓释措施。

（6）物业服务公司应具备持续经营能力。管理人须就专项计划存续期内物业服务公司（及其子公司）的经营收入、运营成本、成本缺口及覆盖支持等情况进行合理测算，并就其持续经营能力进行披露和风险揭示。对于成本无法覆盖的物业服务公司，应设置股东支持、资金留存等缓释措施。

（7）差额支付承诺人、担保人等专项计划相关参与方涉及房地产企业的，管理人和律师应对前述主体是否存在闲置土地、炒地、捂盘惜售、哄抬房价等违法违规行为，是否存在被行政处罚或调查的情况，及相应的整改措施和整改结果是否会影响其履行差额支付和担保义务等出具明确意见。

26. 以多笔信托受益权为基础资产，应关注哪些问题？

（1）信托公司（即信托计划受托人）经营状况良好，内控制度健全，最近一年未因重大违法违规行为受到行政处罚；信托公司作为受托人、资产服务机构，负责收取信托贷款的本金及利息，与管理人（代表专项计划）签订资产服务协议，约定专项计划存续期间的有关贷款管理、权利义务关系、资产服务机构监督等内容。

（2）原始权益人合法、独立拥有基础资产，能够进行完全控制和处置基础资产；原始权益人若为信托产品、基金子公司资管产品、证券公司资管产品或银行理财产品等，不得为专项计划提供差额补足、回购等安排，其运营状况不得对专项计划以及资产支持证券投资者的利益产生重大影响。

（3）入池资产底层法律关系简单明了，信托类型为资金信托或者法律关系清晰明确的财产权信托；依据穿透原则，信托计划可以一一对应到底层的债务人，债权债务关系明晰，标准化程度高；信托计划不存在现金流重构、结构化分层。

（4）信托计划资金投向不得违反负面清单、国家产业政策及监管要求，借款人不得为融资平台公司；鼓励投向高新技术行业、绿色产业、产业结构调整重点支持行业等国家政策支持的行业。

（5）信托受益权的底层资产应在地区、行业上具备一定的分散性；单一债务人未偿还本金余额占比超过10%的，应按照中国证监会《资产证券化业务信息披露指引》中重要债务人的标准进行披露，披露内容包括但不限于其所在行业的相关情况、偿债能力分析、项目发起机构对该借款人的资信评价说明及还款来源分析、增信状况等。

（6）计划管理人应组织第三方中介机构（律师、评级机构、会计师等）按照严格标准对合格借款人进行尽职调查，包括但不限于对所有入池资产的原始审批文件、交易文件；管理人在专项计划存续期间建立的严格的管理制度，设置的风险监测及防控机制，进行的充分的信息披露。

（7）对于存续期内出现不符合初始入池标准的基础资产或者底层资产发生违约情形，设置合理的资产替换或外部增信安排，触发机制和操作流程明确；设置合理的风险自留安排。

27. 以公用事业类资产为基础资产，应注意哪些问题？

（1）原始权益人（发行人）的持续经营能力。鉴于公用事业类企业需要持续不断地提供服务才能保证一定程度上稳定的现金流，所以需要关注在将相关现金流受让给专项计划后，原始权益人是否能够支付相应的运营成本。

（2）现金流的稳定性和特定化。关注接受公共服务的用户或者行业是否会在未来出现较为重大的变动，是否存在行业周期性风险。现金流能否实现特定化，建议设置合理资金归集频率，降低资金混同与被挪用风险。

28. 以入园凭证类资产为基础资产，应注意哪些问题？

相关主体采取出售票证的形式进行经营具有明确法律依据，基础资产的特定化手段具有可操作性（例如通过票号编码、销售记录等锁定基础资产），底层基础资产不存在因权利限制可能导致底层资产被处置，从而影响原始权益人的持续经营情形。若为风景名胜景区票证，原始权益人对景区的管理需符合《风景名胜区条例》（国务院令 474 号）等相关法律法规条例的规定，且不违反负面清单的要求。

29. 类 REITs 产品的基础资产，应关注哪些问题？

（1）运营收益的稳定性，包括对租户结构及种类、租约期限及相对租金价格、地区新增供给、历史经营数据等的考察。

（2）物业价值变动，包括对城市、地段、交通、建筑质量等多方面的考察。

（3）增信主体的增信作用，增信主体在基础资产的运营收益层面、证券的还本付息、证券的回售、评级下调等层面进行了何种增信。

（4）交易结构的合理性，类 REITs 产品结构较为复杂，建议投资者重点关注基础资产现金流归集中的资金混同风险、增信手段的有效性等。

30. 以互联网金融类资产为基础资产，应关注哪些问题？

（1）该企业是否通过建立互联网生态圈，运用大数据计算方式，对客户进行信用等级评级和授信额度服务，创新的消费金融风险控制模式下其项目资产不良率较低。

（2）该企业是否借助科技手段，通过 IT 系统进行自动化的资产转让，大大提高了循环购买资产的转让效率，同时，通过资产支持专项计划管理人与项目律师对原始权益人 IT 系统进行现场随机抽样，核实系统数据的真实性、准确性，确认其对每笔资产转让进行明确标识，有效防范资产混同风险。

（3）在资产证券化产品存续期间，管理人是否借助资产转让平台实现了对资产池逐日监控，对资产收益率、资金闲置情况、逾期率及不良率等重要指标进行重点监测，并形成定期抽样机制，做到事前、事中、事后全流程主动管理，以最大限度地保障投资者利益。

31. 以保障房销售收入应收款类资产为基础资产，应关注哪些问题？

一般，该类项目可以信托收益权作为基础资产，将保障房定价销售收入作为还款来源。操作层面，可设立资金信托，向保障房建设企业发放信托贷款，保障房建设企业以保障房的销售收入作为还款来源并提供差额支付，由保障房建设企业的母公司或其他主体提供担保。根据负面清单要求，除了当地政府证明已列入国家保障房计划并已开工建设的项目，待开发或在建比不得超过10%。

保障房项目本身应当满足以下要求：保障房项目证照齐全，建议已办理完成部分销售许可证；向购房者收款或实质为向购房者收款，可市场化销售；保障房项目土地、在建工程、未来收入或现金流等未设有抵押、质押等权利障碍（可使用募集资金解除的除外）。

关注房屋销售现金流的稳定性、可预测性，应充分论证当地房地产行业整体发展状况，可以通过保障房建设主体的母公司在信托层面进行担保，缓释现金流的不确定性风险。

32. 以商业物业抵押贷款为基础资产，应关注哪些问题？

（1）底层物业应为借款人合法持有的成熟商业物业（写字楼、购物中心、酒店等），建议位于一线城市或二线城市的核心地段。

（2）底层物业须权证齐备，由借款人合法持有，且不得附带抵押或者其他权利限制。如存在权利限制情况的，应设置在贷款放款后解除相关权利限制。管理人须就解除权利限制的流程、资金监控措施和风险处置安排等进行明确约定和披露。

（3）借款人应具备持续运营能力。管理人应对专项计划存续期间借款人运营物业的相关成本进行测算，并对成本覆盖做出安排（储备金账户、母公司补足、提取部分物业收入等）。

（4）管理人应充分说明并披露证券化抵押率设置的合理性。对于以置换经营性物业贷款为目的的证券化项目，管理人应比较拟置换贷款和证券化项目的抵押率水平，并结合借款人主体、底层物业等情况综合说明抵押率设置的合理性。

（5）管理人应对商业物业的可处置性进行说明。评级机构应在评级报告中对物业抵押担保的效力进行分析和确认，并对物业的处置价值进行压力测试。

（6）为底层物业出具房产评估报告的评估机构应具备住建部核准的房地产估价机构一级资质。建议评估机构选用收益法作为最主要的估价方法，并根据《房地产投资信托基金物业评估指引（试行）》（中房学〔2015〕4 号）的相关要求对底层物业进行评估。

第二节　参与主体

33. 原始权益人定性、分类与资质都有哪些要求？

（1）原始权益人定性。原始权益人，是指向专项计划转移其合法拥有的基础资产以获得资金的主体，是证券化基础资产的原始所有者，通常是金融机构或大型工商企业。在 ABS 产品结构中，原始权益人担任的角色包括基础资产原始所有者/出售方、基础资产的原始所有人与设立 SPV 的委托人，在大部分情况下（除“双 SPV 结构”），也是资金需求方。

（2）原始权益人分类。根据产生的影响，原始权益人可分为“一般原始权益人”和“特定原始权益人”。而特定原始权益人是业务经营可能对专项计划以及资产支持证券投资者的利益产生重大影响的原始权益人。

（3）原始权益人资质。原始权益人不得侵占、损害专项计划资产，并应当履行下列职责：依照法律、行政法规、公司章程和相关协议的规定或者约定移交基础资产；配合并支持管理人、托管人以及其他为资产证券化业务提供服务的机构履行职责；专项计划法律文件约定的其他职责。

业务经营可能对专项计划以及资产支持证券投资者的利益产生重大影响的原始权益人还应当符合下列条件：生产经营符合法律、行政法规、特定原始权益人公司章程或者企业、事业单位内部规章文件的规定；内部控制制度健全；具有持续经营能力，无重大经营风险、财务风险和法律风险；最近三年未发生重大违约、虚假信息披露或者其他重大违法违规行为；法律、行政法规和中国证监会规定的其他条件。上述特定原始权益人，在专项计划存续期间，应当维持正常的生产经营活动或者提供合理的支持，为基础资产产生预期现金流提供必要的保障。发生重大事项可能损害资产支持证券投资者利益的，应当及时书面告知管理人。

34. 计划管理人的主体资格、主要义务、禁止事项是什么？

（1）主体资格。开展资产证券化业务的证券公司须具备客户资产管理业务资格，基金管理公司子公司须由证券投资基金管理公司设立且具备特定客户资产管理业务资格。

除应当具备上述条件外，还应当符合以下条件：具有完善的合规、风控制度以及风险处置应对措施，能有效控制业务风险；最近一年未因重大违法违规行为受到行政处罚。

（2）主要义务。按照《资产证券化业务管理规定》及所附的《证券公司及基金管理公司子公司资产证券化业务尽职调查指引》对相关交易主体和基础资产进行全面的尽职调查，可聘请符合《证券法》规定的会计师事务所、资产评估机构等相关中介机构出具专业意见；在专项计划存续期间，督促原始权益人及为专项计划提供服务的有关机构，履行法律规定及合同约定的义务；办理资产支持证券发行事宜；按照约定及时将募集资金支付给原始权益人；为资产支持证券投资者的利益管理专项计划资产；建立相对封闭、独立的基础资产现金流归集机制，切实防范专项计划资产与其他资产混同以及被侵占、挪用等风险；监督、检查特定原始权益人持续经营情况和基础资产现金流状况，出现重大异常情况的，管理人应当采取必要措施，维护专项计划资产安全；按照约定向资产支持证券投资者分配收益；履行信息披露义务；负责专项计划的终止清算；法律、行政法规和中国证监会规定以及计划说明书约定的其他职责。

（3）禁止事项。募集资金不入账或者进行其他任何形式的账外经营；超过计划说明书约定的规模募集资金；侵占、挪用专项计划资产；以专项计划资产设定担保或者形成其他或有负债；违反计划说明书的约定管理、运用专项计划资产；法律、行政法规和中国证监会禁止的其他行为。

35. 管理人在该业务中的相关义务及民事责任是什么？

（1）合格投资者审查、销售适当性责任。根据《证券投资基金法》《公私募投资基金监督管理暂行办法》的相关规定，非公开募集资金应当向合格投资者募集。《资产证券化业务管理规定》《公司债券发行与交易管理办法》分别规定资产支持证券、非公开发行的公司债券应面向合格投资者发行。如管理人未尽审慎调查义务向非合格投资者募集基金，或通过收益权拆分转让的形式间接向非合格投资者开展私募业务，管理人可能据此被追究相应的民事责任。

（2）投资标的审查义务。目前的行政监管体系下，对于大部分的资管业务的尽职调查仅做概括性论述，并未细化要求。尽管如此，考虑到管理人必须如实向投资人、委托人披露投资资产情况，而这些披露信息来源依赖于尽职调查的落实。因此，通常认为，管理人对基础资产应当就其披露给委托人的事项进行尽职调查，以确保披露信息的准确性或据此证明已尽勤勉尽责义务。

（3）投后管理义务和民事责任

①典型投后管理不当问题。管理人应当按照诚实信用、勤勉尽责原则切实履行受托管理职责，若存在违反合同约定或监管规定的投后管理不当的情形，管理人很可能会因此承担相关民事责任。但法院在个案中倾向于审慎考量管理人的抗辩理由，避免过度加重管理人义务。行政监管部门一般将投后管理认定为管理人的勤勉尽责义务范围，违反者可能要接受相应的行政监管处罚措施。

②计划运作期间的信息披露纠纷。司法实践中，管理人若要避免因违反信息披露义务而承担赔偿责任，就应当举证证明已全面履行了法定与约定的信息披露义务（符合披露范围、披露情形、披露方式等具体要求），或信息披露义务的违反与投资者损失无直接因果关系。

③底层资产违约情况下，管理人起诉义务的问题。尽管多数监管规定涉及管理人为资管计划的利益提起诉讼的表述，但该部分表述可能被解释为管理人的权利，而非义务。现有司法实践中，会更倾向于审查合同的具体约定，进而判断管理人是否就未起诉而存在过错。

在出现需要向违约方提起诉讼的情形时，如果管理人与投资者均有权提起诉讼，在两者之间如何选择应考量其各自优势。不过，特定案件下管理人直接起诉存在不便之处，那么投资人取得直接起诉的权利的路径主要有三条：主张资管计划构成委托关系，并适用委托代理理论。投资者可以主张其与管理人之间构成委托代理关系，借此，可以基于《合同法》第四百零二条与第四百零三条的委托代理的规定，直接向第三方违约方主张债权。转移权利义务直接实现诉讼。资管计划到期后，管理人可以选择对资管产品进行现状分配，或进行债权转让。现状返还思路能够应用于单一资产管理计划及能够切分与转让的集合资产管理计划，且一般无须征求资管产品债务人同意，司法实践已证明了这一思路。

36. 管理人履职过程中其他常见问题有哪些？

（1）刚性兑付问题。根据《证券投资基金法》《公私募投资基金监督管理暂行办法》以及《资管新规》相关规定，管理人不得向投资人承诺收益或承担损失。因管理人实际代表投资计划，一旦管理人向投资人做出保本保收益承诺，则会加剧投资计划因涉及刚兑而被认定无效的风险，尽管对资管产品监管规则的违反并不一定构成《合同法》第五十二条第五款项的“违反法律、行政法规的强制性规定”。

（2）投向不合规问题。如果管理人存在管理资金投向不合规的行为，在这些不合规投资直接违反法律法规强制性规范的情况下，可能会致使合同无效，承担返还投资者投资款并赔偿利息损失的责任，甚至受到监管部门的处罚或行业协会的纪律处分。

（3）资金混用问题。目前，规制资金混用问题的规范多为部委规章，因此，根据《最高人民法院关于适用〈中华人民共和国合同法〉若干问题的解释（一）》，涉及资金混用的资管合同不能以违反法律法规强制性规定被认定为无效。从合同约定或管理人职责角度出发，管理人若混用资金，仍然可能承担侵权或违约责任。

37. 对销售机构有哪些要求？

销售机构应当保障投资者的投资决定是在充分知悉资产支持证券风险收益特点的情形下做出的审慎决定：

（1）了解投资者的财产与收入状况、风险承受能力和投资偏好等，推荐与其风险承受能力相匹配的资产支持证券。

（2）向投资者充分披露专项计划的基础资产情况、现金流预测情况以及对专项计划的影响、交易合同主要内容及资产支持证券的风险收益特点，告知投资资产支持证券的权利义务。

（3）制作风险揭示书充分揭示投资风险，在接受投资者认购资金前应当确保投资者已经知悉风险揭示书的内容并在风险揭示书上签字。

38. 资产服务机构有哪些要求？

（1）管理人可以根据实际情况设置多个资产服务机构，针对多个资产服务机构的情形，管理人应当说明聘请多个资产服务机构的必要性、可能隐含的风险、对投资者利益的影响程度等情况，并在计划说明书中充分揭示风险。同时，管理人还应在资产服务协议中明确约定各资产服务机构之间的关系以及相应的权责分工。

（2）原始权益人作为资产服务机构的，应具有相关业务管理能力，包括规则、技术与人力配备。

（3）资产服务机构承担证券化基础资产的管理、运营与服务责任，肩负着资产证券化交易从证券开始发行到资产全部处置完毕整个期间的管理，资产服务机构的主要工作是收取基础资产产生的本金和利息现金流，负责相应的监理、保管，将收取的这些本金和利息现金流到期本息交给受托人，对过期欠款进行催收，确保资金及时、足额到位，向受托人和投资人提供有关出售或者作为抵押的特定资产组合的定期财务报告（包括收支资金来源、应支付费用、纳税情况等必要信息）。

39. 托管人的定义和资质有哪些要求？

托管人是为资产支持证券持有人的利益按照规定或约定对专项计划相关资产进行保管并监督专项计划运作的商业银行或其他机构。资产支持证券的托管人应当依法取得证券投资基金托管业务资格。若托管人为企业法人分支机构的，该分支机构应当取得企业法人出具的开展企业资产证券化产品托管业务的授权。

40. 资产支持证券持有人的定性、权利及义务是什么？

（1）定性。认购人通过与计划管理人签订认购协议，将认购资金以专项资产管理方式委托管理人管理，管理人设立并管理专项计划，认购人取得资产支持证券，成为资产支持证券持有人。

（2）权利。分享专项计划收益；按照认购协议及计划说明书的约定参与分配清算后的专项计划剩余资产；按规定或约定的时间和方式获得资产管理报告等专项计划信息披露文件，查阅或者复制专项计划相关信息资料；依法以交易、转让或质押等方式处置资产支持证券；根据证券交易场所相关规则，通过回购进行融资；认购协议或者计划说明书约定的其他权利。

（3）义务。资产支持证券持有人应根据约定，按期缴纳专项计划的认购资金或受让资金，并承担相应的费用；应自行承担专项计划的投资损失；按法律法规规定承担纳税义务；专项计划存续期间，资产支持证券持有人不得主张分割专项计划资产，不得要求专项计划回购其取得或受让的资产支持证券（按约定行使回售权除外）；认购协议或者计划说明书约定的其他义务。

41. 对增信机构有哪些要求？

信用增级分为外部增级和内部增级。增信机构负责提升证券化产品的信用等级，要向特定目的机构收取相应费用，并在证券违约时承担赔偿责任。有些证券化交易中，并不需要外部增级机构，而是采用超额抵押等方法进行内部增级。

增信机构本质上是担保人，而担保人必须为具有代为清偿债务能力的法人、其他组织或者公民，可以作保证人。国家机关不得为保证人，但经国务院批准为使用外国政府或者国际经济组织贷款进行转贷的除外。学校、幼儿园、医院等以公益为目的的事业单位、社会团体不得为保证人。企业法人的分支机构、职能部门不得为保证人。企业法人的分支机构有法人书面授权的，可以在授权范围内提供保证。

42. 会计师/审计师在项目中的职责是什么？

会计师/审计师在资产证券化项目中应对基础资产财务状况进行尽职调查和现金流分析，并提供会计和税务咨询；在专项计划成立时进行募集资金验资，并在产品存续期间对专项计划进行专项审计；对清算报告进行审计。

在产品发行阶段，会计师需要确保入池资产的现金流完整性和信息的准确性，并对现金流模型进行严格的验证，确保产品得以按照设计方案顺利偿付。

43. 评级机构、资产评估机构在项目中的职责是什么?

评级机构、资产评估机构通过收集资料、尽职调查、信用分析及后续跟踪，对原始权益人和增信主体的信用水平、基础资产的信用质量、产品的交易结构进行分析，并开展现金流分析与压力测试，出具初始评级报告和跟踪评级报告。

44. 律师事务所在项目中的职责是什么?

律师事务所对原始权益人及基础资产等专项计划的有关法律事宜进行尽职调查，出具法律意见书；对其他项目参与者的权利义务进行明确，拟定交易过程中的相关协议和法律文件，并提示法律风险，提供法律相关建议，揭示法律风险确保资产证券化过程符合法律法规规定。

第三节 特殊目的载体（SPV）

45. 什么是特殊目的载体（SPV）?

特殊目的载体（Special Purpose Vehicle，即 SPV）历史悠久，运用广泛，比如红筹上市时，会选择在海外设立 SPV 公司。理论上，对特殊目的载体的理解起码包含两个维度：一是特殊目的，即功能；二是载体，即组织形式。

根据美国证券交易委员会（SEC）对资产证券化的定义，即资产证券化是指企业（资产出售方）将其所有的流动性较差的存量资产或存在稳定现金流的可预见未来收入，整理和包装成为资本市场上更易销售和流通性更强的金融产品的过程。资产证券化是一个复杂的结构性融资过程，其精髓在于风险隔离机制，而风险隔离的制度设计就是特殊目的载体。在资产证券化的特定语境中，SPV 是指接受发起人的资产组合，并发行以资产信用为支持的证券的法律主体，拥有一定民事权利并能够承担相应民事义务。可见，SPV 作为特设机构，主要有两大功能：接收基础资产，实现基础资产的破产隔离（此外还有避税等目的）；发行资产支持证券，是名义上的发行人。

SPV 还具有税收中性的作用。在很多国家，由于证券化业务是 SPV 的唯一业务，SPV 几乎不用纳税。SPV 的税收中性是国外资产证券化业务蓬勃发展的主要动力之一。

为了使 SPV 符合资产证券化的目的，保护投资者的利益，很多国家法律对 SPV 有特殊规定，如限制 SPV 的业务范围，以经营资产证券化为唯一目的。如果 SPV 的经营范围广泛，其他经营的失败会导致 SPV 破产，如中国台湾地区《金融资产证券化条例》就规定，特殊目的公司除经营资产证券化业务外，不得兼营其他业务；SPV 可以是一个空壳公司，可以没有注册资本方面的要求，资金全部来源于发行证券的收入，也可以没有固定的员工或者办公场所；禁止 SPV 向外提供担保；SPV 的章程应规定，必须在符合法定条件下，SPV 才可以解散、清算、收购、合并和出售其所有或管理的资产，有些国家直接规定 SPV 不能破产等。

SPV 作为原始资产持有人与投资者之间的一个中介，是资产证券化这种特殊融资方式的关键特征之一。

46. SPV 主要有哪些组织形式？

资产证券化是舶来品。从当前西方发达国家资产证券化的实践来看，资产证券化 SPV 的组织形式具有多样性，主要有特殊目的公司（Special Purpose Corporation，SPC）、特殊目的信托（Special Purpose Trust，SPT）和特殊目的合伙（Special Purpose Partnership，SPP）等表现形式。

上述载体具有不同的特点、不同的功能。在资产证券化过程中究竟采用何种 SPV 形式，一般要考虑以下两个因素：一是各国法律关于法律主体的规定。SPV 尽管作为一个虚设的实体，但其运作仍要遵循相应的法律规范；二是各国法律中关于证券化税收的规定，选择低税负的 SPV 实体形式对于降低证券化运作成本，提高投资者的投资收益极为重要。实务中，SPV 组织形式以信托形式居多。

（1）特殊目的信托（SPT）。在 SPT 的架构之下，发起人将基础资产变为 SPT，实现了基础资产与发起人的破产隔离。信托型 SPV

在英美法系国家中比较普遍，大陆法系国家也有采用的案例，比如日本的《资产流动化法》和中国台湾地区的《金融资产证券化条例》均规定了信托型SPV。日本最初的资产证券化是以信托模式进行的。在《资产流动化法》被推出之后，确立了特殊目的信托和特定目的公司制度。为了实现信托机构与受益人的平衡和保护受益人的目的，法律规定：确立了信托登记制度，使基础资产无法轻易转移给第三人；SPT在资产证券化中处于导管地位，充当消极管理资产的角色；赋予了投资人（受益人）诸多权利，如权利人会议召集权、有权决定决议执行人的报酬和其他相关费用等。

（2）特殊目的合伙（SPP）。即由有限合伙人（LP）和普通合伙人（GP）共同组成的合伙，也可以充当SPV。SPP的模式比较简单，投资者通过购买证券，成为有限合伙人，以投资额为限承担责任，不参与日常的管理和决策。SPP由象征性出资的普通合伙人负责对基础资产进行管理运营。但是从国际上看，采用SPP的资产证券化较少。美国税法修正前，SPP无须就其盈余缴纳所得税，但1986年美国税法修正后，SPP的税收优势消失，限制了SPP的发展。

（3）特殊目的公司（SPC）。在SPC模式下，发起人将基础资产以出售的形式转移给SPC，基础资产的所有权就属于SPC，SPC具有有限责任的法律特征，从而实现了破产隔离。从实践来看，SPC模式分为独立公司模式和子公司模式。在独立公司模式下，发起人把基础资产真实出售给跟自己没有控制关系的SPC。在子公司模式下，发起人成立全资或控股子公司作为SPC。独立子公司型的SPC还可以购买第三方的资产并发行证券。根据一般的法理，独立子公司的SPC报表要与母公司合并，在符合一定的条件下，独立子公司也要承担母公司的债务，导致实质合并，破产隔离的效力不彻底。在英美法系中，公司可分为营利为目的的商事公司和发展慈善、宗教、教育等事业的非营利公司。作为特殊目的机构的公司只能是商事公司。

47. 什么是单SPV结构？

单SPV结构就是交易结构中只有一个SPV。目前，我国企业资产证券化单SPV结构中的SPV主要指具备客户资产管理业务资格的证券公司、证券投资基金管理公司设立的具备特定客户资产管理业务资格的子公司为开展资产证券化业务专门设立的资产支持专项计划。单SPV结构就是指计划管理人设立并管理资产专项计划，将专项计划资金用于向原始权益人购买基础资产，是直接资产证券化模式。

48. 什么是双SPV结构？

作为发行证券的SPV目前只有专项计划。实操中，除专项计划SPV之外还会嵌套具有接受底层基础资产、破产隔离等类SPV功能的其他法律主体，于是出现了所谓的双SPV结构、三重SPV结构等多SPV结构。

以嵌套信托受益权的双SPV结构为例。基础资产通常为信托受益权。穿透之后的基础资产类型多样，涉及学费、保障房销售收入等，大多为很难特定化的收益权，其现金流与原始权益人的经营情况高度相关，波动性较大；收益权的内涵和外延并没有一个明确的定义，这给合格基础资产的构建造成了比较大的困难。根据《资产证券化业务管理规定》，企业资产证券化的基础资产应权属明确，可以产生独立、可预测的现金流且可特定化的财产权利或财产。通过设立结构SPV，借款人将收益权质押取得信托贷款，原始权益人以信托受益权作为基础资产发行资产支持证券，把未来不确定的收益权转化为确定的债权，满足了特定化的要求，同时实现了转让。

49. 什么是循环购买？

循环购买，是指在明确入池基础资产的筛选标准以后，在专项计划特定期限内，基础资产收回款项的现金流不完全用于向投资人进行分配，而是用于持续购买新的满足合格标准的基础资产，从而使基础资产池形成一个动态的循环池，直至特定期间结束。

采用循环购买的产品一般会设计循环期（持续购买期）和摊还期（分配期）。在循环期内，基础资产生产的现金流只向投资者支付利息，不支付本金，甚至不进行任何分配，多余的现金流用于购买新的满足合格标准的基础资产。在摊还期内，停止购买新的资产，基础资产产生的现金流累积后按照计划约定向资产支持证券持有者支付本息。一个证券的循环期和本金摊还期都是事先确定的，但如果在循环期内触发信用事件，就可能提前结束循环期，进入摊还期。

循环购买是资产证券化领域内的一种设计安排。基础资产包括初始基础资产及后续循环购买的基础资产。一次性买入资产模式限制了流动性较强的短期资产以及期限不确定的资产进行证券化的可能性。循环购买结构的引入能够创造性地解决资产端期限与证券端产品期限不匹配的问题。此外，循环购买能够在一定程度上避免基础资产回收款在归集后未能及时分配而导致的资金沉淀，提高资金利用效率。

实务中，很多基础资产，比如小贷、消费贷款或其他流动性强的资产等，资产期限较短，而资产证券化产品期限一般较长，期限错配问题比较突出，适宜采用“一次发行，多次入池”的循环购买结构。

50. 什么是储架发行？

储架发行，一般是指证券发行人一次注册，多次发行的机制。原始权益人在批准的发行总额度下，可以根据市场情况自主决定发行时点和规模。储架发行制度有巨大的意义，如可以结合原始权益人的业务发展和融资需求，灵活安排各期产品的发行计划，发行节奏可以调节；如果原始权益人有充足的基础资产，发行需求量较大，频率较高，储架发行极大地缩短了发行审批时间，提高了发行效率；缓解了销售压力。储架发行模式可以避免一次性大额发行而造成的销售压力，亦有利于产品设计朝同质化、标准化方向发展。

目前，银行间和交易所市场都可以采取储架/注册发行。根据实际情况，原始权益人在资产池积蓄到一定规模后，也可以选择“单期申报”模式。储架发行的资产证券化产品在初次申报提交的文件中就已约定产品的底层基础资产类型、入池规范、交易结构、增信办法等，同系列下每期产品的关键要素保持一致。储架发行对原始权益人的经营模式、持续经营能力等多方面有着很高的准入门槛。

目前市场上供应链金融 ABS 产品多为储架发行。供应链金融资产证券化发起机构的经营和风控能力水平较高，基础资产同质性强，资产储备充沛，有较强的可复制性，加之核心企业对整个供应链的增信，适合储架发行。

51. 单原始权益人模式是什么？

通常情况下，证券化项目的发起机构为一家企业，由该企业作为原始权益人将持有的基础资产转让给特殊目的载体。也有企业共同开展证券化项目的情形，为避免对多个原始权益人进行尽职调查及信息披露造成的工作及文本上的烦琐，有时会将这些企业持有的基础资产归集至一个资质较好的主体项下，该主体作为单一原始权益人开展证券化项目。

52. 集合发行模式是什么？

（1）集合发行模式适用情形。一些企业持有的资产规模模式，即多家同类型企业作为原始权益人将其同类型资产向同一专项计划转让，该类专项计划多出现于小贷资产。

（2）资产服务机构安排。管理人通常委托原始权益人担任初始资产服务机构在其授权范围内提供与基础资产及其回收有关的管理服务。在集合发行模式项下，存在多资产服务机构模式和单资产服务机构模式两种交易安排。

在多资产服务机构模式项下，各原始权益人担任初始资产服务机构，对其转让给专项计划的基础资产提供回收款管理、催收、基础资产监控及服务机构报告出具等服务。

为实现报告信息的整合，会安排由一个资产服务机构负责服务机构报告的制定及出具，其他资产服务机构需配合向该资产服务机构提供出具服务机构报告的必要的基础资产管理信息，之后由该资产服务机构进行整合，并出具一份完整的资产服务机构报告，各资产服务机构就服务机构报告的制定义务对管理人承担连带责任。

在单资产服务机构模式项下，由单个原始权益人担任初始资产服务机构，对所有基础资产及其回收款提供管理服务，其他原始权益人需通知基础资产项下债务人这些收款及基础资产管理事宜变更安排。

（3）回款安排。管理人往往委托原始权益人担任初始资产服务机构为基础资产的回收及转付提供服务。权利完善事件发生前，采用多资产服务机构模式的，一般由债务人向各资产服务机构履行付款义务，并由各资产服务机构向特殊目的载体账户转付；采用单资产服务机构模式的，其他原始权益人通常会通知债务人还款账户变更安排，债务人向资产服务机构账户支付基础资产回收款，并由资产服务机构向特殊目的载体账户转付。

第四节　增信措施

53. 什么是增信？

资产证券化增信就是通过各种有效手段和金融工具，减小信用风险，提升资产支持证券的信用评级，确保资产支持证券的本息获得足额兑付。资产支持证券发行信用级别比资产本身信用级别高，在基础资产自身条件有限的情况下就需要运用增信措施来改善证券发行条件。在很多情景之下，增信也可以适当降低资产证券化的发行成本。

作为一种创新型融资工具，资产证券化交易结构比一般融资工具复杂得多，可能遇到的风险更多，比如法律风险、等级下调风险、违约风险、混同风险、抵消风险、流动性风险等。资产证券化产品属于信用敏感型产品，增信可以降低信用风险，提升信用等级，增强证券的安全性，吸引更多投资者，有利于产品的销售和流通。

54. 什么是内部增信？

内部增信，是指通过对资产池的构建设计以及在各交易档次间调剂风险，改变现金流结构等方式。提高证券现金流质量和信用评级的措施，是依靠资产池自身为信用风险的防范机制提供保证的。内部增信属于自我担保，其最大优点是成本较低，所需资金来源于资产池本身及其产生的现金流，操作简单，缺点就是增信力度有限，尤其是在基础资产本身可挖掘的空间不足的情况下，在未来收益权类的资产证券化项目中更加突出。

55. 什么是外部增信？

外部增信，是利用基础资产之外的资源（包括发起人、第三方担保人或保险公司等）对资产证券化交易进行信用增级。外部增信涉及基础资产端、SPV 端、证券化产品端等不同交易环节，通常情况下是需要支付费用的。提供信用增信的机构往往是基于最坏情景下的风险估计来确定增级费率，费用一般高于资产的实际风险所需要的成本，外部增级的缺点是费用过高，且产品直接受到相关增信主体的信用风险影响，优点是外部增信能够更加有效地提高证券化产品的信用等级，更好地吸引投资者。有些外部增信措施操作不易，比如担保公司往往会要求反担保，而很多原始权益人的反担保能力不足。

56. 什么是优先与次级结构？

优先与次级结构是结构性融资产品中内部增信最常用的一种方式，指在证券端基于同一基础资产发行的偿付顺序的先后发行不同级别的证券，证券级别随偿付顺序的先后由高到低排列。在优先级内部或次级内部还可以拆分出更多的分级部分，每个分级部分会有不同的评级并承担不同的信用风险损失。在优先与次级结构下，资产产生的现金流优先偿付优先级证券的本金和利息，只有当优先级证券投资者得到完全偿付后，次级证券的持有人才能得到本金和利息的偿付。次级证券充当了优先级证券的信用担保。

有时也将次级称为劣后级或者权益级。优先级只能获得固定收益（在损失未侵蚀优先级的情况下），可以看作是债权人，而劣后级的收益是不固定的，基础资产产生的所有现金流，扣除相关的费用及优先级的本息分配后全部归其所有，可以看作是权益人。

分层结构的增信效果须重点关注交易的分层结构设置，即各劣后受偿的证券在资产总额中的占比、各层级证券本息偿付顺序，以及触发机制设计对优先/次级偿付次序的变化及影响等。针对优先级资产支持证券，信用评级机构通常给予较高的信用评级，对次级资产支持证券一般不予评级。次级资产支持证券多为原始权益人或原始权益人关联公司认购，并约定在专项计划存续期间不得转让。

57. 什么是现金流超额覆盖？

现金流超额覆盖，是指基础资产池能够产生的现金流总额超额覆盖资产支持证券的本金和利息，从而增加本息偿付的安全系数。一般用超额覆盖倍数或超额覆盖比例来描述增信的强度。

58. 什么是现金储备账户？

现金储备账户，是指由发行人设置一个特别现金储备账户的准备金制度，专项计划存续期内，基础资产产生的现金流入不足导致专项计划支付各项税费及资产支持证券利息出现困难时，可通过储备金账户中的现金来提供偿付支持，弥补投资者的损失。从资金提供者的角度讲，现金储备账户里的现金资产可以看作是被抵押给了证券投资人，也可以称为现金抵押账户。保证金/现金储备账户增信效果与金额大小有关。

储备金账户还可以分为静态储备金账户和动态储备金账户。静态储备金账户指在专项计划设立时，原始权益人向账户提供一笔定额的资金，随着账户中资金的支出，余额逐渐减少直至为零。动态储备金账户指账户里的资金金额随着资产池的构成和特点的变化不断调整，金额会随着资产池的总额变化而有所变动。

59. 什么是超额抵押？

超额抵押，是指用产生较多现金流的资产发行较少的证券，以保证资产变现时资产支持证券的本息依然可以得到偿还。超出的部分可以作为整个证券化的权益部分，没有利息收入，给证券投资者提供了一定的保障。

超额抵押会形成基础资产池对资产支持证券的超额覆盖。超额覆盖率是资产池本金余额超额覆盖资产支持证券票面金额的倍数。超额抵押增信手段会降低发行企业对存量资产的使用效率，但增信力比优先/次级结构的增信力强。在交易结构和各参与方均确定之后，评级机构会给出获得某个级别所需的抵押倍数。超额抵押多用于债权类基础资产，包括各类应收款、租赁租金债权等。

60. 什么是超额利差？

超额利差，是指进入资产池的基础资产产生的现金流入与专项计划存续期间扣除相关费用及投资者预期收益、未偿还本金后形成的差额部分。超额利差是承担基础资产损失的第一道防线。

超额利差在优先级持有人获得本息全额分配后归属于权益级持有人，通常是由发起人获得，而发起人往往同时也扮演资产管理服务机构的角色，因此为获得尽量多的超额利差，发起人有动力做好服务工作。

超额利差为优先级资产支持证券提供了一定的信用支持。当超额利差为负时，表明现金流已明显不足，这时才会运用其他形式的信用增强措施，所以超额利差也是评估资产池的信用状况的重要指标。

采用超额利差增信的资产证券化产品会建立相应的利差账户。利差账户是一个专门设置存放收益超过成本部分金额的账户。在产生超额利差时会将相应的现金流存入该账户，并以该账户内的资金作为弥补资产证券化业务运行过程中可能产生的损失。

超额利差增信效果主要取决于入池资产的利率水平，未来收益权类适用较少，而小贷公司或租赁公司等发行的资产证券化产品采用利差保护的相对较多。

61. 什么是差额支付承诺？

差额支付（Deficiency Payment）承诺，是指差额支付承诺人（通常为基础资产原始权益人或其关联第三方）向资产支持专项计划管理人出具差额支付承诺函，承诺在资产支持专项计划存续期间，每一期基础资产预期收益分配前的资金确认日，如资产支持专项计划资金不足以根据资产支持专项计划标准条款的约定支付专项计划费用以及优先级资产支持证券的各期预期收益及本金的，由差额支付承诺人按要求将该期资产支持证券的利息、本金和其他资金差额足额支付至专项计划的账户中。

差额支付承诺一般是针对证券端，且补足义务是不可撤销、无条件的。差额补足不是一项法定的担保类型。差额支付承诺的法律关系不宜直接认定为担保关系。差额支付关系是否适用担保法，应根据不同情况予以判断，如差额支付承诺已经具备《担保法》规定的担保构成要件，就应适用《担保法》的规定，否则应适用《合同法》的相关规定。

62. 什么是流动性支持?

流动性支持主要是指在资产证券化产品存续期内，当基础资产产生的现金流与本息支付时间无法一致，即临时资金流动性不足，资产支持计划资金不能足额偿付优先级支持证券本息时，流动性支持人有义务向优先级支持证券持有人提供补足支付，以确保优先级支持证券的收益更为稳定和安全。

与差额支付承诺不同，流动性支持的主要目的是平抑企业临时性资金周转问题或解决基础资产现金流回收与资产支持证券本息偿付暂时不匹配引发的流动性风险，只是为未来收入代垫款项，但是不为因资产池中产生的任何损失导致的现金流短缺提供支持。

有些产品期限偏长，在交易结构中多设置投资者转让/回售安排以确保投资者可在约定登记日选择退出投资。为保障投资者权益的实现，通常会约定由原始权益人或其关联方作为证券流动性支持机构，于约定登记日买入无法成交的申请转让的全部证券，从而为相关证券交易与投资者退出提供必要的流动性。

63. 什么是担保增信?

担保又称债权担保、债的担保、债务担保，是指为确保特定的债权人实现债权，以债务人或第三人的信用或者特定财产来督促债务人履行债务的制度。

我国《担保法》规定，担保形式有保证、定金、抵押、留置和质押等，其中，抵押、质押、留置属物权担保。《物权法》对抵押、质押、留置三种物权担保形式作了更为全面、具体的规定，前述规定已体现在《民法典》中。

在资产证券化领域，担保是最为传统的信用增级方式，由担保人对资产支持专项计划发行的证券进行信用保证、抵押或质押担保。担保既可以用于全部资产证券化产品，也可以用于其中的部分级别的证券。

根据商业惯例，专业的担保公司或者信用增进公司会收取一定的担保费，而且还会提出反担保的要求，对于是否担保有其立项标准。在很多项目中，落实担保措施是非常重要的环节。

我国《担保法》明确禁止国家机关利用政府信用对外提供担保，财政部、发改委等部门也发文禁止地方政府为地方融资平台提供担保或隐性担保。因此，政府不能作为外部担保方。同时，《中国银监会关于有效防范企业债担保风险的意见》（银监发〔2007〕75 号）规定："即日起要一律停止对以项目债为主的企业债进行担保，对其他用途的企业债券、公司债券、信托计划、保险公司收益计划、券商专项资产管理计划等其他融资性项目原则上不再出具银行担保"。

64. 保险是否可以作为增信措施?

关于保险是否可以作为资产证券化业务的增信措施，监管规则方面经历了如下几个阶段的变化：

第一阶段，原中国保监会 2017 年 7 月 11 日印发的《信用保证保险业务监管暂行办法》第八条第一款规定，保险公司不得为"类资产证券化业务"提供信保业务；

第二阶段，2019 年，中国银保监会就《信用保险和保证保险业务监管办法（征求意见稿）》征求意见，该征求意见稿第六条第三款进一步规定，保险公司开展信保业务，不得承保"资产证券化业务"；

第三阶段，中国银保监会 2020 年 5 月 8 日发布《信用保险和保证保险业务监管办法》，该办法第六条第三款规定，保险公司不得承保"非银行机构发起的资产证券化业务"。

第五节　承销与后续管理

65. 承揽阶段计划管理人应该注意哪些事项?

（1）原始权益人及其控股股东的主体评级。

（2）判断原始权益人是国有企业还是民营企业。

（3）原始权益人的基础资产状况。

（4）原始权益人或相关方资产证券化的动因。

（5）原始权益人或相关方的个性化要求。

（6）原始权益人选聘中介机构的流程。

（7）投标文件的准备。

（8）在原始权益人有需求时，协助推荐其他中介机构。

（9）承揽承做衔接安排。

（10）避免超出自身能力或采取不正当手段承揽业务，与企业或其他相关机构、人员之间有不当利益约定，对不确定事项做出承诺等。

66. 承做阶段有哪些重要环节?

（1）建立合作关系。为资产证券化提供中介服务的机构包括律师事务所、会计师事务所、资产评估机构、信用评级机构、证券公司等。

项目正式启动前，原始权益人在合法合规的基础上选聘中介机构。选定中介机构之后，应与中介机构签署正式的具有法律效力的合同，或者就合同主要条款在诚信、充分沟通的基础上达成高度一致。原始权益人应根据合同约定的时间节点支付评级公司、律师事务所等机构前置服务费，从而尽快启动项目。通常情况下，委托人支付评级费用之后，评级机构方会启动评级程序。

（2）制订工作计划和时间表，沟通交易结构。原始权益人相关部门和各中介机构召开启动会，建立沟通机制。计划管理人根据项目特点，制订初步的工作计划和时间表，拟订初步交易结构。各机构根据计划管理人的安排，细化自身的人员配置、工作计划和具体安排。启动会之后，还可能召开由各机构项目负责人参加的多次现场协调会或非现场协调会，研究遇到的问题及其解决方案等。

（3）尽职调查。《资产证券化业务尽职调查工作指引》规定，尽职调查是指证券公司及基金管理公司子公司勤勉尽责地通过查阅、访谈、列席会议、实地调查等方法对业务参与人及拟证券化的基础资产进行调查，并有充分理由确信相关发行文件及信息披露真实、准确、完整的过程。专项计划管理人及其他业务参与人应当严格遵守执业规范和监管规则，密切配合，通过专业分工协作和充分的业务沟通，勤勉尽责履行尽职调查职责，共同保障尽职调查的质量。

中介机构会事先发送初步的尽职调查清单，或者由计划管理人汇总后发送。原始权益人根据尽职调查清单，严格按照客观真实的原则提供清单所列明的相关文件。中介机构还会在首次尽职调查清单的基础上发送补充尽职调查清单，以更全面地了解相关信息。

在现场尽职调查之前，各机构应该签署保密协议，详细规定保密义务。为了提高效率，现场访谈环节，相关中介机构尽量同时参加。基础资产的真实、合法、有效性是资产证券化的基础，对基础资产的尽职调查是整个项目中非常重要的环节。仅就调查方法来讲，如果基础资产笔数不多，通常采取完全调查方式；如果基础资产较多，则采取抽样调查的方式，抽样方法需要从样本的层次、覆盖面和重要性等角度设计。

（4）确定基础资产和交易结构，安排增信措施，拟定交易文件初稿，安排信用评级。在相关中介机构尽职调查之后，根据资产合格标准，管理人审慎筛选发行人的基础资产，将符合条件的资产纳入资产池。基础资产直接影响现金流的表现，对于证券评级影响重大，直接影响产品的销售与定价，基础资产的挑选是资产证券化业务开展的重要环节。

计划管理人根据市场情况、投资者风险偏好等，提出必要的信用增级建议，以达到最优化的结构设计。律师事务所根据基础资产、交易结构等起草全套交易文件。信用评级机构结合交易结构、交易文件等进行评级。计划管理人根据信用评级的初步结果对交易架构进行调整。

（5）制作申报文件。按照规则要求，各中介机构要准备申报材料，履行内部流程。

（6）履行相关程序。计划管理人履行完内部程序后上报审批，并根据反馈意见准备答复、补充完善相关材料；管理人汇总各机构材料，执行内核程序，然后将全套材料申报交易所，等待挂牌场所反馈。管理人组织各机构回复反馈，补充完善相关资料。

（7）取得无异议函。项目材料及反馈答复通过后，管理人将组织各机构用印并获取无异议函。

67. 承销阶段有哪些重要环节？

（1）熟悉投资者。了解投资者类型、范畴、投资机构内部决策流程、投资评估体系、准入体系等，这是做好资产证券化产品承销工作的前提。商业银行目前依然是资产证券化最主要的投资者。

（2）专业投资者。合格投资者是指具备相应风险识别能力和风险承担能力，参与资产支持证券认购、转让的合格投资者。根据《证券公司及基金管理公司子公司资产证券化业务管理规定》，资产支持证券应当面向合格投资者发行，发行对象不得超过 200 人，单笔认购不少于 100 万元人民币。合格投资者应当符合《私募投资基金监督管理暂行办法》（证监会令〔105〕号）规定的条件，依法设立并受国务院金融监督管理机构监管，并由相关金融机构实施主动管理的投资计划不再穿透核查最终投资者是否为合格投资者和合并计算投资者人数。证券交易所、全国中小企业股份转让系统、中国证券业协会可以根据市场情况对投资者适当性管理制定更为严格的标准。

（3）信息披露。根据《证券公司及基金管理公司子公司资产证券化业务管理规定》，管理人及其他信息披露义务人应当按照该规定及所附《证券公司及基金管理公司子公司资产证券化业务信息披露指引》履行信息披露和报送义务。证券交易所、全国中小企业股份转让系统、中国证券业协会、中国证券投资基金业协会也可以根据该规定及《证券公司及基金管理公司子公司资产证券化业务信息披露指引》制定信息披露规则。发行说明书中必须对信息披露安排作出详细的说明。资产支持专项计划的信息披露平台有上海证券交易场所、深圳证券交易所、中国证券投资基金业协会、报价系统、中国证券业协会、管理人及推广机构的网站。

（4）发行。根据《证券公司及基金管理公司子公司资产证券化业务管理规定》，管理人应当办理资产支持证券发行事宜。也就是说，资产支持专项计划中由管理人即证券公司、基金管理公司子公司发行。资产支持证券应当面向合格投资者发行，发行对象不得超过 200 人。

（5）专项资产管理计划设立。认购人向管理人开立募集专用账户缴纳认购资金，达到目标发售规模后，管理人将募集专用账户内的认购资金划付至专项计划账户，并聘请会计师事务所对专项计划账户内的资金进行验资并出具验资报告。会计师事务所出具符合条件的验资报告后，管理人宣布专项计划设立。托管人根据管理人指令，将专项计划账户内的资金划付至原始权益人指定账户，用于购买基础资产。

68. 后续管理阶段有哪些重要事项？

（1）备案。管理人应当自专项计划成立日起 5 个工作日内将设立情况报中国证券投资基金业协会备案，同时抄送对管理人有辖区监管权的中国证监会派出机构。

管理人向中国证券投资基金业协会报送的备案材料应当与经证券交易所审核后的挂牌转让申报材料保持一致。对于拟在证券交易场所挂牌、转让资产支持证券的专项计划，管理人应当提交证券交易场所拟同意挂牌转让文件。首次开展资产证券化业务的管理人和其他参与机构，还应当将相关资质文件报中国证券投资基金业协会备案。中国证券投资基金业协会对备案材料进行齐备性复核，并在备案材料齐备后 5 个工作日内出具备案确认函。专项计划设立的备案确认情况在中国证券投资基金业协会网站上公示。

（2）挂牌。资产支持证券申请在证券交易场所挂牌转让的，还应当符合证券交易所或其他证券交易场所规定的条件。证券交易所、全国中小企业股份转让系统应当制定挂牌、转让规则，对资产支持证券的挂牌、转让进行自律管理。中国证券业协会应当制定挂牌、转让规则，对资产支持证券在机构间私募产品报价与服务系统、证券公司柜台市场的挂牌、转让进行自律管理。专项计划备案后，管理人申请资产支持证券在交易所挂牌的，应当经交易所同意，与交易所签订转让服务协议，并提交文件，再由交易所对挂牌申请文件进行完备性核对。挂牌申请文件完备的，交易所出具接受挂牌通知书。

（3）登记托管。资产支持证券的登记结算业务应当由中国证券登记结算有限责任公司或中国证监会认可的其他机构办理。资产支持专项计划的登记、托管和结算规则主要是各交易市场及中国证券业协会的自律规则。

（4）资产服务机构的管理。为了保证证券投资者能够及时获得证券的本息支付，在资产证券化交易中都会有资产服务机构来负责存续期间的管理工作。一般情况下，资产服务机构仍由原始权益人担任。资产服务机构根据与计划管理人签订的服务协议，提供与基础资产及其销售、回收销售款有关的管理服务及其他服务。

（5）循环购买。涉及循环购买的，应该按照相关规定规范操作。以基础资产产生现金流循环购买新的同类基础资产方式组成专项计划资产的，管理人及其他信息披露义务人应当按照计划说明书的约定，定期披露循环购买符合入池标准的资产规模及循环购买的实际操作情况。同时，管理人应当在计划说明书中披露有关基础资产的相关信息。

（6）资产支持证券持有人会议。发行资产支持证券，应当在计划说明书中约定资产支持证券持有人会议的召集程序及持有人会议规则，明确资产支持证券持有人通过持有人会议行使权利的范围、程序和其他重要事项。《证券公司及基金管理公司子公司资产证券化业务信息披露指引》规定，资产支持证券持有人会议的召集人应及时向资产支持证券持有人通知会议的召开时间、会议形式、审议事项、议事程序和表决方式等事项，并于会议结束后及时披露持有人会议决议。

(7) 还本付息。在分配指令发出日，计划管理人根据计划说明书及相关文件的约定向托管人发出分配指令。托管人根据分配指令，在分配资金划拨日划出相应款项分别支付专项计划费用、当期资产支持证券预期收益和本金。

(8) 信息披露。管理人及其他信息披露义务人应当及时、公平地履行信息披露义务。后续管理阶段的信息披露是一个较长期的持续过程，需要披露的内容包括重大临时事项、资产支持证券持有人会议事项、季度资产管理报告、跟踪信用评级报告、资产管理报告、托管报告、清算报告等。

(9) 清算终止。《证券公司及基金管理公司子公司资产证券化业务管理规定》（中国证监会公告〔2014〕49号）规定，管理人负责专项计划的终止清算。专项计划终止的，管理人应当按照计划说明书的约定成立清算组，负责专项计划资产的保管、清理、估价、变现和分配。管理人应当自专项计划清算完毕之日起10个工作日内，向托管人、资产支持证券投资者出具清算报告，并将清算结果向中国证券投资基金业协会报告，同时抄送对管理人有辖区监管权的中国证监会派出机构。管理人应当聘请符合《证券法》规定的会计师事务所对清算报告出具审计意见。

第三章
企业资产证券化法律问题

第一节　真实出售

69. 真实出售的标准是什么?

目前在我国资产证券化业务中，基础资产是否真实出售应涵盖以下标准：特殊目的载体（包括资产支持专项计划、特殊目的信托、特殊目的公司等形式）合法有效取得并拥有基础资产，原始权益人或发起机构破产或被第三方债权人追索时，基础资产不会被追回用于偿还原始权益人的债务。

70. 如何实现基础资产的真实出售?

目前中国法律框架下基础资产的真实出售，应涵盖专项计划合法有效取得并拥有基础资产、原始权益人破产或被第三方债权人追索时，基础资产不会被追回用于偿还原始权益人的债务两项标准。为实现基础资产的真实出售，计划管理人代表专项计划与原始权益人签署的基础资产买卖协议需合法有效，基础资产依据基础资产买卖协议有效转移至专项计划，使专项计划合法取得并拥有基础资产。

71. 实现基础资产真实出售的法律关注点有哪些?

基础资产买卖协议应合法有效。基础资产买卖协议是专项计划取得基础资产的法律依据，因此其合法有效是基础资产真实出售的法律基础。为确保基础资产转让合同的合法有效，除合同经当事方有效签署等一般性要求外，需特别关注的要点为：

（1）基础资产的法律界定应清晰明确。基础资产法律属性的界定应有明确的法律依据，而不能脱离法律任意创造，避免被认定为基础资产不存在而导致基础资产买卖协议无相应标的物，属于“名为买卖实为借贷”。基础资产的权利类型包括债权、信托受益权、物权等。对于未来收益类基础资产，实践中经常采用收费权或收益权的表述，建议进一步阐明收费权或收益权的法律属性和内容。

（2）基础资产转让对价应公允。基础资产转让对价应公允，避免基础资产转让交易有被撤销的风险。《合同法》第七十四条规定，债务人以明显不合理的低价（转让价格达不到交易时交易地的指导价或者市场交易价70%的，一般可以视为明显不合理的低价）转让财产，对债权人造成损害，并且受让人知道该情形的，债权人可以请求人民法院撤销债务人的行为。《企业破产法》第三十一条允许破产管理人请求人民法院撤销受理破产申请前一年内债务人无偿转让财产或以明显不合理的价格交易财产的行为。资产证券化业务中，资产支持证券的规模、期限与基础资产产生的现金流相匹配，基础资产转让对价有专业中介机构出具的现金流预测报告或资产评估报告作为参考，可有效避免专项计划以明显不合理的低价取得基础资产的情形出现。例如，平安凯迪专项计划中，专项计划支付基础资产购买价款的情形是合肥中院认定专项计划取得基础资产的重要依据之一。

（3）基础资产应实现有效转移。基础资产可依据基础资产买卖协议有效转移至专项计划，原始权益人基础资产交割义务履行完毕，具体需注意：

①基础资产具有可转让性。基础资产应具有可转让性，不属于专项计划无法取得的资产。例如，特许经营权虽为财产性权利，但其取得和转让均有程序性限制，对受让方的资质和运营能力有一定要求，具有一定的专属性，专项计划不具有受让特许经营权的资质条件，因此，特许经营权本身不适宜作为基础资产。另外，基础资

产转让限制及权利负担解除。如果基础资产受合同约定限制转让或附带其他权利负担，则在这些限制或权利负担解除前，基础资产无法转让和交割。

②基础资产完成交割程序。基础资产应根据法律规定或合同约定完成交割程序，使专项计划取得基础资产。对于物权类基础资产，应根据《物权法》关于动产交付、不动产登记等规定进行交割；对于债权、信托受益权等基础资产，应根据基础资产买卖协议的合同约定进行交割，例如约定基础资产购买价款支付完毕即完成基础资产交割。基础资产交割完成后，专项计划取得基础资产，基础资产产生的现金流当然归属于专项计划，而不应以基础资产现金流是否划转至专项计划账户为判断依据。

72. 什么是权利完善？

《合同法》第八十条规定："债权人转让权利的，应当通知债务人。未经通知，该转让对债务人不发生效力。债权人转让权利的通知不得撤销，但经受让人同意的除外。"就法律效果而言，虽然债权转让人未向债务人发出债权转让通知时，债权转让对债务人不发生效力，但这并不影响债权转让人与受让人签订的债权转让协议的效力，即不影响受让人取得债权。资产证券化实践中，经常在基础资产转让后，并不通知债务人及保证人等或变更款项支付路径，而由原始权益人同时担任资产服务机构负责收取和转付基础资产回收款。在原始权益人发生风险的情况下，基础资产现金流可能面临被原始权益人的其他债权人截断的风险。因此，设置权利完善措施，在发生风险事项后通知债务人及保证人等直接将基础资产款项支付至专项计划，可起到重要的风险缓释作用。

转移基础资产对应的所有权及附属担保权益登记存在一定的困难或者将造成不必要的成本消耗，因此，在基础资产转让后并不会立刻将专项计划变更为登记的所有权人或附属担保权益的权利人，而是往往通过设置权利完善事件，在权利完善事件发生后规定时间内办理完毕基础资产项下的转移登记手续。

73. 权利完善的法律关注点有哪些？

（1）权利完善事件的设置。专项计划会设置与原始权益人或资产服务机构主体信用风险相关的权利完善事件，如原始权益人或资产服务机构主体长期信用等级下降，原始权益人或资产服务机构未按时归集和转付回收款、违反交易文件中的承诺事项或作出虚假陈述和保证，或其他违反交易文件主要义务的情形；发生丧失清偿能力事件的情形，就原始权益人或资产服务机构等主体而言，一般包括：

①经国务院金融监督管理机构同意，该主体向人民法院提交破产申请，或国务院金融监督管理机构向人民法院提出对任何上述机构进行重组或破产清算的申请；

②该主体的债权人向人民法院申请宣布上述机构破产，且这些申请未在120个工作日内被驳回或撤诉；

③该主体因分立、合并或出现其章程或其他组织性文件规定的解散事由，向国务院金融监督管理机构申请解散；

④该主体不能或宣布不能按期偿付债务；

⑤或根据中国法律被视为不能按期偿付债务；

⑥该主体停止或威胁停止继续经营其主营业务。另外，基础资产或底层资产项下的债务人发生重大不利事件，以至于对资产支持证券兑付产生重大不利影响的，或其未履行其在基础资产或底层资产项下的付款义务，以致须针对其提起法律诉讼或仲裁的，一般也可设置为权利完善事件。

（2）权利完善措施。一般而言，在发生权利完善事件后，原始权益人、计划管理人均可根据交易文件的约定向债务人、担保人、保险人及其他相关方采取相应的权利完善措施。原始权益人应于专项计划设立日或之前向计划管理人出具授权书，授权买方以卖方的名义，在发生权利完善事件且卖方不履行交易协议通知义务时，代为履行这些通知义务。

就涉及所有权、抵押权转移以及回收款划付路径变更的权利完善措施，以融资租赁资产为例，原始权益人可以采取的权利完善措施一般约定如下：

就涉及所有权、抵押权转移以及回收款划付路径变更的权利完善措施，以融资租赁资产所有权及抵押权变更登记为例，原始权益人一般采用约定的方式进行权利完善：对于登记在原始权益人名下的租赁物件，要求原始权益人将租赁物件所有权转移登记至计划管理人名下；对于未登记在原始权益人名下的租赁物件，原始权益人应协调租赁物件的登记权人签署所有权转让文件，明确将租赁物件的所有权由原始权益人转移至计划管理人名下，且原始权益人应协调租赁物件的登记权人配合将租赁物件所有权、抵押权登记至计划管理人名下；如租赁物件投保了保险的，发生权利完善事件后，保险的第一受益人也应变更为计划管理人；指示各方将租金、留购价款、担保物变现价款、保险金或其他应属于专项计划的款项直接支付至专项计划账户。

除上述所有权、抵押权的转移，回收款划付路径变更外，对于质押权的转移，根据《物权法》的相关规定，质权随主债权转让给计划管理人后须办理担保物权的转移登记或交付手续后方可对抗善意第三人。因此，专项计划一般会设置当发生权利完善事件后：在原始权益人或计划管理人根据“资产买卖协议”以权利完善通知的形式将质押担保转让的事实通知给出质人后，质押担保的转让即对出质人发生法律效力。原始权益人和计划管理人应在约定时间内办理必要的权利转移/变更手续，以确保计划管理人（代表专项计划）成为登记簿或权证所记载的相关质押财产的担保物权权利人。

74. 对基础资产享有追索权的主体范围有哪些？

中国证监会在其发布的资产证券化业务知识问答中曾提到，“真实出售”即原始权益人真正把证券化基础资产的收益和风险转让给了特别目的载体（SPV），基础资产只有经过真实出售才能够和原始权益人的经营风险相隔离。基础资产一旦实现真实出售，即使原始权益人由于经营不善而破产，原始权益人的债权人和股东对基础资产也没有任何追索权。

如果基础资产不足以偿还本息，投资者的追索权也仅限于基础资产，对原始权益人的其他资产也没有任何追索权。在目前我国资产证券化的交易文件中，对投资者的追索权一般存在如下约定：资产支持证券持有人承认且同意，除针对计划管理人提起的因其自身重大过失、欺诈、故意的不当行为或违反专项计划文件项下的义务而提起的诉讼或仲裁，针对专项计划、计划管理人的追索权，只限于专项计划资产及其资产收益。

对于计划管理人根据认购协议及标准条款运用专项计划资产及/或其实现的收益后仍未满足的资产支持证券持有人应得的款项，资产支持证券持有人对专项计划或计划管理人不享有索赔或追索权。在专项计划因发生违约事件或加速清偿事件或其他约定终止情形并进入清算分配程序时，一般需由清算小组统一接管专项计划，并对专项计划资产和债权债务进行清理和确认，对专项计划资产进行估值和变现。专项计划资产变现后，计划管理人以专项计划账户内资金余额为限，对投资者进行清偿。

75. 基础资产追索和处置的方式及法律关注点有哪些?

近年来，我国资产证券化领域的司法实践不断增加，为资产证券化业务中基础资产的追索及处置尤其是违约项目的资产处置提供了更明确的方向指引和法律依据。例如，在凯迪电力判例中，资产证券化业务中基础资产独立性首次获法院裁定认可。在融信租赁案例中，法院裁定体现了专项计划产品监管账户所具有的破产隔离效力。另外，就基础资产的处置而言，《九民纪要》对资产证券化司法实践产生了积极影响。在该纪要“同案同判思维”下，前述判例对未来类似案件会有更强的指导意义。而在“穿透审判思维”“注重财产的实质归属，而不单纯地取决于公示外观”等原则下，资产证券化基础资产的权利归属风险将得到缓释。基于前述，在基础资产处置过程中，基础资产买卖协议是否合法有效，基础资产是否实现了有效转移，决定了在司法环节是否能达到破产隔离效果。基础资产界定是否明确、转让对价是否公允、基础资产转让限制及权利负担是否解除、交割程序是否按约完成等业务操作环节的标准化、规范化至关重要。

76. 合格基础资产的定义是什么？

一般而言，合格基础资产系指在封包日/基准日、专项计划设立日满足合格标准且符合资产保证的基础资产。对于采用循环购买机制的项目而言，新增基础资产在循环购买基准日也需满足交易文件约定的合格标准及资产保证。

77. 不合格基础资产赎回的流程有哪些？

（1）在专项计划存续期间，买方或资产服务机构发现不合格基础资产时应立即书面通知卖方，卖方应按照交易文件的约定向买方支付赎回价款。

（2）在专项计划存续期间内，如果买方提出赎回不合格基础资产的书面要求或卖方根据交易合同提出赎回并经买方同意的，资产服务机构应于相应的赎回起算日 24：00 时按照交易文件的约定提出相关不合格基础资产赎回价格，并由买方书面确认，卖方应于买方确定赎回价格后将待赎回不合格基础资产的赎回价格总和支付至专项计划账户。卖方在支付赎回价格款项后，不应再承担任何责任。

（3）在由卖方承担费用的前提下，买方应在收到赎回价格款项的当日：立即将买方相应基础资产的（现时的和未来的、实际的和或有的）权利、所有权、利益和收益全部转让给卖方；相关基础资产文件应由或被视为应由作为买方代理人的资产服务机构交付给卖方；将自赎回起算日（不含该日）起至买方收到赎回价格款项之日收到的该笔不合格基础资产的回收款（若有）划转给卖方。

78. 不合格基础资产赎回的法律关注点有哪些？

（1）需关注资产赎回的法律定性。资产赎回的操作是在计划管理人或服务机构发现入池资产不合格时，计划管理人或服务机构依照“基础资产买卖协议”通知原始权益人，原始权益人履行前述买卖合同约定的赎回义务，以货币赎回不合格基础资产。就资产赎回的法律性质而言，资产赎回一般而言是《合同法》针对买卖关系中瑕疵履行的特别救济方式。

（2）需关注原始权益人的破产风险对不合格基础资产赎回造成

的不利影响。依据《破产法》第三十一条的规定，破产管理人可就债务人破产申请前一年内的以明显不合理价格进行的交易向人民法院申请撤销。如果原始权益人与管理人之间的“基础资产买卖协议”订立在原始权益人提出破产申请一年内，法院判断前述交易能否被赎回的关键在于交易的价格是否属于明显不合理。

第二节 破产隔离

79. 破产隔离的对象有哪些？

破产隔离要求SPV远离破产的风险。一方面SPV本身应注意运营和负债限制而不破产，另一方面原始权益人破产时也不将SPV并入破产财产的范围导致SPV被清算。在我国资产证券化的语境下，SPV并非企业形式，因此并不适用《破产法》，“破产隔离”往往探讨的是基础资产与原始权益人、管理人（或受托人）、投资者等资产证券化参与主体之间的“风险隔离”，即基础资产是否受到上述主体破产等风险的影响，因此，破产隔离的对象包括原始权益人、管理人（或受托人）、投资者等资产证券化参与主体，具体分析如下：

（1）与原始权益人的破产隔离。基础资产与原始权益人的“风险隔离”问题，与“真实出售”问题密切相关。对于基础资产“真实出售”的我国本土化标准，可以从两方面切入：

①基础资产转让合同合法有效。认定标准包括：

一是基础资产的法律界定应清晰明确，不能脱离法律任意创造，避免被认定为基础资产不存在或无法确定，属于“名为转让实为借贷”（买卖合同情形下），或导致特定目的信托无效（信托合同情形下）。

二是如为买卖合同，转让对价应公允，避免交易有被撤销的法律风险。

②基础资产实现有效转移。认定标准包括：一是基础资产应为可以转让的资产，不属于不能转让或被限制转让的资产（如特许经营权）。二是基础资产根据法律规定或合同约定完成交割程序，完成了相关的法律手续和通知要求，使SPV取得基础资产。对于在未来

交割的基础资产，如果 SPV 支付购买价款时尚未生成但已界定在基础资产范围内的资产，或循环购买的基础资产，那么只有在交割后才能实现“真实出售”。

“真实出售”可使 SPV 合法有效地取得基础资产，原始权益人破产或被第三方债权人追索时，法律上，实现“真实出售”的基础资产不会被追回用于偿还原始权益人的债务。但“真实出售”仅是基础资产与原始权益人“破产隔离”的必要非充分条件，“破产隔离”效果受到基础资产类型、回款路径的影响，“风险隔离”效果的区别与 SPV 的类型、基础资产转让是基于买卖还是信托关系无直接关联，具体相关分析请见第 80 题。

（2）与管理人的破产隔离。根据我国《证券投资基金法》第五条的规定，基金财产独立于基金管理人、基金托管人的固有财产。基金管理人、基金托管人不得将基金财产归入其固有财产。基金管理人、基金托管人因基金财产的管理、运用或者其他情形而取得的财产和收益，归入基金财产。基金管理人、基金托管人因依法解散、被依法撤销或者被依法宣告破产等原因进行清算的，基金财产不属于其清算财产。

根据我国《信托法》第十六条的规定，信托财产与属于受托人所有的财产（以下简称“固有财产”）相区别，不得归入受托人的固有财产或者成为固有财产的一部分。受托人死亡或者依法解散、被依法撤销、被宣告破产而终止，信托财产不属于其遗产或者清算财产。

考虑到目前资产证券化在我国实践中运用的 SPV 载体主要是资产支持专项计划（属于私募基金）或信托，根据《证券投资基金法》和《信托法》的上述规定，SPV 财产与 SPV 管理人（当 SPV 为资产支持专项计划时是指计划管理人，当 SPV 为信托时是指信托受托人）的固有财产相区别，不属于 SPV 管理人的清算财产，能够实现与 SPV 管理人的破产隔离。

目前在我国，担任 SPV 管理人的主要是证券公司、基金管理公司子公司、信托公司。作为金融机构的 SPV 管理人，在我国一行两会的有力监管以及我国金融秩序稳定的大环境下，其进入破产程序的可能性非常低，实践中尚未出现 SPV 管理人进入破产清算的实例。

但鉴于管理人的固有财产和SPV财产，以及管理人持有的不同SPV财产之间的区分问题，与SPV破产隔离机制关系非常紧密，第82题会进一步分析实操层面有哪些措施可以促进SPV财产与管理人固有财产的破产隔离机制的实现。

（3）与资产支持证券持有人的破产隔离。根据我国《证券投资基金法》第五条的规定，基金财产的债务由基金财产本身承担，基金份额持有人以其出资为限对基金财产的债务承担责任。但基金合同依照《证券投资基金法》另有约定的，从其约定。

根据我国《信托法》第四十七条，受益人不能清偿到期债务的，其信托受益权可以用于清偿债务，但法律、行政法规以及信托文件有限制性规定的除外。根据我国《信托法》第十五条的规定，信托财产与委托人未设立信托的其他财产相区别。设立信托后，委托人死亡或者依法解散、被依法撤销、被宣告破产时，委托人是唯一受益人的，信托终止，信托财产作为其遗产或者清算财产；委托人不是唯一受益人的，信托存续，信托财产不作为其遗产或者清算财产；但作为共同受益人的委托人死亡或者依法解散、被依法撤销、被宣告破产时，其信托受益权作为其遗产或者清算财产。

基于以上规定，资产支持证券持有人对SPV财产的追索权以其持有的资产支持证券份额为限，对SPV财产的债务承担责任也以其持有的资产支持证券份额为限，当资产支持证券持有人不能清偿自身到期债务时，其债权人可以对资产支持证券持有人持有的资产支持证券份额进行追索。因此，就这些资产支持证券份额而言，其并未实现与资产支持证券持有人的破产隔离。

当资产支持证券持有人破产时，其破产管理人不宜直接将全部SPV财产归入资产支持证券持有人的清算财产，但破产管理人在法律、行政法规以及SPV交易文件不存在限制性规定的前提下，有权将资产支持证券持有人对SPV享有的资产支持证券份额（就资产支持计划而言是指专项计划份额，就信托而言是指信托受益权）纳入资产支持证券持有人的清算财产范围之中，并将资产支持证券持有人基于专项计划份额或信托受益权获得的SPV所分配的利益用于清偿债务。

80. 实现与原始权益人的破产隔离的要求有哪些？

“真实出售”仅是基础资产与原始权益人“破产隔离”的必要非充分条件，即“真实出售”是基础资产与原始权益人“破产隔离”的前提，但实现“真实出售”并不一定能达到基础资产与原始权益人的“破产隔离”，“破产隔离”效果受到基础资产类型、回款路径的影响，“破产隔离”效果如何与SPV的类型、基础资产转让是基于买卖还是信托关系无直接关联。

对于法律上已经形成，原始权益人已经履约，产生预期现金流不依赖于原始权益人持续运营的基础资产，如贷款债权、应收账款等，基础资产在“真实出售”给SPV后可以实现与原始权益人较好的“破产隔离”效果。但应注意，原始权益人同时担任资产服务机构负责代收转付资金的，存在资金混同风险，在无法区分基础资产回款与其他资金的情况下，将影响基础资产与原始权益人的“破产隔离”效果。

对于产生预期现金流依赖于原始权益人持续运营的基础资产，如供水、供电、供热等需要持续履约的双务合同债权，基础资产在“真实出售”给SPV后，仍然受到原始权益人运营情况（履行双务合同项下义务）的影响，无法达到完全的“破产隔离”效果（资产服务机构风险亦无法达到完全的“破产隔离”效果）。在此类资产的证券化产品中，产品往往引入监管账户的设计，用于归集入池资产回收款，以规避资金混同和被挪用的风险。然而，在实际的资产证券化产品存续期管理操作中，仍面临多种无奈，尤其是在原始权益人经营不善、银行账户被司法冻结或破产时，原始权益人名下的监管账户无法与原始权益人其他既有账户第一时间进行有效区分，监管账户的回款资金以及基础资产后续回款有可能被原始权益人的破产管理人认定为破产财产，给SPV管理人的存续期管理带来巨大的挑战，也影响了投资者的利益。因此，不少投资者仍将此类收益权资产的证券化产品视为依赖主体信用的融资产品。

对于义务人为原始权益人，SPV只能向原始权益人要求支付特定数额钱款的基础资产，无论该基础资产被冠以何种名称，均无法与原始权益人实现“破产隔离”，因为基础资产的义务人为原始权益人（即便原始权益人履行义务以收到特定回收款或现金流为前提条件，这只是涉及给付风险的承担，并不影响义务人为原始权益人），SPV 只能向原始权益人主张权利，所以基础资产与原始权益人的“破产隔离”无从谈起，这种情况下资产买卖协议项下的法律关系便不再是买卖关系，而是“名为买卖实为借贷”。

综上所述，不同资产证券化产品对应的基础资产类型项下“破产隔离”机制的实现效果存在差异，对于不同的进行证券化的基础资产类型，在大类上可以分为“未来债权”“既有债权”“应收账款”，是债权经历从无到有、从履行到消灭的发展过程中，在特定时点及条件下的概念，同一个债权随着时间的推移和条件的达成而在“未来债权”“既有债权”“应收账款”之间转化。

对于“应收账款”类资产，若原始权益人作为资产服务机构代收和转付基础资产回收款，则专项计划将面临基础资产与原始权益人资金混同或被原始权益人截留或挪用的风险。对于“既有债权”和“未来债权”类资产，因为其转让给 SPV 时，并非纯粹的付款请求权，尚存在待履行义务，而这些义务是否履行将关系到基础资产的现金流回收，所以未必都能最终实现与原始权益人的“破产隔离”。

考虑到未来收益类资产的属性，不一定是买卖时即时实现的“破产隔离”，但不应是永远无法“破产隔离”，在“破产隔离”实现时，基础资产特定化是不可或缺的一环。基础资产特定化应做到：可以确定或基本确定的原始权益人以外的义务人；基本确定的，可以向义务人主张权利内容，以区别基础资产与其他资产，区分基础资产现金流与其他资产产生的现金流。

81. 实现与管理人的破产隔离要求有哪些？

根据《证券投资基金法》和《信托法》的相关规定，SPV 财产与 SPV 管理人的固有财产相区别，不属于 SPV 管理人的清算财产，能够实现与 SPV 管理人的破产隔离。我国《证券投资基金法》和《信托法》的相关规定仅能确保 SPV 管理人自己得以知晓自己的哪些资产属于其固有财产，哪些属于 SPV 财产。SPV 管理人的债权人在与 SPV 管理人交易时无法获知这些信息，这就给交易安全造成了风险隐患。一旦 SPV 管理人破产，其名下的哪些财产属于其固有财产、哪些属于 SPV 财产，也将是破产清算时需要处理的棘手问题。

如果我国建立了 SPV 登记制度（如信托登记制度），上述财产区分问题将较容易解决。但在目前 SPV 登记制度尚未实现的情况下，破产清算时区分管理人固有财产和 SPV 财产的方法主要是通过核查管理人针对固有财产和 SPV 财产建立的财务账簿以及其他间接证据材料。基于此，为了进一步防范 SPV 财产与管理人固有财产的混同，实践中，SPV 一般会开立独立专门的 SPV 托管账户，由管理人与托管人签署托管协议，托管人依据托管协议的约定，履行 SPV 财产托管职责，职责范围包括但不限于：安全保管 SPV 财产，按照规定开设托管 SPV 财产的资金账户，对所托管的不同 SPV 财产分别设置账户以确保 SPV 财产的完整与独立，保存 SPV 托管业务活动的记录、账册、报表和其他相关资料，及时办理清算交割事宜，及时办理与 SPV 托管业务活动有关的信息披露等事项。

很多银行都允许信托受托人在信托专户的名称上加注“××信托专户”字样，也允许专项计划管理人在专项计划托管账户的名称上加注“××资产支持专项计划”。破产清算时可以通过核查管理人所开立的全部银行账户及资金流水单，并对照管理人的财务账簿，就能较为便捷准确地确认 SPV 财产中现金资产的金额，将管理人的固有财产与 SPV 财产相区分，并将管理人负责的不同 SPV 涉及的不同财产相区分。但是，不能忽视的是，SPV 财产不可能永远仅以存款的形式存在于 SPV 托管账户中，管理人还要根据 SPV 交易文件的要求，对 SPV 财产进行管理和运用。如果只承认 SPV 托管账户中的资金属于 SPV 财产，却否认 SPV 托管账户中资金转变为其他形式后仍为 SPV 财产，就会动摇管理人的破产隔离理论。当 SPV 财产的类型发生变化后，在认定时则容易出现争议，建议应当结合交易过程的相关证据链，综合认定其他形态的资产是否属于 SPV 财产。尤其在现阶段我国尚未落实 SPV 登记制度的情况下，破产清算时破产管理人应将调查重点放在 SPV 财产的初始形态与后续变更形态之间的关联转换方面，搜集相关证据，形成完整的证据链，对在 SPV 财产运用过程中以不同财产形式出现的财产状态进行准确认定。

82. 实现与资产支持证券持有人的破产隔离要求有哪些?

资产支持证券持有人持有的资产支持证券份额属于其自身财产，资产支持证券持有人对 SPV 的追索权以其持有的资产支持证券份额为限。实践中，为了进一步明确各个资产支持证券持有人所持的资产支持证券份额，通常会对资产支持证券份额进行托管登记，由专门独立的登记托管机构提供资产支持证券的登记托管和本息兑付服务，资产支持证券持有人应按照登记托管机构制定的托管、交易和结算规则及程序进行资产支持证券的转让。例如，交易所市场的企业资产支持证券一般在中国证券登记结算有限责任公司登记托管，银行间债券市场的信贷资产支持证券一般在中央国债登记结算有限责任公司登记托管。

83. 法律上的破产隔离与会计、税务上的破产隔离有哪些?

（1）法律上的破产隔离。当原始权益人或关联企业合并破产时，其固有财产与 SPV 财产如何才能做到法律上真正的破产隔离，可以如下四方面考虑：

①对于已经变现的资产，尽快从原始权益人/资产服务机构名下账户划转到管理人名下的专项计划托管账户；

②对于尚未变现的资产，及时发出权利完善通知，变更资产现金流回款路径；

③对于基础资产项下的担保权益，及时办理抵押权、质权的变更/转移手续，并启动担保物/融资租赁物的处置程序；

④根据交易文件约定的争议解决方式（法院或仲裁），对原始权益人及担保人（如有）的财产申请财产保全，诉请法院或仲裁裁决确认基础资产及相关资产的权属、担保人应当承担的担保责任。

为实现上述保护资产证券化产品投资者利益的诉求，《破产法》是否需要进行特别调整？我们将目光推进至《破产法》的相关规定。根据目前《破产法》第三十一条，“人民法院受理破产申请前一年内，涉及债务人财产的下列行为，管理人有权请求人民法院予以撤销：（一）无偿转让财产的；（二）以明显不合理的价格进行交易的；（三）对没有财产担保的债务提供财产担保的；（四）对未到期的债务提前清偿的；（五）放弃债权的。"《破产法》第三十二条，"人民法院受理破产申请前六个月内，债务人有《破产法》第二条第一款规定的情形，仍对个别债权人进行清偿的，管理人有权请求人民法院予以撤销。但是，个别清偿使债务人财产受益的除外"。

基于以上规定，原始权益人或关联主体的担保人进入破产程序后，不但其此前六个月及此后的个别偿债行为会丧失法律效力，而且此前一年内发生的提前清偿行为都可能受到质疑。因此，如果原始权益人/担保人的财务状况在短期内迅速变坏，即便投资人通过"加速摊还""提前赎回"等措施提前收回投资，也可能因这些提前清偿行为/个别清偿行为距离破产受理日期太近而面临被撤销的风险。我们期待后续《破产法》修订时在第三十二条增加关于资产证券化的豁免条款，或出具与关于资产证券化破产相关的司法解释。

（2）会计上的破产隔离。资产转移是证券化中非常重要的环节，不管从哪个方面来看，要做到资产的独立，都要实质分析它与原持有主体是否真正实现了分离，无论是所有权方面，还是风险、报酬、现金流方面。如果是真实地分离，那么就可以认定这是一个真实转让或信托的证券化，是以资产作为投资者利益的来源，原始权益人并不承担重大信用损失。否则，如果原始权益人还实质上直接或间接控制了资产，依旧承担着重大信用风险，那么这个交易就更像是以这些资产为担保而进行的借贷，因此，无法在资产负债表停止确认，也无法在计算风险加权资产时扣减。

会计上的破产隔离更类似于我国本土化语境下"资产出表"的处理，即"资产出表"要求原始权益人将资产相关的收益和风险转移给另一个实体，或者原始权益人放弃对资产的控制，将其真实出售给 SPV，最终达到原始权益人将证券化的资产从其资产负债表中剔除并确认收益与损失。资产证券化是一种可以提供表外融资的融资方式，因资产出售而取得的现金收入，反映在资产负债表左边"资产"栏中，资产负债表主要考虑企业能够获得的经济利益特别是现金流是否可以确认，从结果上看资产出表与否，不仅关系到原始权益人资产负债表上的偿债指标，也关系到原始权益人利润表上的业绩指标；而对于金融机构作为原始权益人的资产证券化项目而言，会计出表还会被作为监管资本计量的重要考量因素，资产证券化的交易结构设计往往会同时影响会计出表和监管资本计量。因此在资产证券化领域，会计结果一直在积极驱动交易结构的发展和演变。

（3）税务上的破产隔离。资产证券化的税收种类，既可以从资产转让环节、证券发行环节、证券权益偿付环节等有关证券化运作环节的角度进行考察，也可以从原始权益人、SPV 和投资者等证券化参与主体的角度进行考察。SPV 的税收处理很大程度决定了 SPV 的组织形式、证券化现金流偿付结构和所发行的证券类型，进而成为决定证券化是否具有现实操作可行性的重大影响因素之一。

在资产转让阶段，是否实现真实出售和破产隔离，将影响这一交易环节所产生的税种和成本。目前，我国资产证券化交易中涉及的主要税种包括增值税（原营业税）、所得税、印花税。参考财政部、国家税务总局 2006 年出台的《财政部　国家税务总局关于信贷资产证券化有关税收政策问题的通知》（财税〔2006〕5 号），发起机构在资产转移环节负有所得税义务，但未明确资产转移中是否可以免交营业税。由于缺少给予资产证券化交易的特殊税收处理政策支持，导致出于降低成本、减轻税负等商业动机的考虑，原始权益人可能会选择规避资产真实出售的结构，而将证券化交易设计为担保融资结构，进而脱离了资产证券化破产隔离的本质要义，同时也影响基于资产质量进行的信用评级的参考价值。

在讨论资产证券化中税收出表问题时，一般需要根据资产类型的不同而区别对待。我们以银行信贷资产、融资租赁债权、未来债权资产分别为例。对于银行信贷资产，基于《财政部　国家税务总局关于信贷资产证券化有关税收政策问题的通知》（财税〔2006〕5 号）确立的原则，一旦银行作为原始权益人将相关信贷资产信托并转让给信托，实现信贷资产的会计出表后，在流转税环节也实现了出表，即出表前收到的利息，流转税由银行缴纳，出表后收到的利息由信托受托人缴纳。对于融资租赁债权，根据《国家税务总局关于营业税改征增值税试点期间有关增值税问题的公告》（国家税务总局公告 2015 年第 90 号），融资租赁收款权（包括直租和回租业务）的会计出表，不改变融资租赁公司与承租方之间的融资租赁关系，融资租赁公司继续要按原先规定缴纳增值税并负责向承租人开具增值税发票，这个税收原则就和银行信贷资产所适用的财税〔2006〕5 号完全不一样。对于未来债权资产而言，基于税收法律关系的分析，更难以实现增值税出表，也无法将增值税纳税义务和开票义务转移给 SPV。我们可以看到，资产证券化税收处理还有很多值得探讨的问题，例如，和会计出表的协调处理问题、会计出表环节所得税是否要确认损益、增值税无法出表时所得税如何处理等，都有进一步探讨的空间，这里就不再详述。

第三节　主要法律关系

84. 企业资产证券化业务中的主要法律关系有哪些？

企业资产证券化业务中的主要法律关系包括：

（1）管理人与投资者之间的法律关系。

（2）原始权益人与特殊目的载体之间的法律关系。

（3）销售机构、服务机构、监管/托管银行、登记托管机构/支付代理机构、中介机构与特殊目的载体之间的法律关系。

（4）增信机构与特殊目的载体之间的法律关系。

85. 管理人与投资者之间的法律关系有哪些？

特殊目的载体，指证券公司、基金管理公司子公司、信托公司为开展资产证券化业务专门设立的资产支持专项计划或者中国证监会认可的其他特殊目的载体。使用证券公司、基金管理公司子公司设立的资产支持专项计划作为特殊目的载体最为常见。我们也注意到，近两年市场上出现了以信托公司作为管理人设立的资产支持专项计划或信托计划作为特殊目的载体的案例。

管理人与投资者之间的法律关系是信托关系还是委托代理法律关系，存在不同理解。

《中华人民共和国信托法》（以下简称《信托法》）未明确界定何为信托关系。根据《信托法》第二条、第三条、第八条、第十条、第十五条、第十六条和第十八条规定：

①信托包括营业信托、公益信托和民事信托；

②信托参与方包括委托人、受托人和受益人；

③设立信托应当采取信托合同、遗嘱或者法律、行政法规规定的其他书面文件；

④信托财产与委托人未设立信托的其他财产相区别，与属于受托人所有的财产相区别，受托人管理运用、处分不同委托人的信托财产相互独立；

⑤对于信托财产，有关法律、行政法规规定应当办理登记手续的，应当依法办理信托登记。

虽然《信托法》认可民事信托，但实践中由于中国尚未建立信托财产登记制度，民事信托与委托的界限较为模糊。由于中国金融行业实行分业经营、分业监管的原则，营业信托由信托公司设立和经营。

若特殊目的载体是信托公司作为管理人设立的信托计划，则管理人与投资者之间的法律关系界定为信托关系具有一定理论基础。

在更为常见的情况下，特殊目的载体为证券公司、基金管理公司子公司设立的资产支持专项计划。支持管理人与投资者之间的法律关系是信托关系的理由包括：

①企业资产证券化参考信贷资产证券化的法律关系和结构发展而来，资产支持专项计划的投资者相当于信托计划的委托人和受益人，管理人相当于信托计划的受托人；

②根据《资产证券化业务管理规定》（以下简称“49 号文”）第五条和第七条，专项计划资产独立于原始权益人、管理人、托管人及其他业务参与人的固有财产，管理人管理、运用和处分专项计划资产所产生的债权不得与原始权益人、管理人、托管人、资产支持证券投资者及其他业务参与人的固有财产产生的债务相抵销，管理人管理、运用和处分不同专项计划资产所产生的债权债务也不得相互抵销。

上述规定符合《信托法》对于信托财产独立性的要求。

以下事项尚待出台明确规定厘清：

①将资产支持专项计划管理人和投资者的法律关系界定为信托关系，是否造成非信托公司经营信托业务，从而违反分业经营、分业监管的原则；

②目前企业资产证券化业务中投资者与管理人之间签署的认购协议是否能被认可为《信托法》规定的设立信托的书面文件。

另有观点认为，管理人与投资者之间的法律关系是委托代理法律关系。投资者与管理人之间签署的认购协议通常会约定管理人接受投资者委托设立资产支持专项计划，按照交易文件的约定，对认购资金进行管理、运用和处分，相应的投资风险由投资者自行承担等内容可以被认定为《中华人民共和国民法总则》《中华人民共和国民法通则》《中华人民共和国合同法》（以下简称《合同法》）等法律法规规定的委托合同，从而在管理人与投资者之间建立委托代理法律关系。但是我们也注意到，委托人或受托人的任意解除权与企业资产证券化业务存在一定冲突。

无论管理人与投资者之间的法律关系是信托关系还是委托关系，由于特殊目的载体并非实体，都需要由管理人代表特殊目的载体对外签署和履行法律文件。

86. 原始权益人与特殊目的载体之间的法律关系有哪些?

原始权益人可向特殊目的载体转移其合法拥有的基础资产以获得资金。据此，原始权益人与特殊目的载体之间的法律关系为买卖合同关系。

根据《合同法》，出卖人（即原始权益人）应转移标的物（即基础资产）的所有权给买受人（即特殊目的载体），买受人（即特殊目的载体）应支付价款。在企业资产证券化业务中，管理人（代表特殊目的载体）与原始权益人签署基础资产买卖协议，约定原始权益人向特殊目的载体出售、特殊目的载体向原始权益人买入基础资产。因为原始权益人与特殊目的载体之间构成买卖关系，所以原始权益人需要对其出售给特殊目的载体的基础资产截至某一时间节点的情况作出陈述与保证，且当基础资产不再符合上述陈述或保证的情况下，原始权益人应承担赎回基础资产的义务。基础资产买卖协议亦会约定资产支持专项计划成立后，管理人应将从投资者处募集的资金作为购买基础资产的对价支付给原始权益人，原始权益人应与管理人签署交割确认函确认基础资产买卖的完成。此外，为避免基础资产买卖协议无效或被撤销，管理人与原始权益人通常会在基础资产买卖协议中对于其签署及履行该协议作出意思表示真实、具有完整授权等陈述与保证。

87. 销售机构、服务机构、监管银行、托管银行、登记托管机构/支付代理机构、中介机构与特殊目的载体之间的法律关系有哪些?

通常，在企业资产证券化业务中，管理人（代表特殊目的载体）将与销售机构、服务机构、监管银行、托管银行、登记托管机构/支付代理机构、会计师、法律顾问、评级机构等签署相应的销售协议、服务协议、监管协议、托管协议、登记托管协议、聘用协议等，委托这些机构为资产支持专项计划提供相应的资产支持证券销售、基础资产产生现金流的回收与转付、资金监管、资金托管、资产支持证券本息兑付、中介服务等服务，并以资产支持专项计划资金向其支付相关服务费用。据此，销售机构、服务机构、监管银行、托管银行、登记托管机构/支付代理机构、中介机构与特殊目的载体之间存在委托代理法律关系。

根据不同产品的实际情况，实践中也存在由原始权益人与销售机构、会计师、法律顾问、评级机构等签署相关协议并向这些机构支付相关服务费用的安排。

88. 增信机构与特殊目的载体之间的法律关系有哪些?

在企业资产证券化业务中，可能存在外部增信措施。措施包括但不限于由差额支付承诺人承诺补足差额、由第三方就前述差额补足提供担保、由流动性支持机构提供流动性支持、由维好机构提供维好承诺等。

由于缺乏主从权利关系、不能直接向债务人求偿、资产支持专项计划无须先行向债务人主张权利等原因，上述差额补足、流动性支持和维好承诺并非严格意义上的一般或连带担保行为。第三方就差额补足提供担保，构成担保行为。

89. 基础资产能否转让?

基础资产作为财产性权利，应具有可转让性，其权属应当清晰，权利人应有权处分且权利人转让基础资产不受法律的限制，基础资产的财产权上不存在抵押、质押等担保权利。《证券公司及基金管理公司子公司资产证券化业务尽职调查工作指引》已明确规定，对基础资产转让合法性的尽职调查应当包括但不限于以下内容：基础资产是否存在法定或约定禁止或者不得转让的情形；基础资产（包括附属权益）转让需履行的批准、登记、通知等程序及相关法律效果；基础资产转让的完整性等。

目前，在我国资产证券化业务实践中，未来债权、既有债权和应收账款均可以作为基础资产。就合同债权而言，根据《合同法》第七十九条规定，以下三类债权不得转让：

（1）根据合同性质不得转让。如基于特定当事人的身份关系订立的委托合同、雇佣合同、劳务合同等。

（2）按照当事人约定不得转让。当事人在合同中特别约定的限制或禁止转让债权的内容对双方均具有法律约束力，限制转让的情形未解除或禁止转让的债权不能作为基础资产。

（3）依照法律规定不得转让。如根据《担保法》的规定，最高额抵押担保的主合同债权不得转让。

另外，对于法律规定须经国家批准的合同，在合同权利转让时应当经原批准机关批准，否则转让无效。

90. 基础资产转让需履行哪些手续?

《资产证券化业务管理规定》第二十三条对基础资产转让需履行相应手续事宜已做出明确规定：法律法规规定基础资产转让应当办理批准、登记手续的，应当依法办理。法律法规没有要求办理登记或者暂时不具备办理登记条件的，管理人应当采取有效措施，维护基础资产安全。基础资产为债权的，应当按照有关法律规定将债权转让事项通知债务人。

基础资产（包括附属权益）转让需履行的批准、登记、通知等程序及相关法律效果不仅与资产真实出售和破产隔离息息相关，同时，在未来出现纠纷时也决定了专项计划能否有效止损。

（1）批准程序。基础资产转让涉及的批准可以从三个维度逐一考察：是否需要外部机构批准；是否做出了有效的内部决议；是否取得了债权转让限制方的同意。

就外部机构批准而言，总结目前已在交易所市场发行资产证券化的资产类型，可以主要从两方面考察：是否涉及特殊行业，即根据基础资产涉及行业/领域的相关法律法规，确认具体类型的资产转让是否涉及外部机构的批准或报备，主要集中在涉及特许经营和收支两条线的行业及领域，例如收费公路等；是否涉及国有资产转让，即根据《企业国有资产交易监督管理办法》第四十八条的要求，"企业一定金额以上的生产设备、房产、在建工程以及土地使用权、债权、知识产权等资产对外转让，应当按照企业内部管理制度履行相应决策程序后，在产权交易机构公开进行。涉及国家出资企业内部或特定行业的资产转让，确需在国有及国有控股、国有实际控制企业之间非公开转让的，由转让方逐级报国家出资企业审核批准。"

就内部决议批准而言，若原始权益人为公司（包括有限责任公司和股份有限公司），根据《公司法》，若原始权益人为公司（包括有限责任公司和股份有限公司），由该公司的公司章程、投融资制度文件、对外担保制度文件中关于"资产转让""融资""担保"事项的设置决定内部决议批准权限。若原始权益人为全民所有制企业，则根据《全民所有制企业法》该企业应实行厂长（经理）负责制，那么按照企业章程或组织文件，由总经理或总经理办公会出具决策文件。《公司法》第二十二条规定，"股东会或者股东大会、董事会的会议召集程序、表决方式违反法律、行政法规或者公司章程，或者决议内容违反公司章程的，股东可以自决议作出之日起六十日内，请求人民法院撤销"。

举例来说，在项目实践中，对于持有比例超过 80% 的大股东，往往其单一表决权就足够通过股东会决议，在这种情况下，如果股东会决议上仅有大股东盖章，而公司未按规定通知小股东参加股东会，可能面临小股东请求人民法院撤销股东会决议的风险。

针对转让限制的批准而言，如前节所述，实践中，购售电合同、工程施工合同、贸易采购合同中经常存在“未经合同相对方同意，不得转让合同项下权利和义务”等类似条款。在这种情况下，如果原始权益人作为合同当事方违反这些权利转让限制条款，其向专项计划转让基础资产的行为，究竟是绝对无效，或是仅对债务人相对无效，或是有效但不能对抗善意第三人，目前尚存在学术上的争议。但能够明确的是，如果原始权益人已明知资产转让受限的情况下，仍然转让，那么作为受让方的专项计划在资产到期时，则面临债务人或善意第三人行使抗辩权的风险，为降低风险，原始权益人应取得合同相对方就基础资产转让的同意函。

（2）登记程序。基础资产买卖合同或协议是计划管理人与原始权益人双方之间的协议，一般会被认为不对第三人产生效力。因此，为使基础资产的转让具有对抗第三人的效力，建议在合法合规的前提下尽可能对基础资产的转让进行登记公示。对于应收账款、债权或收益权本身的转让登记，通常，登记场所是中国人民银行征信中心动产融资统一登记平台（以下简称“中登网”）；附属担保权益的转让登记，常见登记包括抵押登记和质押登记。

根据《中国人民银行关于使用融资租赁登记公示系统进行融资租赁交易查询的通知》（银发〔2014〕93 号）、《天津市动产权属登记公示查询办法（试行）》（津政办发〔2013〕21 号）、《天津市高级人民法院关于审理动产权属争议案件涉及登记公示问题的指导意见（试行）》（津高法发〔2014〕1 号）等相关规定，企业可以在中登网办理应收账款转让登记，开展应收账款受让等业务，查询相关标的物权属状况。但应收账款的转让登记仅作为公示服务，即目前法律法规并未强制要求应收账款转让必须在中登网进行登记，不登记不会影响基础资产转让的有效性，已登记的也不会产生类似不动产物权登记一样的强制排他性对抗效力。

就抵押担保而言，根据《物权法》第一百九十二条“抵押权不得与债权分离而单独转让或者作为其他债权的担保。债权转让的，担保该债权的抵押权一并转让，但法律另有规定或者当事人另有约定的除外”。因此，如基础资产项下的抵押合同中不存在禁止担保的主债权及抵押权转让的约定，也不存在主债权转让时抵押人可免除或减轻担保责任的约定，则可以确保原始权益人在依法转让基础资产的同时，能够一并转让抵押权，未办理抵押变更登记不影响这些抵押权转让的有效性。但根据《物权法》第一百零六条的规定，未办理变更登记的不得对抗善意第三人，对此，专项计划一般采取如下措施缓释善意第三人导致的风险：

（1）在原始权益人以权利完善通知的形式将抵押担保的主债权转让的事实通知抵押人，抵押担保的转让即对抵押人发生法律效力，在计划管理人和原始权益人相应办理抵押变更登记后，计划管理人享有的抵押权即可对抗善意第三人。

（2）虽然在专项计划设立日抵押权未变更登记至计划管理人名下，但抵押权依旧登记在原始权益人名下，这些抵押登记使得第三人难以有效主张其善意。

（3）若原始权益人因道德风险与抵押人注销这些抵押登记或擅自行使抵押权挪用抵押物处置款项，在此种情形下，确实存在第三人善意取得抵押物的风险。此时，计划管理人可依据资产买卖协议要求原始权益人承担违反资产保证的违约责任，并由原始权益人回购这些不合格资产。

就质押担保而言，根据《合同法》第八十一条“债权人转让权利的，受让人取得与债权有关的从权利，但该从权利专属于债权人自身的除外”，因此，针对质押担保，需确保：

①基础资产项下的质押合同中不存在禁止担保的主债权及质权转让的约定，也不存在主债权转让时出质人可免除或减轻担保责任的约定。

②基础资产项下质押财产属于《物权法》第二百二十三条规定的，可以出质财产，且质权均非专属于出质人的权利。这样可以确保原始权益人在依法转让基础资产的同时，能够一并转让质权。根

据《物权法》的相关规定，质权随主债权转让给计划管理人后须办理担保物权的转移登记或交付手续后方可对抗善意第三人。因此，专项计划一般会设置当发生权利完善事件后，在原始权益人或计划管理人根据资产买卖协议以权利完善通知的形式将质押担保转让的事实通知给出质人后，质押担保的转让即对出质人发生法律效力。原始权益人和计划管理人应在约定时间内办理必要的权利转移/变更手续，以确保计划管理人（代表专项计划）成为登记簿或权证所记载的相关质押财产的担保物权权利人。

（3）通知程序。原始权益人转让基础资产，主要通知对象包括基础资产项下的直接付款义务人，即债务人，以及基础资产项下债务人的保证人。在资产证券化项目中，除了反向保理供应链类的资产以外，一般在专项计划设立日不设置将基础资产转让事项通知给债务人和保证人的安排，通知会递延至权利完善事件发生后。对于债权转让通知的方式，法律法规目前并没有明确要求，根据人民法院相关裁判案例，只要债权人实施了有效的通知行为，债权转让就应对债务人发生法律效力，即允许当事人通过口头或书面形式进行通知。但发送债权转让通知时应尽量采取书面的形式（或加盖可靠签名的电子版本）进行，如由非资产转让方（即原始权益人）发送转让通知的情况下，在取得原始权益人的明确授权后，可以由资产受让方（即计划管理人）进行通知的发送。

就对债务人的通知而言，据《合同法》第八十条规定，债权人转让权利的，应当通知债务人。未经通知，该转让对债务人不发生效力。如前面所述，资产证券化产品一般在专项计划设立日不设置将基础资产转让事项通知债务人的安排，因此，根据《合同法》第八十条，基础资产转让在专项计划设立日对债务人不发生效力，债务人继续将基础资产回收款支付至原始权益人（担任资产服务机构）名下账户，由原始权益人按期转付给专项计划账户。同时，专项计划会设置与原始权益人主体信用风险相关的权利完善事件。在发生权利完善事件后，由原始权益人或计划管理人向债务人发送权利完善通知，将基础资产转让的情况通知前述主体，并指示其将基础资产回收款及其他应属于专项计划资产的款项直接支付至专项计划账户。在完成权利完善通知后，根据《合同法》第八十条，基础资产的转让即对债务人发生法律效力，在前述安排下，为降低基础资产转让给计划管理人之日至权利完善通知发出之日期间基础资产回收款与原始权益人的资金混同风险，专项计划会设置与原始权益人主体信用相关的归集频率调整机制，当原始权益人的主体长期信用等级下降至特定等级时，专项计划账户收款频率将相应提升，以缓释资金混同风险。

就对保证人的通知而言，《担保法》第二十二条规定，“保证期间，债权人依法将主债权转让给第三人的，保证人在原保证担保的范围内继续承担保证责任。保证合同另有约定的，按照约定”。基于此，应确保基础资产对应的保证合同不存在保证人仅针对特定债权人承担担保责任的条款，也不存在主债权转让时保证人可免除担保责任或其他对主债权转让的限制的约定。这样可以确保原始权益人在依法转让基础资产的同时，能够一并转让保证担保。发生权利完善事件后，在原始权益人或计划管理人根据资产买卖协议以权利完善通知的形式将保证担保转让的事实通知给保证人后，保证担保的转让即对保证人发生法律效力。

（4）上市公司公告。根据上市公司信息披露的相关规定，若上市公司作为原始权益人，除了资产转让和融资行为涉及的信息披露要求以外，同时需要考虑资产证券化产品中是否包含上市公司担保增信和关联交易涉及的信息披露要求。在公告时间安排上，主要包括三个时间点：

①董事会决议/股东大会决议作出时。

②资产证券化产品取得证券交易所挂牌转让无异议函时。

③资产证券化产品成功发行并设立时。

91. 基础资产追索及处置的主体是什么？

中国证监会在其发布的资产证券化业务知识问答对“真实出售”阐释中曾提及投资者的追索权。根据该问答，“真实出售”即原始权益人真正把证券化基础资产的收益和风险转让给了特别目的载体（SPV），基础资产只有经过真实出售才能够和原始权益人的经营风险相隔离。基础资产一旦实现真实出售，即使原始权益人由于经营不善而破产，原始权益人的债权人和股东对基础资产也没有任何追索权。同样，如果基础资产不足以偿还本息，投资者的追索权也仅限于基础资产，对原始权益人的其他资产也没有任何追索权。

与前述内容相一致，在目前我国资产证券化的交易文件中，对投资者的追索权一般存在如下约定：资产支持证券持有人承认且同意，除针对计划管理人提起的因其自身重大过失、欺诈、故意的不当行为或违反专项计划文件项下的义务而提起的诉讼或仲裁，针对专项计划、计划管理人的追索权，只限于专项计划资产及其资产收益。对于计划管理人根据认购协议及标准条款运用专项计划资产及/或其实现的收益后仍未满足的资产支持证券持有人应得的款项，资产支持证券持有人对专项计划或计划管理人不享有索赔或追索权。资产支持证券持有人进一步同意且承诺，在专项计划存续期间（自专项计划设立日起至专项计划终止日止），资产支持证券持有人不得为终止专项计划的目的而提起任何诉讼或仲裁程序。

在专项计划因发生违约事件或加速清偿事件或其他约定终止情形并进入清算分配程序时，一般需由清算小组统一接管专项计划，并对专项计划资产和债权债务进行清理和确认，对专项计划资产进行估值和变现。专项计划资产变现后，计划管理人以专项计划账户内资金余额为限，对投资者进行清偿。对于债权形态的资产，届时如原始权益人因回售和赎回等原因持有资产支持证券的，一般约定由计划管理人代表专项计划的名义转至原始权益人名下，从属权利附随其债权一并转移；在部分项目中，亦存在将债权形态的资产直接向资产支持证券投资者分配的约定。

92. 基础资产追索和处置的方式及法律关注点有哪些？

近年来，我国资产证券化领域的司法实践不断增加，为资产证券化业务中基础资产的追索及处置尤其是违约项目的资产处置提供了更明确的方向指引和法律依据。

在凯迪电力判例中，资产证券化业务中基础资产独立性首次获法院裁定认可。2018 年 8 月，平安大华作为“平安凯迪 2015 - 1”

的管理人主张解除原始权益人南陵凯迪部分电力收费权应收账款的保全冻结，获得了法院的支持。合肥中院的裁定认为，专项计划说明书、标准条款和基础资产买卖协议三份合同为一主体，根据合同，平安大华公司自南陵凯迪处受让的电力上网收费权为债权，两者间形成的债权转让关系而非质押担保关系是双方当事人的真实意思表示；而对合肥科技农商行的辩称，则根据基础资产买卖协议约定，监管行将电费收入划入专项计划账户后收费权应收款的所有权才归专项计划，合肥中院认为，合同条款约定为银行账户内资金的归属，不能以银行账户内资金的归属界定电力上网收费权的归属；平安大华已支付对价取得电力上网相关现金收入的债权，应收账款应归属专项计划所有。

在融信租赁案例中，法院裁定体现了专项计划产品监管账户所具有的破产隔离效力。2019 年 10 月，武汉中院裁定支持山西证券作为案外人对融信租赁股份有限公司与其债权人合同纠纷诉讼保全一案中将资产支持专项计划的监管账户作为执行标的异议。首先，武汉中院明确，涉案监管账户由融信租赁开立，但不能据此简单地判断涉案账户内的资金属于融信租赁公司所有；在特定条件下，不能简单地适用以账户登记名称为标志的“登记主义”来判断案外人对涉案账户资金是否享有排除执行的权利。其次，武汉中院依据管理人与融信租赁股份有限公司签署的买卖协议、监管协议，支持融信租赁股份有限公司作为服务机构将其归集的基础资产的回收款汇入监管账户的资金已被特定化，另外，项目的转让及资产转让内容，已向中国人民银行的征信系统进行了登记，具有对外公示的效力。据此支持管理人对监管账户资金享有所有权，应中止对账户内资金的强制执行。

就基础资产的处置而言，《九民纪要》对资产证券化司法实践产生积极影响。在该纪要“同案同判思维”情况下，前述判例对未来类似案件会有更强的指导意义；而在“穿透审判思维”“注重财产的实质归属，而不单纯地取决于公示外观”等原则下，资产证券化基础资产的权利归属风险可能会得到缓释。具体来看，《九民纪要》中进一步明确了：

①“其他金融机构开展的资产管理业务构成信托关系的，当事人之间的纠纷适用于《信托法》及其他有关规定处理”，进而引用《信托法》第十六条实现与管理人固有财产的破产隔离；

②“信托合同之外的当事人提供第三方差额补足、代为履行到期回购义务、流动性支持等类似承诺文件作为增信措施，其内容符合法律关于保证的规定的，人民法院应当认定当事人之间成立保证合同关系。其内容不符合保证的规定的，依据承诺文件的具体内容确定相应的权利义务关系，并根据案件实际情况确定相应的民事责任”；

③抵押权随被担保的债权一并转让，抵押人不得以受让人不是抵押合同当事人、未办理变更登记等为由提出抗辩。该条款在权利完善事件的基础上进一步加强了资产证券化产品利益的保护，缓释未办理抵质押权变更/转移登记对主债权受让人享有的抵质押物权利的风险。

综上，在基础资产处置过程中，基础资产买卖协议是否合法有效，基础资产是否实现了有效转移，决定了在司法环节是否可达到破产隔离效果。基础资产界定是否明确，转让对价是否公允，基础资产转让限制及权利负担是否能解除，交割程序是否按约完成等业务操作环节的标准化、规范化至关重要。

93. 不合格基础资产赎回流程是什么?

一般而言，合格基础资产是指在封包日/基准日、专项计划设立日满足合格标准且符合资产保证的基础资产。对于采用循环购买机制的项目而言，新增基础资产在循环购买基准日需要满足交易文件约定的合格标准及资产保证。以某供应链资产证券化项目为例，不合格基础资产赎回的流程基本如下：

（1）在专项计划存续期间，买方或资产服务机构发现不合格基础资产时应立即书面通知卖方，卖方应按照交易文件的约定向买方支付赎回价款。

（2）在专项计划存续期间内，如果买方提出赎回不合格基础资产的书面要求或卖方根据本条款提出赎回并经买方同意的，资产服务机构应于相应的赎回起算日 24：00 时按照交易文件的约定提出相关不合格基础资产赎回价格由买方书面确认，卖方应于买方确定赎回价格后将待赎回不合格基础资产的赎回价格总和支付至专项计划账户。卖方在支付赎回价格款项后，不应再承担任何责任。

（3）在由卖方承担费用的前提下，买方应在收到赎回价格款项的当日：立即将买方对相应基础资产的（现时的和未来的、实际的和或有的）权利、所有权、利益和收益全部转让给卖方；相关基础资产文件应由或被视为由作为买方代理人的资产服务机构交付给卖方；将自赎回起算日（不含该日）起至买方收到赎回价格款项之间收到的该笔不合格基础资产的回收款（若有）划转给卖方。

（4）不合格基础资产的赎回价格等于赎回起算日24：00时这些不合格基础资产的未偿价款余额。

（5）从发现不合格基础资产之日（含该日）起至赎回起算日（含该日），该不合格基础资产产生的全部回收款属于专项计划资产。

（6）原始权益人未按约定按时赎回不合格基础资产，每逾期一日，应按逾期支付金额的万分之五向专项计划支付违约金。这些违约金属于专项计划资产，原始权益人支付的违约金应由托管银行直接计入专项计划账户并按照标准条款约定的专项计划资产分配顺序进行分配。

94. 不合格基础资产赎回的法律关注点有哪些？

（1）需关注资产赎回的法律定性。资产赎回的操作是在计划管理人或服务机构发现入池资产不合格时，计划管理人或服务机构依照基础资产买卖协议通知原始权益人，原始权益人履行上述买卖合同约定的赎回义务，以货币赎回不合格基础资产。就资产赎回的法律性质而言，资产赎回一般是《合同法》针对买卖关系中瑕疵履行的特别救济方式。

所谓瑕疵履行，是指债务人虽然履行，但其履行存在瑕疵，即履行不符合规定或约定的条件，致减少或丧失履行的价值或效用的情形。如前所述，在资产证券化业务中，管理人（代表资产支持专项计划）与原始权益人根据基础资产买卖协议的约定形成了买卖法律关系。在这些法律关系项下，管理人作为买方应履行支付对价的义务，而原始权益人作为卖方则应履行交付基础资产的义务。对于基础资产而言，通常买卖双方会设置一定的合格标准，并且卖方也会根据基础资产买卖协议做出一定的资产保证，因此，卖方所交付的基础资产应同时满足合格标准以及资产保证的相关约定，如在专项计划设立日（通常会于专项计划设立日交付基础资产）所交付的基础资产并未满足合格标准或资产保证，则对于原始权益人而言，这就被视为一种瑕疵履行行为。

关于瑕疵履行违约责任的承担方式，《合同法》第一百一十一条规定："质量不符合约定的，应当按照当事人的约定承担违约责任。对违约责任没有约定或者约定不明确，依照本法第六十一条的规定仍不能确定的，受损方根据标的的性质以及损失的大小，可以合理选择要求对方承担修理、更换、退货、减少价款或者报酬等违约责任。"一般而言，如果基础资产买卖协议中设置了资产赎回机制，就表明计划管理人针对原始权益人的瑕疵履行拟采取解除合同的方式解决。一旦计划管理人发出明确且终局的通知，原始权益人与计划管理人就不合格基础资产部分的买卖协议即告解除。

就合同解除后的具体补救措施而言，《合同法》第九十七条规定，"已经履行的，根据履行情况和合同性质，当事人可以要求恢复原状、采取其他补救措施、并有权要求赔偿损失"。而前述退货产生的合同解除法律效果的具体补救措施应是第九十七条所说的恢复原状。所谓恢复原状，是指恢复到当事人之间原来的法律关系状态，或者说恢复到当事人双方未发生最近的特别结合关系时的状态。

从该定义出发，恢复原状实际上产生的效果应该是原始权益人赎回全部不合格基础资产，并向计划管理人返还管理人根据基础资产买卖协议购买这些不合格基础资产时对应的基础资产总金额，同时，计划管理人应向原始权益人返还自赎回起算日起至专项计划收到赎回价格款项之日收到的相应的不合格基础资产对应的回收款。实际上，由于在不合格基础资产赎回的时点前该基础资产一般会形成部分回收款，对于该部分回收款而言，由于实际并未造成各当事方的损失，对于该部分回收款管理人以及原始权益人一般不会在合同中设定要求恢复原状的补救措施，而就剩余部分的不合格基础资产而言，计划管理人以及原始权益人应通过基础资产买卖协议的约定设定该基础资产届时的公允价值，并以这些公允价格作为恢复原状的履行对价，在原始权益人支付赎回价格即恢复原状的履行对价后，一方对另一方的各自应返还的债权债务关系消灭。因此，结合资产赎回机制的具体操作来看，原始权益人以赎回价格购回专项计划持有的不合格基础资产后，原始权益人与管理人之间针对该部分不合格基础资产部分的买卖关系不复存在。

（2）需关注原始权益人的破产风险对于不合格基础资产赎回所造成的不利影响。依据《破产法》第三十一条的规定，破产管理人可就债务人破产申请前一年内的以明显不合理价格进行的交易向人民法院申请撤销。《破产法》赋予了破产管理人有权对于明显损害债权人的交易进行撤销。如前所述，不合格基础资产的赎回是指，在计划管理人或服务机构发现入池资产不合格时，计划管理人或服务机构可依照基础资产买卖协议通知原始权益人，原始权益人以货币赎回不合格基础资产的行为，这也是针对基础资产买卖交易根据《合同法》约定的救济方式。计划管理人与原始权益人在基础资产买卖协议签订之时就已承诺了对该笔交易项下原始权益人瑕疵履行的救济方式。因此，如果原始权益人与管理人之间的基础资产买卖协议订立在原始权益人破产申请一年前，则该笔赎回交易实际是基础资产买卖交易的救济，与前一基础资产买卖交易紧密关联，被认定为新的交易（以赎回价格购买不合格基础资产的行为）的可能性较低。如果原始权益人与管理人之间的基础资产买卖协议订立在原始权益人破产申请一年内，法院判断前述交易能否被赎回的关键在于交易的价格是否属于明显不合理。就交易价格是否属明显不合理价格的判断标准问题，《合同法解释（二）》第十九条规定，转让价格达不到交易时交易地的指导价或者市场交易价 70% 的，一般可以视为明显不合理的低价；对转让价格高于当地指导价或者市场交易价 30% 的，一般可以视为明显不合理的高价。如前所述，资产赎回中赎回价格一般为赎回起算日 24：00 时这些不合格基础资产的未偿价款余额。对原始权益人而言，一般这个赎回价格并不构成明显不合理的低价或高价。

第四章
企业资产证券化会计及税务问题

第一节　合并特殊目的载体（SPV）

95. 企业（发起人）合并特殊目的载体的条件是什么?

根据《企业会计准则第 41 号——在其他主体中权益的披露》的相关规定，结构化主体是指在确定其控制方时没有将表决权或类似权利作为决定因素而设计的主体。在资产证券化实务中，企业（发起人、原始权益人）通常通过设立资产支持专项计划、信托计划等结构化主体作为结构化融资的特殊目的载体，由结构化主体向第三方发行证券并向企业（发起人）自身购买金融资产。

企业（发起人）应当按照《企业会计准则第 33 号——合并财务报表》（以下简称《合并财务报表准则》）及《企业会计准则解释第 8 号》的相关规定，判断是否控制了上述结构化主体。如果企业控制了该结构化主体，应当按照《合并财务报表准则》的规定将该结构化主体纳入其财务报表的合并范围。

根据《合并财务报表准则》的相关规定，控制是指投资方拥有对被投资方的权力，通过参与被投资方的相关活动而享有可变回报，并且有能力运用对被投资方的权力影响其回报金额。控制有三个核心要素：权力、可变回报、权力与回报之间的联系，需同时满足这三个核心要素，才能达到控制。

企业（发起人）在判断是否控制了资产证券化专项计划时，应当综合考虑其本身直接享有以及通过其子公司（包括控制的结构化主体）间接享有权利而拥有的权力、可变回报及其联系。同时，企业需综合考虑与结构化主体有关的所有事实和情况，分析企业享有的权利是否使其目前有能力主导结构化主体的相关活动，企业是否通过参与相关活动而享有可变回报，企业是否有能力运用对结构化主体的权力影响其回报金额以及企业与其他方的关系等相关事实和情况，并在上述事实和情况的变化导致控制定义的相关要素发生变化时进行重新评估。

96. 什么是拥有对特殊目的载体的权力?

根据《合并财务报表准则》的规定，投资方享有现时权利使其目前有能力主导被投资方的相关活动，不论其是否实际行使该权利，均视为投资方拥有对被投资方的权力。相关活动，是指对被投资方的回报产生重大影响的活动。被投资方的相关活动应当根据具体情况进行判断，通常包括商品或劳务的销售和购买、金融资产的管理、资产的购买和处置、研究与开发活动以及融资活动等。

企业（发起人）在根据《合并财务报表准则》考虑是否拥有对结构化主体的权力时，需充分关注自身和其他投资方所享有的实质性权利。企业需考虑结构化主体的设立目的和设计安排，识别结构化主体的哪些活动是相关活动，企业主导相关活动的自主权及其限制，结构化主体的风险及其预定承担方，其他投资者对企业或者结构化主体管理人投资决策的参与或影响程度，更改结构化主体协议的权力，赎回权和清算机制等因素，以此判断企业享有的权利是否使其目前有能力主导结构化主体的相关活动。

资产支持专项计划一般是根据原始权益人（发起人）的需求设立的，原始权益人的参与程度远高于一般的结构化产品。在资产支持专项计划设立前，原始权益人可能参与或主导专项计划的资金投向、投资策略、收益分配原则及申购赎回安排的设定；资产支持专项计划设立后，原始权益人可能作为资产服务机构提供资产管理服务，这些活动能够对结构化主体的可变回报产生重大影响，可能表明原始权益人对于结构化主体拥有权力。然而，上述情形可能并非适用所有的资产证券化产品。例如，某些资产证券化专项计划的管理人（非原始权益人）在结构化主体的日常运行过程中，享有管理、运用、处分结构化主体财产的权利，并可以委任基础资产服务机构等其他服务机构，在设定的范围内对结构化主体的运作拥有完全的自主决策权，包括自主决定具体的投资对象，处理结构化主体相关事务，能够主导结构化主体的主要活动，对结构化主体拥有权力。

97. 什么是对特殊目的载体享有可变回报？

根据《合并财务报表准则》，投资方从被投资方取得的回报可能会随着被投资方业绩的变动而变动，也就是说投资方享有可变回报。投资方应当基于合同安排的实质而非回报的法律形式对回报的可变性进行评价。

可变回报通常包括企业（发起人）因向资产证券化专项计划提供与基础资产及其回收有关的管理服务及其他服务等获得的报酬和其他利益。前者包括各种形式的资产服务机构报酬（含固定管理费和浮动管理费等）以及以其他各种服务收费的名义收取的实质上为决策者薪酬的收费；后者包括各种形式的直接投资收益，提供信用增级或支持等而获得的补偿或报酬，因提供信用增级或支持等而可能发生或承担的损失，与结构化主体进行其他交易或者持有结构化主体其他利益而取得的可变回报等。其中，提供的信用增级包括担保（例如保证结构化主体投资者的本金或收益、为结构化主体的债务提供保证等）；提供的支持包括财务或其他支持，例如差额支付承诺、流动性支持、回购承诺、向结构化主体提供融资、购买结构化主体持有的资产等。

企业（发起人）在分析享有的可变回报时，不仅应当分析与结构化主体相关的法律法规及各项合同安排的实质，还应当分析结构化主体成本与收益是否清晰明确，交易定价（含收费）是否符合市场或行业惯例，以及是否存在其他可能导致企业最终承担结构化主体损失的情况等。

企业（发起人）应当慎重考虑其是否在没有合同义务的情况下，

存在为过去发行的具有类似特征的结构化主体提供过信用增级或支持的事实或情况，至少包括以下几个方面：

①提供该信用增级或支持的触发事件及其原因，以及预期未来发生类似事件的可能性和频率。

②企业提供该信用增级或支持的原因，以及做出这一决定的内部控制和管理流程；预期未来出现类似触发事件时，是否仍将提供信用增级和支持（此评估应当基于企业对于此类事件的应对机制以及内部控制和管理流程，且应当考虑历史经验）。

③因提供信用增级或支持而从结构化主体获取的对价，包括但不限于该对价是否公允，收取该对价是否存在不确定性，不确定性又如何判断。

④因提供信用增级或支持而面临损失的风险程度。

如果企业（发起人）按照《合并财务报表准则》判断对所发行的结构化主体不构成控制，但在该结构化主体的存续期内，企业向该结构化主体提供了合同义务以外的信用增级或支持，企业应当至少考虑上述各项事实和情况，重新评估是否对该结构化主体形成控制。经重新评估后认定对结构化主体具有控制的，企业应当将该结构化主体纳入合并范围。

98. 什么是有能力运用对特殊目的载体的权力影响其可变回报？

若通过“权力”及“可变回报”两个要素分析，企业（发起人）被认定为资产证券化专项计划的决策者，企业在判断其是否有能力运用对结构化主体的权力影响其回报金额时，需按照《合并财务报表准则》的相关规定确定其行使决策权的身份是“主要责任人”还是“代理人”。

代理人仅代表主要责任人行使决策权，不控制结构化主体。企业（发起人）将结构化主体相关活动的决策权委托给代理人的，应当将该决策权视为自身直接持有。在确定决策者是否为代理人时，应当综合考虑该决策者与结构化主体及其他投资方之间的关系。若存在单独一方拥有实质性权利可以无条件罢免决策者的，该决策者为代理人。其他情形下，应当综合考虑决策者对结构化主体的决策权范围、其他方享有的实质性权利、决策者的薪酬水平、决策者因持有结构化主体中的其他利益而承担可变回报的风险等相关因素进行判断。

若企业（发起人）是主要责任人，其行使权力管理结构化主体主要是为自己获取可变回报，则其控制该结构化主体；反之，若企业（发起人）是代理人，其行使权力管理结构化主体主要是为其他投资人获得可变回报，则其不控制该结构化主体。

99. 什么是主要责任人或代理人?

按照《合并财务报表准则》，若存在单独一方拥有实质性权利可以无条件罢免企业（发起人）作为结构化主体的资产服务机构，表明企业只是该结构化主体的代理人。除上述以外的情况下，应综合考虑《合并财务报表准则》规定的以下四项因素：

（1）企业（发起人）对结构化主体的决策权范围。在评估决策权范围时，应考虑相关协议或法规允许企业决策的活动，以及企业对这些活动进行决策时的自主程度。与该评估相关的因素包括但不限于：结构化主体的设立目的与产品架构；结构化主体面临的风险及转移给其他投资方的风险；企业在设计结构化主体过程中的参与程度。例如，如果企业参与结构化主体设计的程度较深（包括确定决策权范围），则可能表明企业有机会，也有动机获得使其有能力主导相关活动的权利，但这一情况本身并不足以认定企业必然能够主导相关活动。允许企业主导结构化主体相关活动的决策权范围越广，越能表明企业拥有权力，但并不意味着该企业一定是主要责任人。

（2）其他方享有的实质性权利。其他方持有的实质性权利可能影响企业主导结构化主体相关活动的能力。除上述提到的实质罢免权外，需要注意的是，在分析其他方持有的实质性权利时，需关注这些权利是否是现实的，并在实际中能否得到执行。

（3）企业（发起人）因作为资产服务机构提供基础资产管理服务而获得的薪酬水平。相对于结构化主体的回报，企业从结构化主体获得的薪酬的比重（量级）和可变动性越大，企业越有可能不是代理人。

企业应当考虑其从结构化主体获得的薪酬是否同时满足以下两个条件：一是企业的薪酬与其所提供的服务相称；二是薪酬协议仅包括在公平交易基础上有关类似服务和技能水平商定的安排中常见的条款、条件或金额。如果不能同时满足上述两个条件的，企业不可能是代理人。但是，并不能仅基于满足了这两个因素而判断企业是代理人。

（4）企业（发起人）因持有结构化主体的其他利益而承担可变回报的风险。在进行上述评估时，若企业持有结构化主体的其他利益（例如直接投资收益、提供信用增级或支持等而获得的补偿或报酬、因提供信用增级或支持等而可能发生或承担的损失等），需要考虑其由于此类利益所承担的可变回报风险。

具体评估时，企业（发起人）应考虑：企业的可变回报（考虑决策者薪酬和其他利益的合计）占结构化主体总可变回报的比重（即可变回报的量级），量级越大，越表明企业是主要责任人；企业的可变回报的可变动性越大，越表明企业是主要责任人；企业面临的可变回报风险是否与其他投资方不同，如果是，这些不同是否会影响其行为。例如，企业持有次级权益，或向结构化主体提供其他形式的信用增级，表明企业可能是主要责任人。

判断企业（发起人）是“主要责任人”或“代理人”的分析，前两个因素反映企业对结构化主体的实质性权利以及该权利受到何种限制，后两个因素反映企业从结构化主体获得的、相对于结构化主体相关活动所产生的总回报的量级和可变动性。因此，对企业为主要责任人还是代理人的分析，实质上是对企业的实质性权利及其所受限制与可变回报量级和可变动性的综合权衡和判断。

100. 可变回报的量级与可变动性如何计算？

《合并财务报表准则》未对如何计算可变回报的量级和可变动性给出具体指引。实务中，可参考其他会计准则在类似领域普遍采用的方式，例如：

$$量级=\frac{企业获取的全部可变回报（包括决策者薪酬与其他利益）}{结构化主体总回报}$$

可变动性则可通过测算期望值波动程度或边际波动性来进行评估。

期望值波动程度：考虑可变回报未来可能发生的各种情形，再赋予每种情形发生的概率，从而计算出预期收益加权平均值。可变动性表现为各种情形下的结果偏离期望值的程度，可通过标准差或者其他统计数据离散程度的方法来计算。当预期回报的不同情形围绕期望值上下波动，其发生概率的波动性又较大时，比较适合采用该方法。

边际波动性：以未来最有可能发生的情形下结构化主体可取得的收益为基础，分析若结构化主体的收益每增加一个单位企业（发起人）可多获得的回报。当基于市场一般惯例，预期的回报水平容易达到时，比较适合采用该方法。

第二节　终止确认基础资产

101. 终止确认基础资产（出表）需要考虑哪些因素？

（1）是否属于《企业会计准则第23号——金融资产转移》所述的金融资产转移。

（2）是否属于转移、保留或既没有转移也没有保留金融资产所有权上几乎所有的风险和报酬。

（3）若属于既没有转移也没有保留金融资产所有权上几乎所有的风险和报酬，那么是否放弃了对金融资产的控制。

102. 什么是金融资产转移？

金融资产转移是将收取金融资产现金流量的合同权利转移给另一方。

将金融资产转移给另一方，但保留收取金融资产现金流量的合同权利，并承担将收取的现金流量支付给最终收款方的合同义务，以上转移行为需同时满足以下条件：

（1）从该金融资产收到对等的现金流量时，才有义务将其支付给最终收款方。企业发生短期垫付款，但有权全额收回该垫付款并按照市场利率计收利息的，视同满足本条件。

（2）根据合同约定，不能出售该金融资产或作为抵押，但可以将其作为对最终收款方支付现金流量的保证。

（3）有义务将收取的现金流量及时支付给最终收款方。企业无权将该现金流量进行再投资，但按照合同约定在收款日和最终收款方要求的划转日之间的短暂结算期内将所收到的现金流量进行现金或现金等价物投资的除外。企业按照合同约定进行再投资的，应当将投资收益按照合同约定支付给最终收款方。

103. 什么是将收取现金流量的合同权利转移给其他方？

企业将收取金融资产现金流量的合同权利转移给其他方，表明该项金融资产发生了转移，通常表现为金融资产的合法出售或者金融资产现金流量权利的合法转移。例如，在基础资产为应收账款债权的资产证券化业务中，通过签署资产转让协议并通知债务人的方式等将应收账款债权对应的全部权利及相关权益（包括收取应收账款债权现金流量的合同权利）已全部转给资产证券化的结构化主体，就属于这种金融资产转移的情形。在这种情形下，转入方拥有获取被转移金融资产所有未来现金流量的权利，转出方应进一步判断金融资产风险和报酬转移情况来确定是否应当终止确认被转移金融资产。

104. 过手安排对终止确认基础资产有何影响？

企业保留了收取金融资产现金流量的合同权利，但承担了将收取的该现金流量支付给一个或多个最终收款方的合同义务。这种金融资产转移的情形通常被称为“过手安排”。在某些金融资产转移交易中，转出方在出售金融资产后，会继续作为收款服务方或收款代理人等收取金融资产的现金流量，再转交给转入方或最终收款方。这种金融资产转移情形常见于资产证券化业务。例如，在某些情况下，银行可能负责收取所转移贷款的本金和利息并最终支付给收益权持有者，同时收取相应服务费。根据《企业会计准则第 23 号——

金融资产转移》的规定，当企业保留了收取金融资产现金流量的合同权利，但承担了将收取的该现金流量支付给一个或多个最终收款方的合同义务时，当且仅当同时符合问题“什么是金融资产转移”中所述三个条件时，转出方才能按照金融资产转移的情形进行后续分析及处理，否则，被转移金融资产应予以继续确认。

105. 提供短期垫付款项对终止确认基础资产有何影响?

如果发生由于基础资产的实际收款日期与向最终收款方（资产支持专项计划持有人）付款的日期不同而导致款项缺口的情况，企业（原始权益人）需要提供短期垫付款项，当且仅当企业有权全额收回该垫付款并按照市场上同期银行贷款利率计收利息时，视同满足金融资产转移的条件。在有原始权益人短期垫付安排的资产证券化业务中，如果原始权益人收回该垫付款的权利仅优先于次级资产支持证券持有人，但劣后于优先级资产支持证券持有人，或者原始权益人不计收利息的，均不能满足这一条件。

106. 流动性储备对终止确认基础资产有何影响?

通常情况下，原始权益人在设立资产支持专项计划时需要向专项计划提供现金或其他资产以建立流动性储备，确保在收取基础资产款项发生延误时能够向资产支持证券持有人按协议规定付款，被动用的流动性储备只能通过提留基础资产后续产生的现金流量的方式收回。在原始权益人需要合并该专项计划（满足“控制”三要素）的情形下，在发生收款延误时，原始权益人有义务向资产支持专项计划持有人支付尚未从基础资产收取的款项，但如果出现基础资产后续产生的现金流量不足的情况，原始权益人也没有收回权，则将导致该交易不满足《企业会计准则第 23 号——金融资产转移》规定的“转出方只有从该金融资产收到对等的现金流量时，才有义务将其支付给最终收款方”的条件。类似的情况还有，如果资产支持专项计划协议规定原始权益人承担或原始权益人实际承担了在需要时向专项计划提供现金借款的确定承诺，且该借款只能通过提留基础资产后续产生的现金流的方式收回，则该资产证券化交易也无法满足上述金融资产转移的条件。

如果资产支持专项计划的流动性储备不是由原始权益人预提或承诺提供，而是来自基础资产产生的现金流量或者由第三方次级权益持有者提供，且原始权益人不控制（即不需合并）该专项计划，那么在该种情形下，由于原始权益人没有向专项计划支付从被转移金融资产取得的现金流量以外的其他现金流量，这种流动性储备安排能够满足上述金融资产转移的条件。

107. 合格投资对终止确认基础资产有何影响？

根据《企业会计准则第 23 号——金融资产转移》的规定，企业（转出方）有义务将代表最终收款方收取的所有现金流量及时划转给最终收款方，且无重大延误。企业无权将该现金流量进行再投资。但是，如果企业在收款日和最终收款方要求的划转日之间的短暂结算期内将代为收取的现金流量进行合格投资，合格投资的范围为现金或现金等价物投资，并且按照合同约定将此类投资的收益支付给最终收款方，则视同满足本条件。现金和现金等价物应当符合《企业会计准则第 31 号——现金流量表》中的定义，如果合同条款允许企业将代最终收款方收取的现金流量投资于不满足现金和现金等价物定义的某些理财产品或货币市场基金等产品，则不满足本条件。

108. 过手安排所涉及的“及时”及“重大延误”如何考量？

在通常情况下，如果根据合同条款，企业（转出方）自代为收取现金流量之日起至最终划转给最终收款方的此期间超过三个月，则视为有重大延误，该过手安排不满足本条件，因此不构成金融资产转移。

109. 基础资产在循环购买模式下能否实现终止确认？

贷款类资产、应收账款等基础资产在循环购买模式中不满足《企业会计准则第 23 号——金融资产转移》中“企业（转出方）有义务将代表最终收款方收取的所有现金流量及时划转给最终收款方，且无重大延误；企业无权将该现金流量进行再投资”的条件。

如果资产证券化交易文件约定资产支持专项计划拥有选择权

（通常由专项计划管理人行使该权利），可以选择将现金流继续投资于贷款类资产、应收账款等基础资产或者保留现金流，且设置了条款确保企业（转出方）有责任无重大延误地将现金流支付给资产支持专项计划，则可能满足“过手测试”条件。

110. 转移或保留风险和报酬的程度如何计算？

根据《企业会计准则第23号——金融资产转移》应用指南，企业（转出方）在评估金融资产所有权上的风险和报酬的转移程度时，应当比较转移前后其所承担的该金融资产未来净现金流量金额及其时间分布变动的风险。

根据现金流测算考虑现金流在转移前后所面临的风险敞口变化，在实践中，如果原始权益人通过资产证券化转移了超过90%的风险和报酬，通常认为其已经转让了几乎所有的风险报酬。如果转移的风险和报酬低于10%，则认为保留了几乎所有的风险和报酬，如果转移的风险和报酬在10%～90%，则认为其既没有转移也没有保留几乎所有风险和报酬，应当进一步判断其是否保留了对金融资产的控制来确定是否应终止确认该金融资产。

111. 风险和报酬转移比例是否一定要通过计算确定？

在通常情况下，通过分析金融资产转移协议中的条款，企业（转出方）就可以比较容易地确定是否转移或保留了金融资产所有权上几乎所有的风险和报酬，而不需要通过计算确定。

112. 风险和报酬转移比例如何计算？

对于无法通过分析金融资产转移协议中的条款比较容易确定风险和报酬转移或保留程度的情况，实务中常用的方法是使用标准差统计作为确定风险和报酬转移或保留程度的基础。原始权益人需要考虑影响被转让资产现金流金额和时间的未来情形及其发生概率，计算转让前与转让后的金额现值。

风险和报酬转移比例＝1－转移后加权平均差异值/转移前加权平均差异值

计算被转让资产现金流金额时，视基础资产情况可考虑的因素有利率风险、信用风险、汇率风险、逾期风险及提前偿付风险等。

113. 持有次级权益或承诺担保对终止确认基础资产有何影响？

通常，原始权益人会通过持有次级权益或承诺对特定现金流量提供担保，实现了对证券化资产的信用增级。如果通过这种信用增级，企业（转出方）保留了被转移资产所有权上几乎所有的风险和报酬，那么企业就不应当终止确认该金融资产。

114. 回购安排对终止确认基础资产有何影响？

企业出售基础资产并与购买方签订回购协议，即协议约定按一定价格向购买方出售了一项金融资产，同时约定到期日企业再将该金融资产购回。若回购价为到期日该金融资产的公允价值，此时该项金融资产如果发生公允价值变动，其公允价值变动由购买方承担，因此可以认定企业已经转移了该项金融资产所有权上几乎所有的风险和报酬，应当终止确认该金融资产。同样，企业在金融资产转移以后只保留了优先按照回购日公允价值回购该金融资产的权利的，也应当终止确认所转移的金融资产。若回购价为固定价格或按照原售价加上合理的资金成本，此时回购期间该项金融资产发生公允价值变动的风险实际上仍由企业承担，企业仍保留金融资产所有权上几乎所有的风险和报酬，因此不应当终止确认该金融资产。

115. 原始权益人担任资产服务机构如何处理？

企业在资产证券化业务中，将贷款及应收款项等基础资产转移给结构化主体（例如专项计划）时，常常与对方签订服务合同，担任资产服务机构。作为资产服务机构，企业可能收取一定的服务费并发生一定的成本。如果企业在符合终止确认条件的转移中转移了一项金融资产整体，但保留了向该金融资产提供收费服务的权利，则企业应当就该服务合同确认一项服务资产或一项服务负债。如果企业要收取的费用预计不能充分补偿企业所提供的服务，则应当按公允价值确认该服务义务形成的一项服务负债。如果企业要收取的费用预计超过了对服务的充分补偿，则应当将该服务权利确认为一项服务资产，确认的金额应根据《企业会计准则第23号——金融资产转移》第十五条的规定确定，即将保留的服务资产视同继续确认的部分，将该金融资产的原账面价值按照转移日继续确认部分和终止确认部分的相对公允价值分配给继续确认部分。

第三节　具体会计处理

116. 继续确认被转移金融资产时，如何进行会计处理？

企业（转出方）保留了被转移金融资产所有权上几乎所有的风险和报酬，则该金融资产不满足终止确认（出表）的条件，因此不应当将其从企业的资产负债表中转出，应继续确认被转移的金融资产。因金融资产转移而收到的转让价款（专项计划募集资金），应当在收到时确认为一项金融负债。需要注意的是，该金融负债与被转移金融资产应当分别确认和计量，不得相互抵销。在后续会计期间，应当继续确认该金融资产产生的收入或利得，以及该金融负债产生的费用或损失。

117. 继续涉入被转移金融资产时，如何进行会计处理？

如若企业（转出方）既没有转移也没有保留金融资产所有权上几乎所有的风险和报酬，且保留了对该金融资产的控制，企业应当按照其继续涉入被转移金融资产的程度继续确认该被转移金融资产，并确认相关负债。对因继续涉入被转移金融资产形成的有关资产（或负债），应确认相关收益（或费用）。按继续涉入程度继续确认的被转移金融资产应根据所转移金融资产的原性质及分类，继续列报于资产负债表中的贷款、应收款项等。相关负债应当根据被转移的资产是按照公允价值计量还是摊余成本计量予以计量，使得被转移资产和相关负债账面价值：一是被转移的金融资产以摊余成本计量的，等于企业保留的权利和义务的摊余成本；二是被转移金融资产以公允价值计量的，等于企业保留的权利和义务按独立基础计量的公允价值。

如果所转移的金融资产以摊余成本计量，确认的相关负债不得指定为以公允价值计量且其变动计入当期损益的金融负债。

118. 基础资产转让差价，如何进行会计处理？

在金融资产满足终止确认（出表）的情况下，对于商业银行来说，一般按照贷款账面价值与收到的转让对价之间的差额，使用“贷款处置损益”科目核算转让贷款实现的损益。实务中，如果此类业务发生不频繁，企业也可在“投资收益”科目下核算此类损益。需要注意的是，若该金融资产是属于以公允价值计量且其变动计入其他综合收益的金融资产（债务工具投资），那么在满足终止确认情况下，除上述投资收益外，还应当将原计入其他综合收益的公允价值变动累计利得或损失转出。

119. 与资产证券化相关的费用，如何进行会计处理？

根据被转移金融资产是否终止确认（出表），应当区分两种情况进行相应会计处理：若被转移金融资产未“出表”，企业相当于发行债券获得一笔外部融资，因此应当将与资产支持证券发行产生的相关费用计入负债初始成本进行计量；若被转移金融资产“出表”，企业相当于处置了该金融资产，因此与资产支持证券发行产生的相关费用应当确认为当期损益。

第四节 税务处理

120. 原始权益人将资产装入产品，是否涉及增值税？

是否涉及增值税的关键在于基础资产是否属于增值税应税范围。普遍观点认为，基础资产本质上是一种“取得特定现金流入”的权利，很可能不属于服务或者（金融）商品的范畴，因此，基础资产的转让无须缴纳增值税。由于法规尚无明确规定，实践中当以应收账款为表现形态的基础资产“出表”时，部分税务机关仍将其认定为“金融商品买卖”，征收增值税。而在特殊的证券化交易中，基础资产转让的增值税处理则可能更为复杂。以未来收益权为基础资产的证券化产品为例，原始权益人以其持有的“特定资产的未来收益权”所对应的现金流打包设立专项计划，未来收益权可能会在原始权益人账面确认“无形资产”，而原始权益人转移该收益权性质的基础资产是否应判定为无形资产转让而缴纳增值税仍不明确。

121. 产品运营期间，基础资产产生的收入，增值税如何处理?

对于资产证券化设立过程中原始权益人的未来债权或未来收益权，基础资产未来现金流形成的收入对应的流转税纳税主体是否因资产证券化而发生变化，在实践中仍存在争议。

《财政部、国家税务总局关于明确金融房地产开发教育辅助服务等增值税政策的通知》规定，资管产品运营过程中发生的增值税应税行为，以资管产品管理人为增值税纳税人。运用资管产品资产发放贷款取得利息收入应按照贷款服务缴纳增值税，因此，在 ABS 交易结构中特殊目的信托/专项计划的管理人为贷款利息收入的流转税纳税义务人。这里提到的贷款利息收入是指原始权益人即银行与其债务人之间的贷款合同产生的利息收入，还是信托/专项计划向原始权益人提供融资贷款服务的利息收入，目前尚无定论，实务中围绕资产证券化是资产转让或融资行为的有两种观点：

一是主张资产证券化是资产转让行为。由于基础资产未来现金流入已不再归属原始权益人，原始权益人已将信贷资产真实出售给信托/专项计划，并停止确认该资产及相关的利息收入。此时，信托/专项计划构成了税务意义上信贷资产新的“债权人”，应由信托/专项计划就信贷资产利息收入缴纳流转税。

二是认为资产证券化实际上是原始权益人的融资行为，由于信贷资产证券化下原始权益人和其债务人之间的贷款合同继续有效，原始权益人应就原贷款合同的利息收入缴纳流转税。同时，信托/专项计划对原始权益人的融资行为，如构成贷款服务，则该服务应有别于原始权益人与债务人之间的贷款服务，其对应的利息收入需单独缴纳流转税。此观点下，同一笔利息收入需要由原始权益人和信托公司各缴纳一次流转税。为此，实务中，原始权益人和信托公司通常会和税务机关沟通，以尽可能避免贷款合同的贷款利息收入在原始权益人层面和在受托机构层面“重复”缴纳流转税。

122. 资产支持专项计划取得基础交易现金流，需要缴纳增值税和所得税吗？资产支持专项可以开具发票吗？

增值税方面，证券化产品运营过程中发生的增值税应税行为，以证券化产品管理人为增值税纳税人。证券化产品运营过程产生的投资回报是否需要缴纳增值税，取决于其是属于贷款性质收入，还是非保本投资收益。若未来证券化产品获得保本的固定收益（如稳定的应收融资租赁款、应收账款），那么，该投资回报很可能具有“利息收入”性质，进而需要缴纳增值税，资管产品管理人运营资管产品过程中发生的增值税应税行为，暂适用简易计税方法，按照3%的征收率缴纳增值税。相反，若未来专项计划的投资回报是非保本的，则无须缴纳增值税。特殊目的信托/专项计划层面“投资回报”缴纳的增值税可由资管产品管理人开具增值税发票。

企业所得税方面，银行信贷资产证券化下，信托项目收益按分配与否，分别由受托机构或产品的投资者缴纳企业所得税，进而适用不同的企业所得税纳税主体。信托收益原则上仅需要在信托计划层面或者投资者层面单次缴纳企业所得税，无论哪种方式，投资者作为收益的最终获得者都将承担相应的所得税税负。投资者在实际取得不同会计期间对应的证券化收益时，需要确认该分配收益是否已经在信托/专项计划层面由受托机构/管理人（代为）缴纳了企业所得税，否则就存在重复征税的可能。实务中，信托/专项计划往往在取得现金流当年就将其分配给投资者，以避免专项计划收益不（完全）分配或者跨期分配时可能引起的操作不便或重复征税。

123. 资产支持专项计划的投资者取得的收益需要缴纳增值税和所得税吗？

对于持有期间收益，主要判定标准是投资者取得该收益是否为保本收益。如果被视为保本收益，则应缴纳增值税；反之则无须缴纳。目前市场上资产证券化产品一般不约定既定的投资回报率或不明确承诺本金可到期收回。但是，证券化产品为保障不同类型投资者的收益，可能会进行结构性安排，对不同级次投资者设定不同的收益分配金额和分配顺序；或为增加产品的信用评级，在证券发行中引入发行人回购次级或第三方担保等增信措施。这些结构性安排和增信措施将会增加实务判定投资者收益“保本”与否的复杂性和不确定性，实务中容易产生争议。

对于转让收益，金融商品转让需要缴纳增值税，投资者买卖资产支持证券产品差价收益应视同金融商品转让，须缴纳增值税。

所得税方面，投资者购买资产支持证券后将主要取得持有期间收益、证券转让收益以及清算所得，应计入应纳税所得额缴纳企业所得税。取得持有期间收益后，应当按照权责发生制的原则确认应税收入，按照企业所得税的政策规定计算缴纳企业所得税。持有期间收益在取得当年未向投资者分配的部分，在信托环节由受托机构按企业所得税的政策规定申报缴纳企业所得税；对在信托环节已经完税的信托项目收益，再分配给投资者时，对投资者按照现行有关取得税后收益的企业所得税政策规定处理。投资者买卖资产证券化产品获得的差价收入，应当按照企业所得税的政策规定计算缴纳企业所得税，买卖资产证券化产品所发生的损失可按企业所得税的政策规定扣除。投资者从资产证券化产品清算分配中取得的收入，应按企业所得税的政策规定缴纳企业所得税，清算发生的损失可按企业所得税的政策规定扣除。

第五章

企业资产证券化实务

第一节　融资租赁资产证券化

案例：狮桥－天风证券嘉鑫系列1期资产支持专项计划	
计划管理人	天风证券股份有限公司
发行场所	深圳证券交易所
原始权益人	狮桥融资租赁（中国）有限公司
发行金额	8.92亿元
基础资产	融资租赁债权
证券分层比例	A档：77.35%；B档：12.56%；次级：10.09%
发行利率	A档：4.7%；B档：6.5%；次级：N/A

124. 融资租赁资产证券化中基础资产有哪些？

基础资产为融资租赁公司因向承租人提供租赁服务而对承租人享有的租金债权及附属担保权益。承租人可能会向融资租赁公司提供第三方保证担保、抵押及质押等作为担保措施，并通常会将租赁物抵押予融资租赁公司，融资租赁公司与承租人之间约定租金的付款金额、付款频率、提前到期、租赁物剩余价值购买等融资租赁交易中的重点事项。租赁类型包括直租型资产及售后回租型资产，租赁物常见为生产设备、医疗器械、飞机、汽车等。

125. 融资租赁资产证券化中原始权益人有哪些？

企业资产证券化中原始权益人应当为金融租赁公司以外的外商投资融资租赁公司及内资融资租赁公司，且最近两年不存在严重违法失信行为。

126. 融资租赁资产证券化中常见入池标准有哪些？

（1）原始权益人应当合法拥有基础资产及对应租赁物的所有权。除租赁物以原始权益人为权利人设立的担保物权外，基础资产及租赁物均不得附带抵押、质押等担保负担或者其他权利限制。已经存在抵押、质押等担保负担或者其他权利限制的，应当能够通过专项计划相关安排在原始权益人向专项计划转移基础资产时予以解除。租赁物状况良好，不涉及诉讼、仲裁、执行或破产程序，且应当不涉及国防、军工或其他国家机密。

（2）基础资产界定应当清晰，附属担保权益（如有）、其他权利（如有）及租赁物的具体内容应当明确。

（3）基础资产涉及的租赁物及对应租金应当可特定化，且租金数额、支付时间应当明确。

（4）基础资产涉及的融资租赁债权应当基于真实、合法的交易活动产生，交易对价公允，具备商业合理性。基础资产不属于《负面清单指引》列示的负面清单范畴，不属于以地方政府为直接或间接债务人、以地方融资平台公司为债务人的基础资产，不存在违反地方政府债务管理相关规定的情形。

（5）基础资产涉及的交易合同应当合法有效。出租人应当已经按照合同约定向出卖人支付了租赁物购买价款；出卖人不存在转让租赁物所有权给出租人的抗辩事由。出租人应当已经按照合同约定向承租人履行了合同项下的义务；相关租赁物已按照合同约定交付给承租人；租金支付条件已满足，历史租金支付情况良好；除以保证金冲抵租赁合同项下应付租金外，承租人履行其租金支付义务不存在抗辩事由和抵销情形。

（6）按照国家法律法规规定租赁物的权属应当登记的，原始权益人须已依法办理相关登记手续；租赁物不属于依法需要登记的财产类别，原始权益人应当在主管部门指定或行业组织鼓励的相关的登记系统进行融资租赁业务登记，登记的租赁物财产信息应与融资租赁合同及租赁物实际状况相符。

（7）若存在汽车融资租赁债权等特殊情形未进行权属登记的，管理人应当在计划说明书中披露未进行权属登记的原因及合理性，充分揭示风险，并设置相应的权利完善措施。

127. 融资租赁资产证券化中常见交易结构是什么？

第一，原始权益人向计划管理人出售租金债权及附属担保权益，并作为资产服务机构为专项计划提供资金归集等资产服务。第二，由原始权益人、关联方或第三方担保公司为专项计划提供差额补足等增信措施。第三，专项计划可根据资产池情况设定或不设定循环购买机制，并配置权利完善措施、加速清偿措施等保障措施。

（1）交易结构图如下：

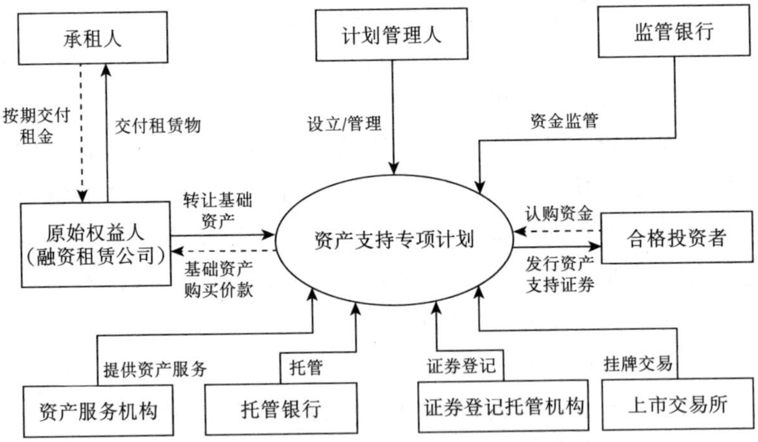

（2）增信措施。原始权益人、关联方或第三方担保公司为专项计划提供差额补足，超额利差覆盖，优先劣后证券分层。

（3）资金归集路径。为满足融资租赁公司向承租人开具增值税发票的三流合一要求，融资租赁公司一般需要使用自有日常经营账户继续向承租人归集现金流，定期转付予融资租赁公司所开立的监管账户，并自监管账户划付至专项计划账户中。

128. 融资租赁资产证券化中实操要点有哪些？

（1）基础资产范围。

原始权益人持有租赁物的所有权，其可与计划管理人自由约定其所转让的基础资产是否包括租赁物所有权。如双方约定专项计划购入的基础资产不包括租赁物所有权的，在债务人违约或原始权益人破产时，可能会因为租赁物所有权与租金债权的分离而产生基础资产回收的不利影响，所以，我们建议在触发权利完善事件时，要求融资租赁公司向专项计划无偿转让租赁物的所有权。

（2）租赁物的所有权及登记事宜。部分租赁物可能因其特性未能登记在融资租赁公司名下（特别是汽车类租赁物），就此类型资产，我们建议在专项文件中进行充分的风险提示，并设定相应的风险缓释措施。

（3）债务人通知及担保措施转移登记。在原始权益人向专项计划转让租金债权及附属担保权益时，一般不会发送转让通知，且未办理将附属担保权益转让予专项计划的手续。为保障专项计划利益，我们建议将上述通知及担保措施转移登记列入权利完善措施并予以执行。

（4）资金归集频率。根据交易所的监管要求，自专项计划设立之日起，基础资产回款归集至专项计划账户的周期应当不超过 1 个月，原始权益人资信状况良好，且专项计划设置担保、差额支付等有效增信措施的，现金流归集周期可以适当延长，但最长不得超过 3 个月。

129. 融资租赁资产证券化主要涉及哪些法律法规和司法解释？

（1）《融资租赁公司监督管理暂行办法》（中国银保监会发布，银保监发〔2020〕22 号，2020 年 5 月 26 日起实施）。

（2）《融资租赁债权资产证券化业务尽职调查工作细则》（中国证券投资基金业协会发布，2019 年 6 月 24 日起实施）。

（3）《商务部办公厅关于融资租赁公司、商业保理公司和典当行管理职责调整有关事宜的通知》（商办流通函〔2018〕165号，2018年5月8日颁布）。

（4）《深圳证券交易所融资租赁债权资产支持证券挂牌条件确认指南》（深圳证券交易所发布，2018年2月9日起实施）。

（5）《深圳证券交易所融资租赁债权资产支持证券信息披露指南》（深圳证券交易所发布，2018年2月9日起实施）。

（6）《上海证券交易所融资租赁债权资产支持证券挂牌条件确认指南》（上海证券交易所发布，2018年2月9日起实施）。

（7）《上海证券交易所融资租赁债权资产支持证券信息披露指南》（上海证券交易所发布，2018年2月9日起实施）。

（8）《商务部办公厅关于开展融资租赁业风险排查工作的通知》（商务部办公厅发布，2017年5月2日起实施）。

（9）《最高人民法院关于审理融资租赁合同纠纷案件适用法律问题的解释》（法释〔2014〕3号，2014年3月1日起实施）。

第二节　应收账款资产证券化

案例：万家共赢－富士康供应链1期资产支持专项计划	
计划管理人	万家共赢资产管理有限公司
发行场所	上海证券交易所
原始权益人	上海富金通商业保理有限公司嘉铭融资租赁（上海）有限公司
发行金额	2.00亿元
基础资产	保理融资
证券分层比例	A档：95%；次级：5%
发行利率	A档：4.30%；次级：N/A

130. 应收账款资产证券化中基础资产有哪些？

企业基于基础交易合同的约定向债务人提供货物、工程服务及/或其他服务而对债务人享有的相应付款义务及支付滞纳金、违约金、损害赔偿金的请求权，应收账款资产证券化项目的基础资产包括基于该等请求权而享有的全部附属权益。

131. 应收账款资产证券化中原始权益人有哪些？

如专项计划采取传统保理模式，则原始权益人为先行归集资产的保理商；如专项计划采取代理模式或者无须引入保理商提供保理服务或代理服务，则原始权益人为持有应收账款债权且拟进行融资的供应商。

原始权益人应当符合下述要求：最近两年不存在因严重违法失信行为，被有权部门认定为失信被执行人、失信生产经营单位或者其他失信单位，并被暂停或限制进行融资的情形。

132. 应收账款资产证券化中常见入池标准有哪些？

就每一笔目标应收账款债权而言，其在基准日、初始购买日和循环购买日（如有）需要符合以下要求：

（1）基础资产界定应当清晰，附属担保权益（如有）的具体内容应当明确。

（2）原始权益人应当合法拥有基础资产，涉及的应收账款应当基于真实、合法的交易活动（包括销售商品、提供劳务等）产生，交易对价公允，且不涉及《负面清单指引》。应收账款系从第三方受让所得的，原始权益人应当已经支付转让对价，且转让对价应当公允。

（3）基础资产涉及的交易合同应当合法有效，债权人已经履行了合同项下的义务，合同约定的付款条件已满足，不存在属于预付款的情形，且债务人履行其付款义务不存在抗辩事由和抵销情形。

（4）基础资产涉及的应收账款应当可特定化，且应收账款金额、付款时间应当明确。

（5）基础资产的权属应当清晰明确，不得附带抵押、质押等担保负担或者其他权利限制。已经存在抵押、质押等担保负担或者其他权利限制的，应当能够通过专项计划相关安排在原始权益人向专项计划转移基础资产时予以解除。

（6）基础资产应当具有可转让性。基础资产的转让应当合法、有效，转让对价应当公允。存在附属担保权益的，应当一并转让。

（7）应收账款转让应当通知债务人及附属担保权益义务人（如有），并在相关登记机构办理应收账款转让登记。

若存在特殊情形未进行债权转让通知或未办理转让登记，计划管理人应当在计划说明书中披露未进行转让通知或未办理转让登记的原因及合理性，充分揭示风险，设置相应的权利完善措施进行风险缓释。

基础资产池应当具有一定的分散度，至少包括10个相互之间不存在关联关系的债务人且单个债务人入池资产金额占比不超过50%。符合以下条件之一的，可免除上述关于债务人分散度的要求：一是基础资产涉及核心企业供应链应付款等情况的，资产池至少包括10个相互之间不存在关联关系的债权人且债务人资信状况良好；二是原始权益人资信状况良好，且专项计划设置担保、差额支付等有效增信措施。符合条件并免除债务人分散度要求的，计划管理人应当在计划说明书中披露基础资产池集中度较高的原因及合理性，充分揭示风险，设置相应的风险缓释措施。

133. 应收账款资产证券化中常见交易结构是什么？

原始权益人自行或委托代理人向计划管理人（代表专项计划）转让应收账款债权及附属权益，并作为资产服务机构为专项计划提供资金归集等资产服务，同时原始权益人就不合格基础资产承担赎回义务，且专项计划可根据资产池情况设定或不设定循环购买机制，并配置权利完善措施、加速清偿措施等保障措施。

（1）反向保理供应链模式。在反向保理模式项下，由于供应商较为分散，计划管理人将设置保理商以保理受让的模式或代理模式归集应收账款债权，且债务人将对应收账款债权予以书面确认并同意直接向专项计划付款。在此情况下，应收账款债权的账期较为明确，专项计划一般会通过付款确认函等方式统一账期，不设置循环购买，且不设置优先/劣后档证券分层，专项计划一次性到期还本付息。

（2）正向保理供应链模式。在正向保理模式项下，其交易结构与反向保理模式刚好相反，供应商高度集中，而债务人相对分散，且难以取得债务人对专项计划的付款确认文件，无法明确及统一应收账款债权的账期。在此情况下，专项计划需要依靠供应商归集债务人所支付的应收账款债权回收资金，为满足资产端与证券端的匹配，需要设置循环购买、提前清偿等多种措施，且一般需要核心债权人或第三方担保公司在专项计划端提供差额补足等增信措施。

（3）交易结构图。

①反向保理模式交易结构图如下：

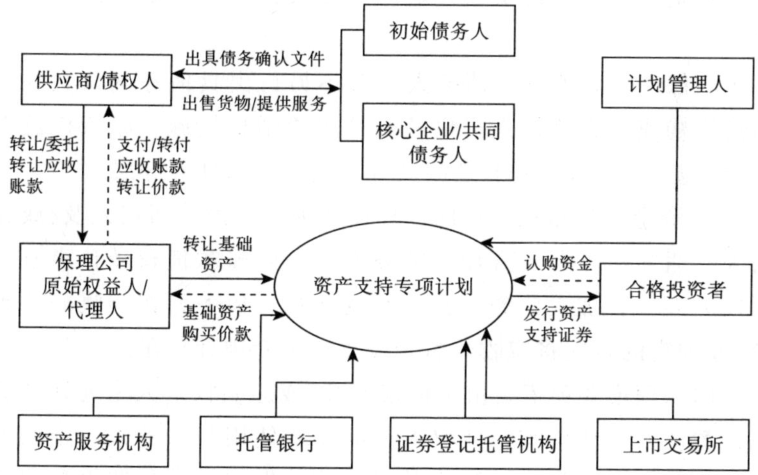

②正向保理模式交易结构图如下：

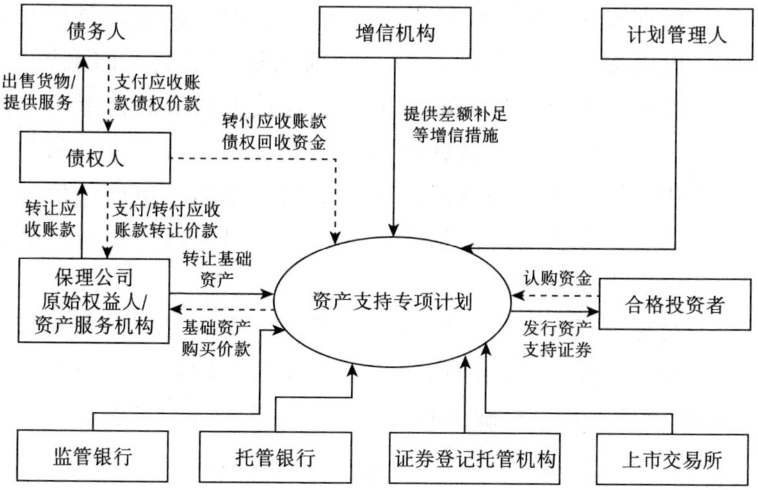

（4）增信措施。反向保理模式项下，为引入核心企业为其合并财务报表范围内企业的清偿能力提升信用，计划管理人通常采用下述常见增信措施在底层资产层面或专项计划层面引入核心企业的信用：①债务加入，即在不免除原债务人义务的前提下，由核心企业通过出具确认付款文件等方式，作为共同债务人向债权人承担付款义务；②保证担保，即由核心企业通过出具保函等方式，承诺在原债务人不履行相应义务情况下承担担保责任的行为；③差额补足，即由核心企业通过出具差额补足函等方式在专项计划层面提供现金流补足。

正向保理模式项下，债务人一般不另行出具债务确认文件，而由增信机构或核心债权人提供差额补足等增信措施。原始权益人承担不合格基础资产的回购/赎回义务。优先劣后证券分层。

（5）资金归集路径。反向保理模式项下，由于债权人及/或原始权益人已通知债务人（含加入债务人）应收账款债权转让事宜，并取得债务人（含加入债务人）出具的回执，债务人在应收账款到期日及/或约定的日期将应收账款金额支付至专项计划账户。

正向保理模式项下，由于债权人及/或原始权益人未通知债务人应收账款债权转让事宜，债权人一般需要使用与债务人约定的原银行账户向债务人归集现金流后转付至监管账户，并自监管账户划付至专项计划账户。

反向保理模式结构主要使用场景为一级供应商/头部供应商的融资场景，但仍无法满足供应链中二级或更远端供应商的融资需求。目前，随着区块链分布记账、电子签章等技术的发展，市场上多家机构建立了供应链应收账款转让服务电子平台，通过应收账款债权电子凭证化及拆分转让的方式，使得中端或远端供应商可借用核心债务人的信用，并在后端对接资产证券化项目，以舒缓中小供应商融资难、融资贵的问题。

常见交易流程如下：①供应链上下游企业通过与平台签订协议成为平台会员，在一级供应商完全适当履行合同项下义务后，核心企业/初始债务人在平台确认其对一级供应商的应付债务，并初始生成应收账款电子化凭证。②如上一级供应商因接受下一级供应商所提供货物或服务，而对下一级供应商负有应收账款付款义务，则上一级供应商可将其持有的对核心企业的部分或全部应收账款债权转让给下一级供应商，在上一级供应商持有的应收账款债权额度范围内，抵销其对下一级供应商所负债务。下一级供应商因此成为该笔对核心企业的应收账款债权的继受债权人。③持有对核心企业的应收账款债权的各级供应商，经与资金方（如保理商）对转让对价及其他转让条件达成合意后，将其持有的部分或全部应收账款债权无追索地转让予资金方，获得应收账款转让对价。④计划管理人通过设立专项计划向资产支持证券投资者募集资金，并运用专项计划募集资金购买资金方从各级供应商处受让的应收账款债权。

上述转让、融资行为完成后，平台将根据平台规则、交易结果生成记录各级供应商、资金方、专项计划持有的应收账款债权信息的应收账款电子化凭证，但其仅为记载并反映应收账款债权相关信息的载体，并非独立于应收账款存在的一类财产性权利，专项计划项下的基础资产仍应遵循实质认定原则而界定为应收账款债权。

134. 应收账款资产证券化中实操要点有哪些？

（1）供应链上下游应收账款支付结算制度。在设计资产证券化项目交易结构前，计划管理人需要了解企业在供应链中所处的角色，对企业与上游供应商或债务人的业务合作模式、债务人对应付账款的确认及结算制度、内部的资金归集模式等进行梳理，根据梳理的结果确定资产尽调的资料及流程。

（2）核心企业的信用引入。反向保理模式下，核心企业的信用评级一般较高（AA+以上），其通过出具书面文件以债务加入或保证等方式，从底层基础资产层面，为基础资产增信。

债务加入，指在债权人不免除初始债务人义务履行的情况下，第三人加入原债权债务关系，与初始债务人共同向债权人承担责任，也称并存债务承担。根据《最高人民法院关于印发〈全国法院民商事审判工作会议纪要〉的通知》（法〔2019〕254号）的规定，如核心企业选择债务加入方式，计划管理人需要核查核心企业机关决议内容，以确定核心企业的决议机关已对债务加入作出明确同意的决议。保证，指保证人和债权人约定，当债务人不履行债务时，保证人按照约定履行债务或者承担责任的行为。实践中，差额补足或流动性支持在判断属于债务加入还是保证时存在一定的辨识难度，需要根据交易安排进行判断，我们建议应在法律文件中明确约定。

如核心企业属于中国境外成立的主体，实务操作中还需要重点考虑核心企业在注册地法律规定下是否具有完全民事权利能力和民事行为能力，并要结合专项计划产品发行要求评估相关法律文件的签署条件和要求，如是否需要公证证明等。

（3）基础交易真实性。应收账款作为基础资产，应重点核查其贸易背景的真实性。计划管理人及中介机构应当通过审查单证、检索官方公开网站/系统、对比行业交易习惯，必要时可对相关主体进行访谈等方式，对基础交易的真实性进行审慎核查。

（4）应收账款债权转让。正向保理模式项下，原始权益人向专项计划转让应收账款债权及附属权益时，一般不会向债务人发送转让通知，且未办理将附属权益转让予专项计划的手续；反向保理模式项下，原始权益人已向债务人发送转让通知且收到回执，但未办理将附属权益转让予专项计划的手续。为保障专项计划利益，我们建议将上述通知及附属权益转移登记列入权利完善措施并予以执行。

135. 应收账款资产证券化主要涉及哪些法律法规和司法解释？

（1）《深圳证券交易所企业应收账款资产支持证券挂牌条件确认指南》（深圳证券交易所发布，2017 年 12 月 15 日起实施）。

（2）《深圳证券交易所企业应收账款资产支持证券信息披露指南》（深圳证券交易所发布，2017 年 12 月 15 日起实施）。

（3）《上海证券交易所企业应收账款资产支持证券挂牌条件确认指南》（上海证券交易所发布，2017 年 12 月 15 日起实施）。

（4）《上海证券交易所企业应收账款资产支持证券信息披露指南》（上海证券交易所发布，2017 年 12 月 15 日起实施）。

（5）《企业应收账款资产证券化业务尽职调查工作细则》（中国证券投资基金业协会发布，2019 年 6 月 24 日起实施）。

第三节　票据资产证券化

案例：华泰资管－江苏银行融元4号资产支持专项计划	
计划管理人	华泰证券（上海）资产管理有限公司
发行场所	上海证券交易所
原始权益人	江苏银行股份有限公司
发行金额	7.60亿元
基础资产	票据收益权
证券分层比例	A档：100%
发行利率	A档：4.30%

136. 票据资产证券化中基础资产有哪些?

（1）以票据收益权作为基础资产。收益权非法定权利，是由合同主体以特定资产为基础根据交易需要创设的一项约定权利。票据收益权是指持票人/融资人持有的票据产生的以下收益的财产性权利，包括但不限于：因承兑人支付票据金额所产生的任何资金流入收益；因票据相关附属担保权益义务人（如票据保证背书人、票据保兑人、票据保贴行等）履行附属担保权益义务而产生的任何资金流入收益；因承兑人拒绝付款而向出票人、背书人（如有）及其他票据债务人（如有）行使追索权而取得的任何资金流入收益；因票据处置而产生的任何资金流入收益；因处置票据所衍生的权益而产生的任何资金流入收益；其他因持有票据产生的任何资金流入收益。

因票据收益权与票据的所有权是相互独立的，以票据收益权作为基础资产，原始权益人无须将票据背书转让予专项计划，只需要与专项计划签署收益权转让合同，并采取票据质押方式实现控票，有效突破前述票据所有权转让的限制，拓宽了融资渠道。因此，我们理解专项计划可以以票据收益权作为基础资产。

（2）以票据对应的应收账款作为基础资产。

债权人履行合同项下销售商品、提供劳务等经营活动的义务后对债务人享有付款请求权，且债务人已按照基础交易合同的约定签发票据作为该应收账款的结算手段的，债权人可以将该应收账款作为基础资产转让予专项计划，并以票据作为质押担保。该结构下，应收账款与票据权利并存，应收账款的到期偿付首先依赖于票据产生的现金流，在票据权利实现受阻时，专项计划可向债务人主张应收账款的付款请求权。因此，我们理解，基础资产亦可定义为以票据作为结算手段的应收账款债权。

137. 票据资产证券化中原始权益人有哪些？

以票据收益权作为基础资产，原始权益人为票据持票人。以票据对应的应收账款作为基础资产，原始权益人为应收账款的债权人（即票据持票人）或保理公司（适用于由保理公司归集应收账款并续作保理的情形）。

原始权益人应当满足下述要求：最近两年不存在因严重违法失信行为，被有权部门认定为失信被执行人、失信生产经营单位或者其他失信单位，并被暂停或限制进行融资的情形。

138. 以票据收益权作为基础资产时，常见入池标准有哪些？

（1）原始权益人与其出票人之间基于基础合同具有真实的交易背景，基础合同适用法律为中国法律，且在中国法律项下均合法有效。

（2）原始权益人已经履行并遵守了基础合同项下其应履行并遵守的义务。

（3）原始权益人真实、合法、有效地持有相应票据并拥有票据收益权。

（4）基础交易债务人已为基础交易合同项下应收账款价款结算之目的签发票据，票据的应记载事项真实、完整、合法及有效，该票据在适用法律下合法及有效且可转让。

（5）付款人已对票据进行承兑，在票据上记载承兑的应记载事项真实、完整、合法及有效，该承兑在适用法律下合法有效。

（6）票据所载的票据收款人为原始权益人，基础交易债务人已向原始权益人交付票据，在将票据出质前，原始权益人真实、合法、有效地持有票据。

（7）原始权益人以其持有的票据出质，为其履行原始权益人在《基础资产买卖协议》项下的所有义务提供担保，该票据已作质押背书，质押背书的应记载事项真实、完整、合法及有效，相关合同及该质押背书在适用法律下合法及有效，且原始权益人已向质权人交付票据。

（8）票据上不存在其他权利限制，但为专项计划利益设定的权利负担及限制除外，包括但不限于为专项计划利益所设定票据质押。

（9）基础资产可以进行合法有效的转让，且无须取得第三方主体的同意。

139. 以票据对应的应收账款作为基础资产时，常见入池标准有哪些？

（1）基础资产界定应当清晰，附属担保权益（如有）的具体内容应当明确。

（2）原始权益人应当合法拥有基础资产，涉及的应收账款应当基于真实、合法的交易活动（包括销售商品、提供劳务等）产生，交易对价公允，且不涉及《负面清单指引》。应收账款系从第三方受让所得的，原始权益人应当已经支付转让对价，且转让对价应当公允。

（3）基础资产涉及的交易合同应当合法有效，债权人已经履行了合同项下的义务，合同约定的付款条件已满足，不存在属于预付款的情形，且债务人履行其付款义务不存在抗辩事由和抵销情形。

（4）基础资产涉及的应收账款应当可特定化，且应收账款金额、付款时间应当明确。

（5）基础资产的权属应当清晰明确，不得附带抵押、质押等担保负担或者其他权利限制。已经存在抵押、质押等担保负担或者其他权利限制的，应当能够通过专项计划相关安排在原始权益人向专项计划转移基础资产时予以解除。

（6）基础交易合同约定或基础交易卖方与债务人之间明示/默示接受以票据为结算方式。

（7）债务人已为基础交易合同项下应收账款价款结算之目的签发票据，票据的应记载事项真实、完整、合法及有效，该票据在适用法律下合法及有效且可转让。

（8）付款人已对票据进行承兑，在票据上记载承兑的应记载事项真实、完整、合法及有效，该承兑在适用法律下合法有效。

（9）票据所载的票据收款人为原始权益人，债务人已向原始权益人交付票据，在将票据出质前，原始权益人真实、合法、有效地持有票据。

（10）原始权益人以其持有的票据出质，为其履行原始权益人在《基础资产买卖协议》项下的所有义务提供担保，该票据已作质押背书，质押背书的应记载事项真实、完整、合法及有效，相关合同及该质押背书在适用法律下合法及有效，且原始权益人已向质权人交付票据。

（11）票据上不存在其他权利限制，但为专项计划利益设定的权利负担及限制除外，包括但不限于为专项计划利益所设定票据质押。

（12）基础交易卖方与债务人在基础交易合同中未约定基础交易卖方接收债务人签发并承兑的票据，即视为债务人在基础交易合同项下的付款义务履行完毕或通过其他方式作出与之具有相同效果的约定。

140. 票据资产证券化中常见交易结构是什么？

持票人将票据收益权或以票据结算的应收账款债权转让/委托转让予专项计划，并同意按计划管理人要求将票据质押予计划管理人。为了减少计划管理人在专项计划存续期的票据管理工作，通常由计划管理人与票据服务机构（一般为银行）签署服务协议，票据服务机构基于计划管理人的委托，负责签收持票人发起的票据质押背书，作为票据上记载的质权人及持票人，并在专项计划存续期间作为票据质押代理人，代表专项计划履行票据服务义务；在票据到期时，票据服务机构将作为持票人发起提示付款并收取票据款项、继而转付予专项计划账户。同时，专项计划可根据资产池情况设定或不设定循环购买机制，设定保证金质押、差额补足等增信措施。

（1）以票据收益权作为基础资产交易结构图如下：

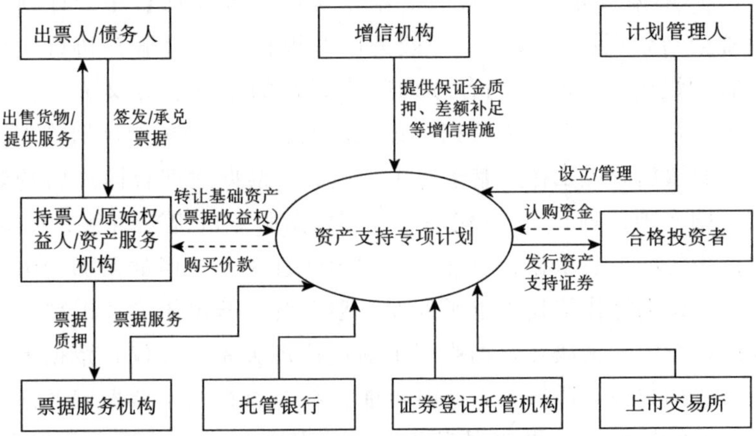

（2）以票据对应的应收账款作为基础资产交易结构图如下：

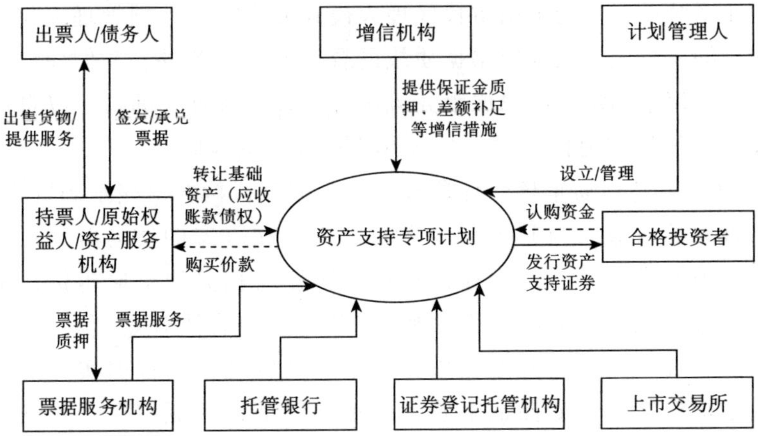

（3）常见增信措施包括：票据质押、保证金质押、差额补足、优先劣后证券分层。

（4）资金归集路径。在票据到期日，票据服务机构作为票据的质权人和最后一手持票人代表专项计划向票据承兑人/付款人提示付款，在收到付款人支付的票据金额后立即将该等应收账款回收款转付至专项计划账户。

141. 票据资产证券化中实操要点有哪些？

（1）票据服务机构的设置。票据资产证券化项目中，计划管理人通常会与票据服务机构（一般为商业银行）签署服务协议，约定票据服务机构在专项计划存续期间应履行的票据服务义务，包括但不限于代表专项计划作为票据上记载的质权人，以减少计划管理人在存续期的票据管理工作。基于以上安排，《票据质押合同》将约定质权人（即专项计划）、质权代理人（即票据服务机构）角色。实操中，如票据为传统纸质票据，可在票面明示代理关系，但如票据为电子票据，相关票据操作依托于电子商业汇票系统。若电子商业汇票系统的功能设置有限，无法在票据中明示前述代理关系，即仅在票据上将票据服务机构记载为质权人，此时可能会存在直接认定票据服务商为票据质权人的情形。如果票据服务机构与出质人之间并无主债权存在，票据质权效力存疑。我们建议与票据服务机构进行沟通，充分了解电子商业系统后，确定采用质权代理人模式或直接由计划管理人作为票据记载的质权人，以确保票据质权的合法设立。此外，我们建议在票据服务协议中约定，由票据服务机构根据计划管理人的指示以自己的名义予以诉讼或追偿，进一步缓释质权代理的风险。

（2）基础交易审核。计划管理人及中介机构在审核基础资产时，应核查原始权益人与其出票人之间是否存在真实的交易背景；票据记载事项是否完整，是否存在贴现、转让及相关的附属担保；基础资产形成过程的各个环节及基础资产转让行为合法有效。

（3）增信措施。除票据质押外，计划管理人应根据实际情况设置其他增信措施，如保证金质押、票据保证、保证担保、差额补足义务等，并合理设置增信措施的触发机制、时间。

142. 票据资产证券化主要涉及哪些法律法规和司法解释？

（1）《中华人民共和国票据法》（中华人民共和国主席令第22号，2004年8月28日起实施）。

（2）《票据管理实施办法》（国务院令第588号，1997年10月1日起实施）。

（3）《整顿乱集资乱批设金融机构和乱办金融业务实施方案》（国办发〔1998〕126号，1998年8月11日起实施）。

（4）《最高人民法院关于审理票据纠纷案件若干问题的规定》（法释〔2000〕32号，2000年11月21日起实施）。

（5）《最高人民法院经济审判庭关于银行承兑汇票能否部分金额贴现、部分用于抵押贷款的复函》（法经〔1994〕244号，1994年10月11日起实施）。

（6）《商业汇票承兑、贴现与再贴现管理暂行办法》（银发〔1997〕216号，1997年5月22日起实施）。

（7）《电子商业汇票业务管理办法》（中国人民银行令〔2009〕第2号，2009年10月16日起实施）。

（8）《中国人民银行关于切实加强商业汇票承兑贴现和再贴现业务管理的通知》（银发〔2001〕236号，2001年7月24日起实施）。

（9）《中国人民银行关于完善票据业务制度有关问题的通知》（银发〔2005〕235号，2005年9月5日起实施）。

（10）《中国人民银行对票据贴现有关问题的答复》（银条法〔1998〕36号，1998年8月7日起实施）。

（11）《中国人民银行关于〈票据法〉和〈支付结算办法〉中有关问题的复函》（银条法〔2000〕29号，2000年4月30日起实施）。

（12）《中国人民银行关于对一起票据纠纷案中有关金融法律问题的答复》（银条法〔1996〕56号，1996年10月28日起实施）。

（13）《中国人民银行关于对银行承兑汇票票据权利问题的答复》（银办函〔1996〕257号，1996年7月2日起实施）。

（14）《中国人民银行对票据承兑纠纷案件有关问题请示的复函》（银条法〔1999〕40号，1999年4月24日起实施）。

第四节 银行贸金资产证券化

（一）信用证

案例：中国中投证券－江南银行贸易金融1号资产支持专项计划	
计划管理人	中国中金财富证券有限公司
发行场所	深圳证券交易所
原始权益人	不特定原始权益人
发行金额	4.91亿元
基础资产	信用证资产
证券分层比例	A1档：9.57%；A2档：38.09%；A3档：23.83%；A4档：18.33%；A5档：10.18%
发行利率	A1/A2/A3/A4/A5档：3.85%

143. 以信用证作为基础资产时的要点有哪些？

信用证是指银行依照申请人的申请开立的、对相符交单予以付款的承诺。信用证源于申请人即基础债务人与受益人即基础交易债权人之间的基础交易关系，但在信用证有效开立后，受益人只需相符交单即可直接请求开证行予以付款，且无须向开证行提交信用证所载的单据以外的其他证明资料。除作为开证行开立信用证以外，银行还可以通过保兑等方式为信用证提供信用。

以银行在信用证项下对受益人的付款义务作为基础资产。由于信用证是银行对受益人作出的独立付款承诺，受益人因此享有对银行请求付款的债权，受益人向专项计划转让上述债权，其实质为信用证项下的款项让渡，不涉及受益人的义务转让，因此，以该债权作为基础资产较为理想，也是目前市场较为认可的一种基础资产形态。

144. 以信用证作为基础资产时，原始权益人有哪些？

银行贸金项目的原始权益人通常为较为分散的供应商，专项计划无须借用其信用，且资金归集路径不再依赖于供应商，因此符合非特定原始权益人的准入条件即可。此条件同样适用于以保理和保函为基础资产的资产证券化项目。

145. 以信用证作为基础资产时，常见入池标准有哪些？

（1）开证申请人为根据中国法律在中国境内设立且合法存续的法人或其他组织。

（2）债权人与开证申请人之间的交易具有真实的贸易背景，债权人和开证申请人双方签署的基础交易合同在适用法律下合法、有效。

（3）根据开证申请人的申请，开证行已就该笔应收账款债权的结算向债权人开立不可撤销、延期付款国内信用证，并且该信用证已获得开证行及保兑行（如有）的到期付款确认。

（4）国内信用证、适用法律、开证行、保兑行（如有）未对债权人转让信用证项下收款权利作出禁止性或限制性约定，或者，在国内信用证、适用法律、开证行、保兑行（如有）对债权人转让信用证项下收款权利作出限制性约定的情况下，转让条件已经达成。

（5）债权人在国内信用证单据或国内信用证未到期权益上未设立或允许保留任何其他抵押、质押、权益转让或其他担保及权利负担。

146. 以信用证作为基础资产时，常见交易结构是什么？

银行贸金项目的供应商相对较为分散，通常由银行作为代理人归集资产并向专项计划代为出售信用证项下的应收账款债权。由于基础资产已获银行信用加持，专项计划层面一般不再另设增信措施，且专项计划可根据资产池情况设定或不设定循环购买机制。

（1）交易结构图如下：

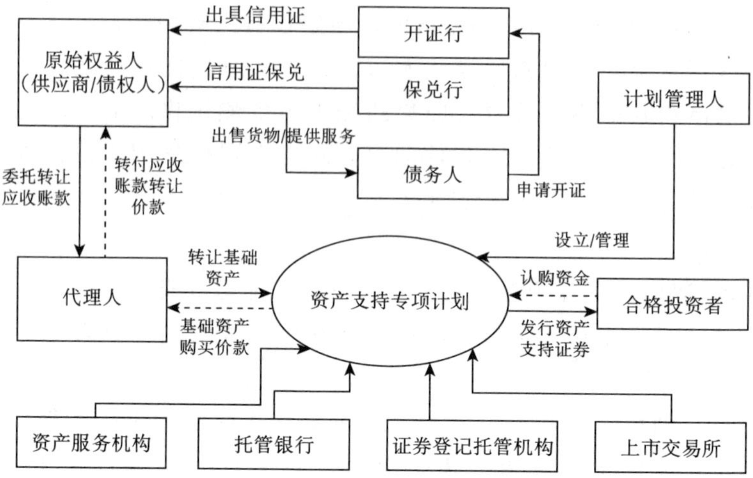

（2）增信措施。基础资产已获银行信用加持，专项计划层面一般不再另设增信措施，且一般不会进行优先劣后证券分层。

（3）资金归集路径。银行作为开证行或保兑行，直接向专项计划账户支付信用证项下款项。

147. 以信用证作为基础资产时，实操要点有哪些？

（1）基础交易真实性核查及电文承兑。尽管银行在信用证项下对受益人的付款义务为独立合同义务，但由于信用证源于开证申请人与受益人之间基础交易关系，受益人实现收款时亦需要向银行提供单证相符的单据，且银行有权在出现信用证欺诈时向法院申请中止支付款项。因此，在审核基础资产时，依然需要同时审核基础交易的应收账款债权是否真实、合法及有效，原始权益人是否已提交与信用证所载相符的单据。为进一步防范银行在信用证项下的付款义务受信用证欺诈影响，计划管理人应当要求开证行、保兑行（如有）在基础资产入池前以 SWIFT 电文或纸质函件形式对信用证予以承兑。

（2）债权转让通知。由于基础资产为受益人对银行所享有的信用证项下的付款请求权，为保障专项计划的利益、实现银行直接向专项计划账户付款以及与原始权益人之间的破产隔离，建议计划管理人要求原始权益人通知开证行、保兑行（如有）债权转让之事宜，并要求开证行、保兑行（如有）出具同意向专项计划付款的 SWIFT

电文或纸质函件。

（二）保函

案例：民生加银－民生银行惠桥企业应收账款资产支持专项计划	
计划管理人	民生加银资产管理有限公司
发行场所	深圳证券交易所
原始权益人	不特定原始权益人/深圳联合保理有限公司
储架规模	200 亿元
基础资产	信用证资产、保函资产、保理资产
发行利率	N/A

148. 以保函作为基础资产时的要点有哪些？

银行保函指由银行根据申请人的要求向受益人开立的，保证申请人履行其与受益人之间的合同项下义务的书面承诺。银行保函种类繁多，且可适用于商品贸易、服务贸易、工程承包、大型设备租赁、诉讼保全等多个领域的不同业务场景。其中，银行贸易融资产品中的银行保函一般指付款保函，即银行根据申请人的要求向受益人开立的，保证申请人履行其在基础交易合同项下对受益人的付款义务的付款承诺。

根据是否适用《担保法》，银行保函可进一步区分为保证保函及独立保函，前者实质为银行所出具的一种保证担保责任承诺，是作为主债权的基础交易关系的从权利；后者并非保证担保责任，是银行以书面形式向受益人出具的，同意在受益人请求付款并提交符合保函要求的单据时，向其支付特定款项或在保函最高金额内付款的独立承诺。独立保函对受益人的保护程度更高，受基础交易关系的影响更小，且已获得国内司法实践的支持，近年来，受益人更倾向于要求申请人提供银行保函作为付款保障。

在资产证券化的实操中，无论系保证保函或是独立保函，专项计划所购入的基础资产一般定义为基础交易债权人对基础交易债务人所享有的应收账款债权及其附属权益，即银行所提供的保函项下的付款保障。

149. 以保函作为基础资产时，常见入池标准有哪些？

供应商、债务人及保函开立行均是根据我国法律在我国境内设立且合法存续的法人或其他非法人组织。基础交易合同项下供应商具有订立基础交易合同所需的资质、许可、批准及或备案（如适用法律规定为必须）。供应商与债务人之间的交易具有真实的交易背景，供应商与债务人双方订立的基础交易合同及其他相关法律文件在适用法律下均合法及有效。原始权益人真实、完整、合法、有效地拥有该笔目标应收账款债权。该笔目标应收账款债权不属于预付款。该笔目标应收账款债权的到期日均不晚于专项计划预期到期日。供应商已经履行基础交易合同项下的合同义务。

债务人已通过出具付款确认文件确认其对目标应收账款债权负有支付义务，并确认其在基础交易合同项下不存在任何扣减、减免、抵销全部或部分应付账款的事由，不存在履行付款义务的抗辩事由。该笔目标应收账款债权未被列入《负面清单》，债务人不属于地方政府及地方政府融资平台。该笔目标应收账款债权上未设定抵押、质押等担保权利，也无其他权利负担。基础交易合同及适用法律未对原始权益人转让目标应收账款债权作出禁止性限制性约定；或者，在基础交易合同及适用法律对原始权益人转让该债权作出限制性约定的情况下，转让条件已经成就。

保函开立行已就供应商就基础交易合同项下持有的目标应收账款债权向供应商开立【见索即付、不可撤销及可转让的独立付款保函】（适用于独立保函）或【担保付款保函】（适用于非独立保函），保函最高金额不小于目标应收账款债权金额，付款保函在适用法律项下合法、有效。原始权益人及计划管理人已向保函开立行出具《保函转让通知》，通知其目标应收账款债权及付款保函项下的所有权益已转让予专项计划。保函开立行已向专项计划出具《保函转让通知回执》，同意付款保函及相关权益转让予专项计划，并确认专项计划已成为付款保函项下的保函受益人。

150. 以保函作为基础资产时，常见交易结构是什么？

银行贸金项目的供应商相对较为分散，通常由银行作为代理人归集资产并向专项计划代为出售信用证项下的应收账款债权。由于基础资产已获银行信用加持，专项计划层面一般不再另设增信措施，且专项计划可根据资产池情况设定或不设定循环购买机制。

（1）交易结构图如下：

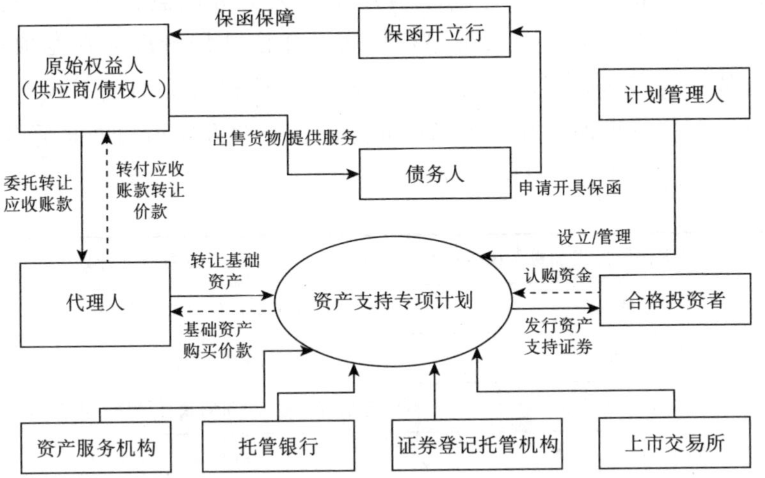

（2）增信措施。基础资产已获银行信用加持，专项计划层面一般不再另设增信措施，且一般不会进行优先劣后证券分层。

（3）资金归集路径。基础交易债务人在应收账款到期时向专项计划账户付款；在债务人未能按期付款时，保函开立行根据受益人的申请向受益人履行保函项下的付款义务，并向专项计划账户支付债务人的应付未付款项。

151. 以保函作为基础资产时，实操要点有哪些？

（1）独立保函中基础交易真实性的核查。就独立保函而言，尽管冠以“独立”之名，但银行的付款义务并不完全脱离基础交易的真实性，银行付款的前提之一为债务人未履行基础交易合同项下的付款义务，且如出现独立保函欺诈情形的，银行有权向人民法院申请中止支付独立保函。因此，在审核基础资产时，依然需要同时审核基础交易的应收账款债权是否真实、合法及有效，原始权益人是否已提交与保函所载相符的单据。

（2）应收账款转让通知。对于保证保函而言，由于保证担保系主债权的从权利，可随应收账款债权的转让而转让，在专项计划购入基础资产时不通知保证人，并不影响保证保函项下权利转移的效果。然而，对于独立保函而言，由于受益人在保函项下的付款请求权独立于应收账款债权，且保函开立行无义务同意保函权益转让，因此，为保障专项计划获得银行信用，建议计划管理人在专项计划购入基础资产前通知保函开立行应收账款债权及保函项下权益转移之事宜，并取得保函开立行确认同意向新受益人履约的书面承诺。

（三）保理坏账担保

案例：民生加银－民生银行惠桥企业应收账款资产支持专项计划	
计划管理人	民生加银资产管理有限公司
发行场所	深圳证券交易所
原始权益人	不特定原始权益人/深圳联合保理有限公司
储架规模	200 亿元
基础资产	信用证资产、保函资产、保理资产
发行利率	N/A

152. 以保理坏账作为基础资产时的要点有哪些？

保理全称为保付代理，又称托收保付，是指基础交易债权人将以基础交易合同项下的应收账款转让予保理商作为前提，由保理商为基础债权人提供应收账款催收、应收账款管理、坏账担保及保理融资等服务。在供应链金融交易项目中，保理商经常仅承担资产归集及后续转让予专项计划的角色，而在银行贸金类项目中，银行作为保理商的核心在于通过坏账担保保理服务提供银行信用，在基础交易债务人因发生信用风险而未能按期还款时，保理银行将向债权人予以付款。

在资产证券化实操中，本类型基础资产的定义一般为保理银行提供保理服务的应收账款债权。

153. 以保理坏账作为基础资产时，常见入池标准有哪些？

供应商、债务人及保函开立行均系根据中国法律在中国境内设立且合法存续的法人或其他非法人组织。基础交易合同项下初始供应商具有订立基础交易合同所需的资质、许可、批准及或备案（如适用法律规定为必须）。供应商与债务人之间的交易具有真实的交易背景，供应商与债务人双方订立的基础交易合同及其他相关法律文件在适用法律下均合法及有效。

原始权益人真实、完整、合法、有效地拥有该笔目标应收账款债权。该笔目标应收账款债权不属于预付款。该笔目标应收账款债权的应收账款债权到期日均不晚于专项计划预期到期日。供应商已经履行基础交易合同项下的合同义务。

债务人已通过出具付款确认文件确认其对目标应收账款债权负有支付义务，并确认其在基础交易合同项下不存在任何扣减、减免、抵销全部或部分应付账款的事由，不存在履行付款义务的抗辩事由。该笔目标应收账款债权未被列入《负面清单》，债务人不属于地方政府及地方政府融资平台。该笔目标应收账款债权上未设定抵押、质押等担保权利，亦无其他权利负担。

基础交易合同及适用法律未对原始权益人转让目标应收账款债权作出禁止性限制性约定；或者，在基础交易合同及适用法律对原始权益人转让该债权作出限制性约定的情况下，转让条件已经达成。

保理银行已向专项计划书面确认同意自专项计划设立日起为该笔目标应收账款债权提供应收账款管理、催收及买方坏账担保保理服务，且保理银行同意就该笔入池应收账款债权承担的坏账担保额度应不小于该笔目标应收账款债权的应收账款债权账面价值。

154. 以保理坏账作为基础资产时，常见交易结构是什么？

银行贸金项目的供应商相对较为分散，通常由银行作为代理人归集资产并向专项计划代为出售信用证项下的应收账款债权。由于基础资产已获银行信用加持，专项计划层面一般不再另设增信措施，且专项计划可根据资产池情况设定或不设定循环购买机制。

（1）交易结构图如下：

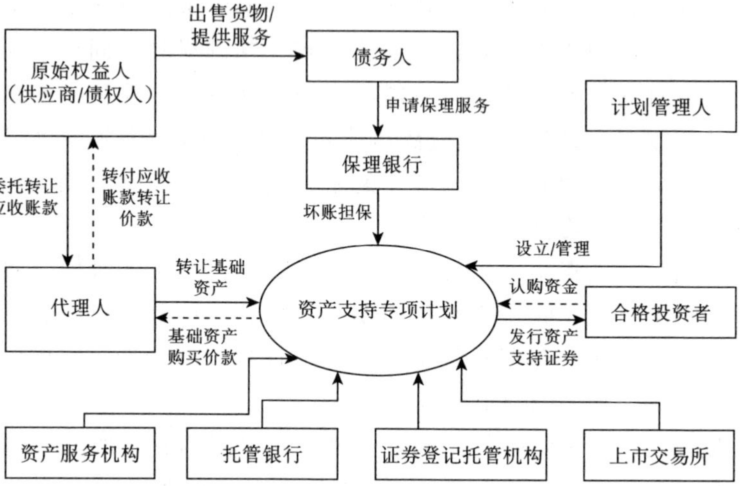

（2）增信措施。基础资产已获银行信用加持，专项计划层面一般不再另设增信措施，且一般不会进行优先劣后证券分层。

（3）资金归集路径。基础交易债务人在应收账款到期时向专项计划账户付款；在债务人未能按期付款时，保理银行向专项计划账户支付债务人的应付未付款项。

155. 以保理坏账作为基础资产时，实操要点有哪些？

在保理合同中，保理银行一般会要求仅限于无商业纠纷的情况下方履行坏账担保义务，因此，如作为基础资产的应收账款债权存在商业纠纷，债务人拒绝履约且保理银行拒绝付款，则可能会导致专项计划出现现金流损失。为保障专项计划利益，建议计划管理人在专项计划购入基础资产前核查基础资产的真实性，并可通过债务人书面确认无商业纠纷等方式降低上述风险。

156. 以保理坏账作为基础资产时，主要涉及哪些法律法规和司法解释？

（1）《商业银行保理业务管理暂行办法》（中国银行业监督管理委员会令 2014 年第 5 号，2014 年 4 月 3 日起实施）。

（2）《中国银行业监督管理委员会关于加强银行保理融资业务管理的通知》（银监发〔2013〕35号，2013年7月31日起实施）。

（3）《最高人民法院关于审理独立保函纠纷案件若干问题的规定》（法释〔2016〕24号，2016年12月1日起实施）。

（4）《见索即付保函统一规则》（URDG758）。

（5）《国内信用证结算办法》（中国人民银行、银监会〔2016〕第10号，2006年1月1日起实施）。

（6）《最高人民法院关于审理信用证纠纷案件若干问题的规定》（法释〔2005〕13号，2006年1月1日起实施）。

（7）《最高人民法院关于严禁随意止付信用证项下款项的通知》（法〔2003〕103号，2003年7月16日起实施）。

（8）《中国人民银行关于商业银行办理信用证和保函业务有关问题的通知》（银发〔2002〕124号，2002年4月30日起实施）。

（9）《ICC跟单信用证统一惯例（UCP600）》（2007年7月1日起实施）。

（10）《国际备用证惯例（ISP98）》（1999年1月1日起实施）。

第五节　消费金融资产证券化

案例：东道二号2期京东白条应收账款债权资产支持专项计划	
计划管理人	华泰证券（上海）资产管理有限公司
发行场所	深圳证券交易所
原始权益人	北京京东世纪贸易有限公司
发行金额	10.00亿元
基础资产	应收账款债权
证券分层比例	A档：89%；B档：6%；次级：5%
发行利率	A档：3.35%；B档：6.30%；次级：N/A

157. 消费金融资产证券化中基础资产有哪些？

基础资产为消费金融运作主体通过向消费者提供消费信贷服务或赊销服务，而对消费者享有的消费信贷债权或应收账款债权。消费金融行业运作主体包括商业银行、信托公司、消费金融公司、小额贷款公司、租赁公司、电商平台、网贷平台等，运作模式以线上为主，消费场景涵盖购物、饮食、租房、购房、购车、出国培训、医美、旅游等行业。

158. 消费金融资产证券化中原始权益人有哪些?

目前证券交易所发行的消费金融资产证券化产品，主要以小额贷款公司、信托公司、消费金融公司、保理公司等持牌机构及电商平台等互联网企业作为原始权益人。

电商平台开展消费金融资产证券化主要有两种模式：一是电商平台作为销售方及原始权益人，以赊销方式产生的应收账款债权为基础资产进行证券化运作；二是电商平台通过旗下小额贷款公司、保理公司、融资租赁公司等持牌机构为平台消费者提供信用消费贷款或保理融资，该等持牌机构作为原始权益人开展证券化运作。

159. 消费金融资产证券化中常见入池标准有哪些?

（1）基础资产为贷款债权。原始权益人真实、合法、有效拥有基础资产，且基础资产上未设定抵押权、质权或任何第三方的其他有效的权利主张；借款人为中国公民或永久居民，且在贷款发放日至少为年满18周岁的自然人，资信情况良好；基础资产仅限基于小额贷款服务发放的人民币贷款；该基础资产的单一借款人在专项计划项下的借款本金余额（包括该基础资产项下的借款本金余额在内）合计不超过××万元；借款合同合法有效，无限制债权转让规定。贷款风险根据银保监会《贷款风险分类指引》属于正常类；基础资产的借款人不存在尚未结清的不良贷款记录及其他违约情形，历史上不存在严重逾期或其他严重违约情形（即逾期超过90日的情形）；在基础资产进入资产池的时点，该基础资产对应的还款日不晚于自专项计划设立日起第××个月届满之日所在月的基准日。

（2）基础资产为赊销应收账款债权。基础资产仅限于原始权益人在特定电商平台销售商品时为用户提供赊销服务所产生的对用户的应收账款债权；原始权益人真实、合法、有效拥有基础资产，且基础资产上未设定抵押权、质权或任何第三方的其他有效的权利主张；基础资产对应的买卖合同有效；用户发起使用相关的赊销服务已满一定时间，且在此期间内用户未取消购物订单，也未提出因原始权益人瑕疵履行买卖合同义务而要求减少应付款项或退货等主张；用户的应付货款余额不超过一定金额；用户在平台的历史逾期还款天数、历史逾期还款次数不超过一定的限制范围；基础资产对应的买卖合同无限制转让规定；基础资产不涉及买卖、仲裁。

（3）基础资产为信托受益权。适用信托受益权的一般合格标准，底层资产标准依据不同类型分别参照上述标准。

160. 债权模式常见交易结构是什么？

原始权益人为消费者在特定场景下购物消费提供小额贷款服务，或通过赊销形式向消费者出售货物，而对消费者享有贷款债权或赊销产生的应收账款债权。原始权益人以上述债权作为基础资产转让给专项计划。原始权益人同时作为资产服务机构对基础资产进行管理，包括但不限于基础资产资料保管、对借款人应还款项进行催收、违约基础资产处置以及运用前期基础资产回收款滚动投资后续资产包等。考虑到基础资产还款期限短，回款频率高，该等模式通常设置按日或者按月循环购买。常见增信措施包括超额覆盖、超额利差、保证金支付机制、信用触发机制、第三方差额支付等。

（1）交易结构图如下：

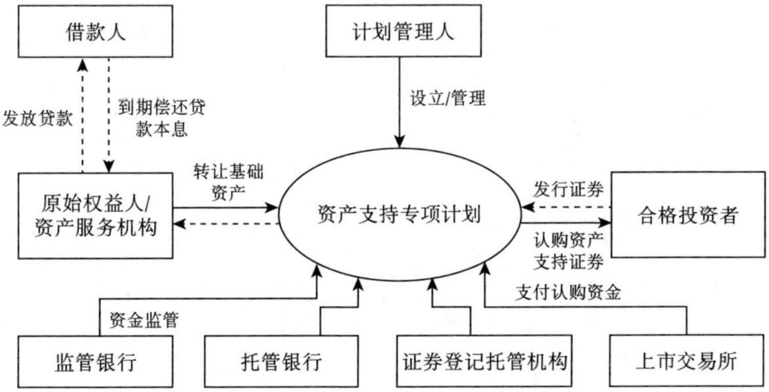

（2）增信措施。现金流超额覆盖、超额利差、保证金支付机制、证券优先/次级结构化分层、第三方差额补足等增信支持。

（3）资金归集路径。①证券化服务账户：计划管理人在监管银行或类似资金监管机构开立证券化服务账户，用于归集借款人偿还的现金流，向专项计划账户转付回收款，同时循环购买基础资产。该账户项下资产属于专项计划资产。②专项计划账户：计划管理人以专项计划名义在托管银行处开立专项计划账户，用于购买基础资产、收取从证券化服务账户划转的转付款、进行合格投资等。

161. 信托受益权模式常见交易结构是什么？

原始权益人委托信托受托人设立的资金信托向借款人发放信托贷款，并将其享有的信托受益权作为基础资产转让给专项计划。原始权益人同时作为贷款服务机构，与信托受托人签署贷款服务协议，为资金信托提供借款人贷前审核、贷后管理、贷款催收、风险监测等服务。

（1）交易结构图如下：

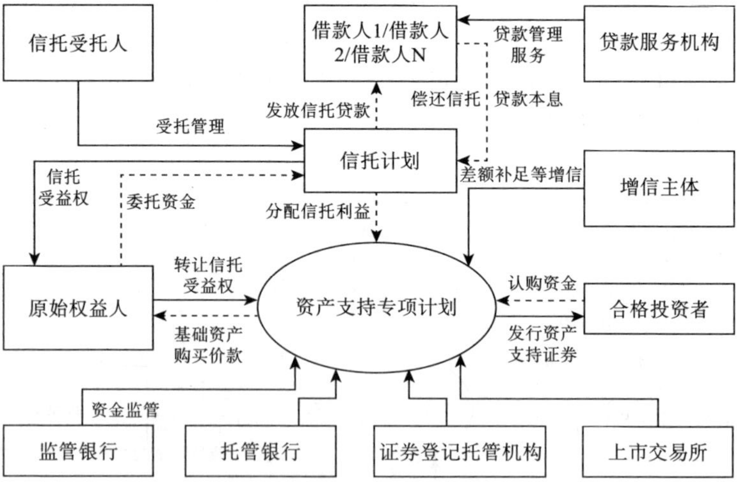

（2）增信措施。现金流超额覆盖、超额利差、证券优先/次级结构化分层、保证金支付机制、第三方差额补足等增信支持。

（3）资金归集路径。①信托账户：借款人于每个还款日将当期应还信托贷款本息付至信托财产专户。②专项计划账户：信托受托人于每个信托利益支付日向信托受益人（即代表专项计划之管理人）分配信托利益，将信托账户内的资金划付至专项计划账户。

162. 消费金融资产证券化中实操要点有哪些？

以小额贷款公司作为原始权益人为例说明其中实操要点。

（1）原始权益人主体合规要求。以小额贷款公司作为原始权益人为例，小额贷款公司有严格的经营准入限制，发放贷款前须取得金融监管部门发放的牌照。此外，还须符合小额贷款公司有关于融资及贷款发放的合规经营要求：小额贷款公司通过银行借款、股东借款等非标准化融资形式融入资金的余额不得超过其净资产的 1 倍；通过发行债券、资产证券化产品等标准化债权类资产形式融入资金的余额不得超过其净资产的 4 倍。小额贷款公司对同一借款人的贷款余额不得超过小额贷款公司净资产的 10%；对同一借款人及其关联方的贷款余额不得超过小额贷款公司净资产的 15%。小额贷款公司不得有下列行为：吸收或者变相吸收公众存款；通过互联网平台或者地方各类交易场所销售、转让本公司除不良信贷资产以外的其他信贷资产；发行或者代理销售理财、信托计划等资产管理产品；法律法规、银保监会和地方金融监管部门禁止的其他行为。上述规定限制了小额贷款公司通过资产证券化进行融资的规模。因此，在尽职调查过程中应当注重小额贷款公司的资金来源、融资规模是否超过监管规定的限制。

电商平台因不属于金融机构，不受金融监管规定管制，但应遵守关于互联网平台运营的相关监管规定。电商平台与小额贷款公司合作发放网络小额贷款的，应核查其是否履行网站备案手续，并取得相应的电信业务经营许可（如 ICP 经营许可证、EDI 许可证等）。

值得注意的是，银保监会及央行已于 2020 年 11 月 2 日发布《网络小额贷款业务管理暂行办法（征求意见稿）》，在该办法正式实施后，小额贷款公司应当按照该办法取得相关资格并合法、合规经营网络小额贷款业务。由于该办法目前仍处于征求意见的阶段，故暂不将该办法中对小额贷款公司的合规要求列入本章节中。

（2）贷款业务合规性。小额贷款公司不得直接或变相以“现金贷”“校园贷”“首付贷”等为基础资产发售（类）证券化产品或其他产品。我们建议筛选基础资产时应当核查贷款发生的消费场景，判断是否属于无场景依托、无指定用途、无客户群体限定、无抵押等特征的“现金贷”，针对消费场景、贷款用途设置、借款群体相应的入池标准。此外，小额贷款公司发放贷款应符合民间借贷相关规定，建议资产合格标准设置入池资产的综合资金成本（含服务费、手续费等）不超过民间借贷司法解释的限制性规定。

值得注意的是，在最新的民间借贷司法解释出台后，各地法院对于金融机构是否适用该民间借贷司法解释中关于综合资金成本的利率有不同看法，且小额贷款公司是否属于金融机构仍有不确定性，保守起见，建议小额贷款公司入池资产的综合资金成本不超过贷款合同成立时中国人民银行授权全国银行间同业拆借中心发布的一年期贷款市场报价利率的四倍，同时建议紧密关注金融监管部门对于小额贷款公司等机构所适用的贷款利率的最新意见并同步调整。

（3）关注贷前审核、贷后管理、资产催收流程。消费金融基础资产现金流来源于数量众多的、分散的借款人，且多数为自然人，尽调难以一一核查借款人的信用状况及还款能力，更依赖于核查贷款发放机构对基础资产的管理。建议对贷款发放机构的贷前审核是否有效、贷后管理流程是否科学、资产催收是否及时，以及风控和相关制度体系是否健全进行尽调，并委托贷款发放机构作为专项计划的资产服务机构，通过签署服务协议约束其资产管理行为。

（4）债务人通知及权利完善措施。消费金融对应的借款人分散度高，在循环购买结构下变动频率大，实操中难以就每一笔债权的转让通知对应的借款人。为保护专项计划利益，我们建议将债务人通知列入权利完善措施。

163. 消费金融资产证券化主要涉及哪些法律法规和司法解释？

（1）《网络小额贷款业务管理暂行办法（征求意见稿）》（2020年11月2日发布，尚未生效）。

（2）《中国银保监会办公厅关于加强小额贷款公司监督管理的

通知》（银保监办发〔2020〕86 号，2020 年 9 月 7 日起实施）。

（3）《中国人民银行金融消费者权益保护实施办法》（中国人民银行令〔2020〕第 5 号，2020 年 9 月 15 日起实施）。

（4）《商业银行互联网贷款管理暂行办法》（中国银行保险监督管理委员会令 2020 年第 9 号，2020 年 7 月 12 日起实施）。

（5）《消费金融公司试点管理办法》（中国银行业监督管理委员会令 2013 年第 2 号，2014 年 1 月 1 日起实施）。

（6）《信托公司集合资金信托计划管理办法》（中国银行业监督管理委员会令 2009 年第 1 号，2009 年 2 月 4 日起实施）。

（7）《网络借贷信息中介机构业务活动管理暂行办法》（中国银行业监督管理委员会、中华人民共和国工业和信息化部、中华人民共和国公安部、国家互联网信息办公室令 2016 年第 1 号，2016 年 8 月 17 日起实施）。

（8）《最高人民法院关于审理民间借贷案件适用法律若干问题的规定》（法释〔2020〕6 号，2020 年 8 月 20 日起实施）。

（9）《中国银行保险监督管理委员会、中华人民共和国公安部、国家市场监督管理总局、中国人民银行关于规范民间借贷行为　维护经济金融秩序有关事项的通知》（银监发〔2018〕10 号，2018 年 4 月 16 日起实施）。

（10）《P2P 网络借贷风险专项整治工作领导小组办公室小额贷款公司网络小额贷款业务风险专项整治实施方案》（网贷整治办函〔2017〕56 号，2017 年 12 月 8 日起实施）。

（11）《互联网金融风险专项整治工作领导小组办公室、P2P 网络借贷风险专项整治工作领导小组办公室关于规范整顿“现金贷”业务的通知》（整治办函〔2017〕141 号，2017 年 12 月 1 日起实施）。

（12）《最高人民法院关于进一步加强金融审判工作的若干意见》（法发〔2017〕22 号，2017 年 8 月 4 日起实施）。

（13）《互联网金融风险专项整治工作领导小组办公室关于对互联网平台与各类交易场所合作从事违法违规业务开展清理整顿的通知》（整治办函〔2017〕64 号，2017 年 6 月 30 日起实施）。

（14）《国务院办公厅关于印发互联网金融风险专项整治工作实施方案的通知》（国办发〔2016〕21 号，2016 年 4 月 12 日起实施）。

（15）《中国银行业监督管理委员会、中国人民银行关于小额贷款公司试点的指导意见》（银监发〔2008〕23 号，2008 年 5 月 4 日起实施）。

第六节 证券公司融出资金债权资产证券化

案例：广发资管－招商证券融出资金债权第 4 期资产支持专项计划	
计划管理人	广发证券资产管理（广东）有限公司
发行场所	深圳证券交易所
原始权益人	招商证券股份有限公司
发行金额	20.00 亿元
基础资产	融出资金债权
证券分层比例	优先级：95%；次级：5%
发行利率	优先级：3.32%；次级：N/A

164. 证券公司融出资金债权资产证券化中基础资产有哪些？

基础资产是证券公司从事融资融券业务中向其融资客户出借资金购买上市证券而享有的融出资金债权，以及这些融出资金债权的全部附属担保权益。其中，附属担保权益是指在每一笔融出资金债权项下，为保障融出资金债权的实现而设定的担保或具有债权保障作用的权益，具体体现为客户信用账户资产（包括资金和证券）对融出资金债权的担保。

165. 证券公司融出资金债权资产证券化中原始权益人有哪些？

根据《融资融券业务管理办法》规定，证券公司开展融资融券业务须经中国证监会批准，证券公司融出资金债权资产证券化项目中原始权益人需为具有相应业务资质的证券公司。

166. 证券公司融出资金债权资产证券化中常见入池标准有哪些？

（1）原始权益人真实、完整、合法、有效地拥有该笔融出资金债权。

（2）该笔融出资金债权上未设定抵押、质押等担保权利，亦无其他权利负担。

（3）按原始权益人融资融券业务部门标准，该笔融出资金债权对应的融资客户信用资质优良。

（4）该笔融出资金债权所对应的客户信用账户的维持担保比例不低于某个百分比。

（5）该笔融出资金债权未发生本金或利息逾期或强制平仓情形，且对应的融资客户在原始权益人的融资融券业务中未发生逾期记录和强制平仓记录。

（6）该笔融出资金债权对应的融资客户名下纳入本专项计划基础资产的未偿融出资金债权本金合计不超过本专项计划募集资金总额的某个百分比。

（7）该笔融出资金债权本金不超过某个金额。

（8）在原始权益人处，该笔融出资金债权对应的融资客户名下的融出资金债权只能作为本专项计划的入池基础资产，在有多个专项计划同时存续的情况下，不得转让给两个以上（含）专项计划。

（9）该笔融出资金债权的融资利率不低于某个百分比。

（10）该笔融出资金债权的融资利率符合相关法律法规要求。

167. 证券公司融出资金债权资产证券化中常见交易结构是什么？

证券公司融出资金债权资产证券化项目的交易结构中，计划管理人首先通过设立资产支持专项计划进行资金募集，运用专项计划资金购买原始权益人即证券公司的融出资金债权作为专项计划的基础资产并支付购买价款。与此同时，计划管理人委托原始权益人作为资产服务机构，为专项计划提供基础资产管理服务，包括但不限于资金划付、循环投资、基础资产池监控、基础资产债权清收等。此外，该类项目的交易结构设计一般会根据其基础资产本身的特点，引入循环购买机制与储架发行制度，并在入池标准的设定、回购安排、资金归集等方面进行特别设计。

（1）交易结构图如下。

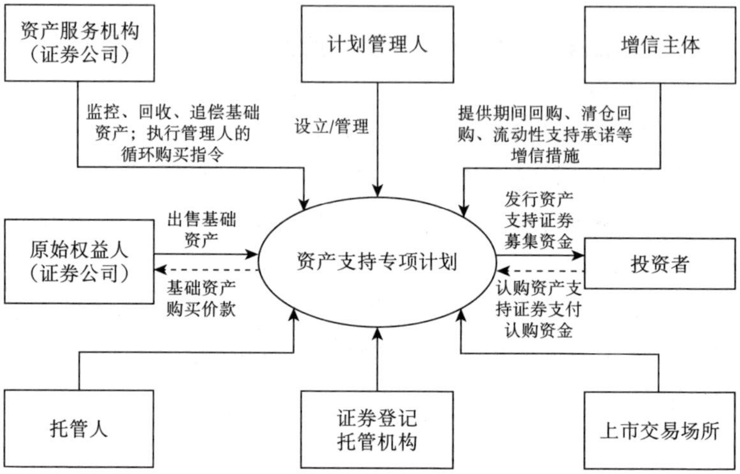

（2）增信措施。常见的增信措施包含优先劣后证券分层、提供流动性支持承诺、差额补足承诺以及清仓回购安排等。

（3）资金归集安排。根据《证券公司融资融券业务管理办法》，证券公司与其融资客户、证券登记结算机构之间发生的融资融券交易均实行净额交收。受限于这些业务规则及账户体系，基础资产的融资客户还款将直接转入原始权益人自有资金账户，基础资产回收资金由资产服务机构予以代收，且通过资产服务机构的专用系统作现金记账处理，资产服务机构与专项计划之间不进行现金交收，循环购买时无论单个交易日循环购买资金流入与循环购买资金流出之间是否存在差额，计划管理人和资产服务机构之间亦不进行资金交收，由资产服务机构将前述差额资金（如有）和后续交易日产生的循环购买资金流入一并用于循环购买。

证券公司融出资金债权资产证券化项目的资金归集方式一般是根据专项计划定期进行收益分配的要求，按约定日期从原始权益人自有资金账户中将特定期间应划付未划付的基础资产回收资金划入专项计划账户。为此将导致资金归集至专项计划账户之前，专项计划资金与原始权益人自有资金不可避免地存在一定程度的混同。

168. 证券公司融出资金债权资产证券化中实操要点有哪些?

(1) 基础资产入池标准的设定。就证券公司融出资金债权资产证券化项目的基础资产入池标准而言，除了明确原始权益人真实、完整、合法、有效地拥有这些融出资金债权，且这些融出资金债权上未设定抵押、无权利负担等“法律标准”之外，一般还会结合客户信用等级、客户信用账户的维持担保比例、基础资产分散度要求（包括限定单一融资客户入池融出资金债权金额占比、单笔融出资金债权金额等）、融资利率等方面设定“商务及事实标准”。

由于信用账户资产无法随融出资金债权转让而实现完全的分割转让，为确保专项计划利益得到优先保障，该类项目一般会在入池标准中设定每一个融资客户名下的融出资金债权只能作为本专项计划的入池基础资产，在有多个专项计划同时存续的情况下，不得转让给两个以上（含）专项计划。此外，还会要求原始权益人在“基础资产买卖协议”中保证将每笔融出资金债权转让给专项计划后，专项计划针对该笔融出资金债权对应融资客户的客户信用账户内全部资产拥有优先于同一融资客户名下未入池融出资金债权而受偿的权利，原始权益人应承诺该融资客户偿还债务或被强制平仓所得价款将优先用于清偿专项计划持有的融出资金债权。

(2) 基础资产入池标准的尽职调查。对于融出资金债权资产证券化项目而言，由于其入池资产符合笔数众多、资产同质性高、单笔资产占比较小等特征，基础资产尽职调查可采取抽样方式进行。此外，因为融出资金债权筛选要素的高变动性，基础资产池的封包时间一般设定为购买日的前一交易日日终清算后，各方就项目开展尽职调查时，专项计划拟购买的基础资产可能尚未全部形成，所以基础资产的抽样范围既包括原始权益人/资产服务机构推荐的拟入池融出资金债权，也可能包括原始权益人拥有的其他融出资金债权。此外，基础资产抽样需要依赖原始权益人的业务系统，通过该业务系统资产服务机构可随机抽取，进而筛选出拟转让给专项计划的融出资金债权资产。

(3) 循环购买的机制安排。由于融出资金债权资产证券化项目的基础资产大部分存续期限较短，而专项计划期限相对较长，为了实现更长期限的融资和更稳定的现金流，融出资金债权资产证券化项目均设置了循环购买机制，以有效解决基于短期资产发行长期资产支持证券的期限错配问题。

（4）特殊回购安排。融出资金债权资产证券化项目的信用增级措施除了包括一般资产证券化项目普遍存在的优先级/次级安排、不合格基础资产回购、流动性支持承诺等措施之外，一般还包括如下特殊回购安排：

（5）风险基础资产与不良基础资产回购。由于融出资金债权的担保物存在价值降低的风险，进而可能影响基础资产的收益。为此，计划管理人或资产服务机构设置期间回购机制，在专项计划存续期间，如计划管理人、资产服务机构或原始权益人发现风险基础资产或不良基础资产时，原始权益人应对上述风险基础资产或不良基础资产予以回购，这些回购安排在一定程度上可降低专项计划面临的担保物价值减少的风险。

融出资金债权资产证券化项目由于本身在融资融券业务规则、账户体系、现金流归集等方面的特点，导致项目本身无法实现完全的风险隔离。通过上述回购安排，由增信主体承担担保物价值减少或灭失的风险，在一定程度上降低了专项计划面临的担保物价值减少的风险。

（6）清仓回购。由于每笔融出资金债权的存续期限内存在不确定性，导致入池融出资金债权很难在专项计划设定的循环购买终止期间实现全部清偿，循环购买终止期间产生的基础资产回收资金不一定能支持专项计划进行足额到期分配，为此，专项计划一般会设置由增信主体就循环购买终止期间仍未清偿完毕的融出资金债权一次性予以清仓回购，以保障专项计划的到期兑付。

169. 证券公司融出资金债权资产证券化主要涉及哪些法律法规和司法解释？

（1）《证券公司监督管理条例（2014 年修订）》（国务院令第 653 号，2014 年 7 月 29 日起实施）。

(2)《证券公司融资融券业务管理办法》(中国证券监督管理委员会公告〔2011〕31号，2006年8月1日起实施)。

(3)《证券公司融资融券业务内部控制指引》(中国证券监督管理委员会公告〔2011〕32号，2006年8月1日起实施)。

(4)《上海证券交易所融资融券交易实施细则(2019年修订)》(上证发〔2019〕84号，2019年8月19日起实施)。

(5)《深圳证券交易所融资融券交易实施细则(2019年修订)》(深证会〔2019〕287号，2019年8月19日起实施)。

(6)《中国证券登记结算有限责任公司融资融券登记结算业务实施细则(2018年修订)》(中国证券登记结算有限责任公司发布，2018年11月7日起实施)。

(7)《融资融券合同必备条款》(中证协发〔2006〕第289号，2006年9月5日起实施)。

(8)《融资融券交易风险揭示书必备条款》(中证协发〔2006〕第289号，2006年9月5日起实施)。

第七节 商业房地产抵押贷款支持证券(CMBS)

案例：平安汇通－星河丽思卡尔顿酒店资产支持专项计划	
计划管理人	深圳平安大华汇通财富管理有限公司
发行场所	深圳证券交易所
原始权益人	深圳市星河投资有限公司
发行金额	22.11亿元
基础资产	信托受益权
证券分层比例	A档：81%；B档：14%；次级：5%
发行利率	A档：5.1%；B档：6.3%；次级：N/A

170. 商业房地产抵押贷款支持证券中基础资产有哪些?

商业房地产抵押贷款支持证券(以下简称“CMBS”)项目主要

采用构建底层借款/贷款债权的方式保障专项计划基础资产可产生持续、稳定的现金流。同时，以目标商业物业为底层债权提供抵押担保，并以目标商业物业未来经营收入为底层债权提供质押担保，并配合一定的监管措施。目前，市场上主要采用由实际融资人的关联方向实际融资人发放一笔借款，再由债权人将其对实际融资人享有的债权委托给信托公司设立财产权信托的方式构建 CMBS 项目的底层标的债权，同时，以财产权信托的信托受益权作为专项计划的基础资产。在证券交易所发行的 CMBS 项目，其通常以一、二线城市核心城区、核心商圈、成熟的商场、酒店、写字楼或产业物业等经营性物业作为目标物业。

171. 商业房地产抵押贷款支持证券中原始权益人有哪些？

CMBS 项目中如果嫁接的信托为资金信托，则应由作为信托的委托人、为信托设立提供资金的过桥资金方担任项目的原始权益人；如果嫁接的信托为财产权信托，则应由为实际融资人提供借款，并以其对实际融资人享有的借款债权作为信托财产设立财产权信托的主体为项目的原始权益人。

172. 商业房地产抵押贷款支持证券中常见入池标准有哪些？

CMBS 项目中常规设置的基础资产购买价款支付前提如下：信托委托人已依据借款合同的约定向实际融资人发放了全部借款；借款合同项下的标的债权已交付至信托受托人，信托已依法成立并生效，同时根据实际融资人、信托委托人及信托公司签署的关于债权转让、债权债务关系确认及还款安排的协议（以下简称“主债合同”）对实际融资人享有标的债权；主债合同及其相关的担保文件（包括但不限于目标商业物业抵押合同、目标商业物业收入质押合同、监管协议等）已经相关方适当签署并生效；与目标商业物业在先负担（包括但不限于在先物业抵押、在先收入质押、在先股权质押等）相关的贷款机构已向实际融资人出具相应的书面函件，同意实际融资人举借新的借款并提前偿还其在贷款机构举借的存量贷款等；信托受益权尚未设定抵押、质押等担保权利或其他权利负担；信托合同未对原始权益人向专项计划转让其持有的信托受益权作出禁止性或限制性约定；专项计划增信主体应出具的承诺函或应签署的增信安排相关协议均已经适当签署并生效。部分项目会将上述要求中与基础资产相关的内容设置为基础资产入池标准。

173. 商业房地产抵押贷款支持证券中常见交易结构是什么?

受限于我国法律法规对贷款发放主体资格的严格限制，专项计划及其计划管理人并不具备直接对外发放贷款的主体资格，之前CMBS项目多采用由信托计划向实际融资人发放信托贷款的双SPV结构构建CMBS项目的底层贷款债权，并以信托计划的信托受益权作为专项计划的基础资产。但自2017年底以来，随着银信通道业务被逐步规范，银行提供过桥资金设立资金信托向实际融资人发放信托贷款的路径已基本行不通了。同时，因为资金信托向房地产企业发放信托贷款受到诸多限制，所以目前市场上主要采用由过桥资金提供方为实际融资人提供借款，并以其对实际融资人享有的借款债权作为信托财产设立财产权信托的交易结构；底层标的债权层面通常会设置以下一种或多种增信措施：

①目标物业的所有权人将目标物业抵押给信托公司（代表财产权信托，下同），并将目标物业经营收入质押给信托公司，以担保信托贷款按时足额偿还，且对相关经营收入资金进行监管。

②目标物业的所有权人公司的股东将其持有的目标物业所有权人公司的股权质押给信托公司，以担保信托贷款按时足额偿还。

③增信主体为标的债权的按时足额偿还提供保证担保或作出差额支付承诺等。

④计划管理人通过设立资产支持专项计划向投资者募集资金，并运用专项计划募集资金向过桥资金提供方购买财产权信托的信托受益权作为专项计划基础资产并支付对价，同时代表专项计划对专项计划资产进行管理、运用和处分。

现以嫁接财产权信托为例，阐述常见的交易结构。

（1）交易结构如下：

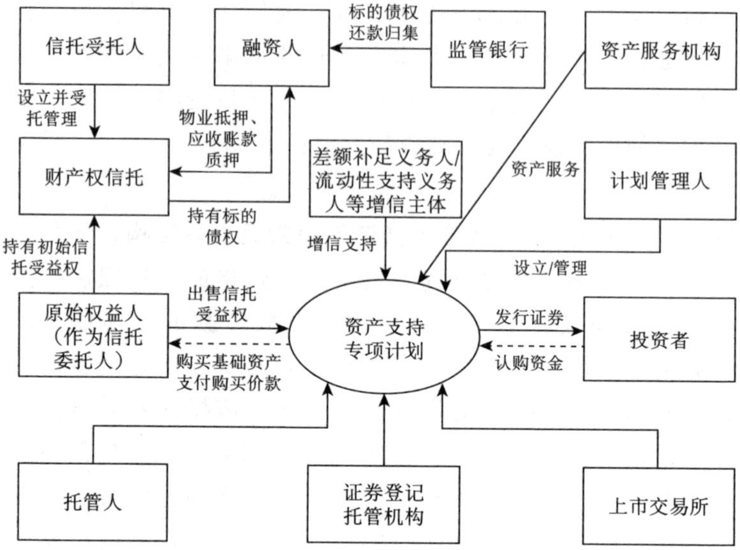

（2）增信措施。为保障投资者利益，在专项计划层面通常还会设置包括但不限于以下增信措施：

①证券优先、次级结构化分层；

②增信主体为专项计划兑付进行差额补足；

③增信主体在专项计划每三年进行的退出开放程序中为拟退出的优先级资产支持证券持有人提供流动性支持等；

④对目标物业的现金流表现、估值、标的债权的偿还情况及/或其他约定事项进行定期观测，并在触发约定情形时通过挂钩支付保证金、启动临时退出开放程序、要求标的债权提前到期、基础资产回购、全部优先级资产支持证券回购且专项计划提前终止等安排尽可能地保障投资者利益。

（3）资金归集路径。在目标物业为酒店的项目中，因为酒店通常系全盘委托给专业的酒店管理公司进行经营管理，根据目标物业所有权人与酒店管理公司签署的酒店管理协议等文件，酒店的日常经营账户通常由酒店管理公司实际控制及使用，且酒店经营所收取的各项收入及列支的成本、费用等均需高频率地通过该账户进行收支，所以该账户通常不适宜直接作为监管账户被施加监管措施，酒店管理公司一般需要使用该日常经营账户归集目标物业经营收入现金流，并根据酒店管理合同的约定定期将相应收入转付至目标物业所有权人的指定账户。该指定账户可以是信托财产账户，也可以是目标物业所有权人名下开立的监管账户。其他类型的目标物业资金归集路径同理，如目标物业的日常经营账户上已有相关安排，且与合作方的既有安排不宜被干扰，则通常会另行设置监管账户，用以归集从日常经营账户转付的目标物业经营收入等标的债权还款相关现金流。监管账户归集足额的资金后，应依约将相应款项转付至信托财产专户以偿还标的债权本息；信托公司将根据信托文件的约定，将信托财产专户中的资金划付至专项计划账户以向信托受益人（即专项计划）分配信托利益。

174. 商业房地产抵押贷款支持证券中实操要点有哪些？

（1）目标物业的尽调。目标物业作为担保标的债权清偿的抵押物，同时其经营收入作为担保标的债权清偿的质押物以及偿还标的债权的现金流主要来源，目标物业的权属情况、权利负担及合法经营等均对CMBS项目有较为直接的影响，因此，对目标物业的尽调系此类项目中最重要的基础工作。

通常，尽调关注的重点事项有：

①目标物业权属归属情况，是否已办理产权登记，且目标物业产权人同意将目标物业抵押给信托公司；

②目标物业产权剩余期限可覆盖专项计划存续期；

③目标物业的基建流程是否合法、完备，是否存在重大瑕疵，可能影响物业的正常使用或经营；

④目标物业的规划用途与实际用途是否一致，是否存在重大瑕疵，可能影响物业的正常使用或经营；

⑤目标物业是否存在权利负担；

⑥目标物业经营情况，包括其各项收入的合法性及稳定性；

⑦特别的情况还有，在目标物业为商场或办公楼等主要通过出租目标物业的方式获得收入的情况下，需核查正在履行的租赁合同是否合法、有效，并适当核查租约的真实性。

上述部分瑕疵可能直接成为CMBS的交易障碍，部分瑕疵可能对投资者产生重大风险，应进行风险揭示并通过交易安排缓释相关风险，部分瑕疵可通过交易安排处理，需具体情况具体分析。

（2）标的债权的合法性。在嫁接财产权信托的情况下，底层借款债权通常发生在两个独立法人之间，即属于民间借贷的范围，需重点考察是否存在可能使借款债权无效的情形：

①出借人是否存在高利转贷行为，主要需从借款人资金来源、是否通过转贷行为牟利判断；

②出借人是否以借贷为业，主要需从借款人对外提供借款的历史情况判断；

③借款是否为生产、经营需要而订立。

底层借款债权合法形成后，方可委托给信托公司成立财产权信托。

（3）目标物业在先权利负担的处理。如目标物业上已存在抵押登记信息、收入存在质押登记信息，需处理好与这些在先权利负担的关系。常用的处理方式包括不限于：

①在专项计划设立前清偿与在先负担相关的贷款、涂销相关抵质押登记，并在专项计划设立前完成相关抵质押合同的签署，并将信托公司登记为目标物业唯一抵押权人、目标物业收入唯一质权人的登记手续；

②在专项计划设立前取得在先负担相关贷款的贷款银行的书面函件，同意借款人新增负债，提供相关抵质押文件，签署相应抵质押协议并办理后续顺位的抵质押登记手续，以及同意借款人提前清偿贷款；

③在专项计划设立后较短时间内，完成在先负担相关贷款的清偿以及相应担保的解除，以使信托公司成为目标物业唯一抵押权人；

④在专项计划设立前取得在先负担相关贷款的贷款银行的书面函件，同意借款人新增负债并提前清偿贷款；

⑤在专项计划设立后较短时间内，完成在先负担相关贷款的清偿以及相应担保的解除，随之尽快完成将信托公司登记成为目标物业唯一抵押权人、目标物业收入唯一质权人的登记手续，同时，鉴于在专项计划设立后、前述登记手续完成前，标的债权可能存在无担保的过渡期，为保障投资者的资产安全，可设置将一定比例的基础资产购买价款作为保证金的安排，暂缓将相应款项支付至原始权益人可自由支配的账户中。

（4）酒店作为目标物业时需特别关注的事项。鉴于绝大部分酒店及部分商场存在委托第三方经营管理的安排，需特别关注业主与该负责经营管理的第三方签署的关于目标物业委托管理的合同中是否存在关于限制/附条件同意目标物业抵押、处置的约定，并根据管理合同的约定就目标物业抵押取得该第三方同意（例如与酒店管理公司签署免干扰协议等），同时协调好未来处置时可能遇到的障碍。

目标物业非由业主经营管理，而是委托第三方经营管理时，应考虑业主与第三方的关系对产品可能的影响，并在交易文件中进行相应安排。

（5）目标物业评估机构的要求。证券交易所均要求 CMBS 项目中应由房地产估价机构对目标物业出具不动产评估报告，且选用收益法作为评估方法所占估值比例不低于 50%，同时要求在专项计划存续期内，定期对目标物业进行重新评估。其中，深圳证券交易所要求评估机构应具备住建部核准的房地产估价机构一级资质，上海证券交易所要求评估机构具有从事证券、期货业务资格及资产评估资格。

（6）用毛现金流/净现金流进行现金流预测的区别。专项计划的发行总规模由目标物业评估价乘以经认可的抵押率决定，而优先级资产支持证券以及评级高于增信主体的主体评级的资产支持证券的规模由根据预测的在专项计划存续期内可产生的所有收入总规模决定。通常，对于以净现金流进行现金流预测的项目，证券交易所允许的专项计划存续期会相对较长；而对于以毛现金流（即不扣除经营成本、税费等进行现金流测算）进行现金流预测的项目，证券交易所允许的专项计划存续期会相对较短，且需安排相应主体为目标物业的经营成本提供流动性支持。

（7）增信措施联动。物业抵押是 CMBS 项目中最重要的保障措施，如发生极端情况，极有可能需通过处置目标物业取得处置价款以保障投资者利益，而目标物业通常被抵押给信托公司，即目标物业的处置需要信托公司的配合，因此，专项计划层面的增信措施安排以及现金流资金来源如最终需通过目标物业处置实现，则专项计划相关安排需与信托层面的措施安排相互关联，以确保在约定情形发生时，最终可通过目标物业处置实现回款。

（8）关注现金流归集各时间安排。CMBS 项目中参与机构较多，现金流归集所经过的主体及程序也较多，因此需根据底层现金流（即目标物业收入）取得的时间、频率等综合测算并考虑现金流归集安排，包括目标物业收入归集、增信主体提供现金支持的通知及支付、资金转付至监管账户（如有）、信托财产专户以及专项计划账户的时间、频率安排等。

175. 商业房地产抵押贷款支持证券主要涉及哪些法律法规和司法解释？

（1）《中华人民共和国物权法》（中华人民共和国主席令第62号，2007年10月1日起实施）。

（2）《中华人民共和国担保法》（中华人民共和国主席令第50号，1995年10月1日起实施）。

（3）《中华人民共和国信托法》（中华人民共和国主席令第50号，2001年10月1日起实施）。

（4）《贷款通则》（中国人民银行令〔1996〕第2号，1996年8月1日起实施）。

（5）《最高人民法院关于审理民间借贷案件适用法律若干问题的规定》（法释〔2015〕18号，2015年9月1日起实施）。

（6）《最高人民法院关于印发〈全国法院民商事审判工作会议纪要〉的通知》（法〔2019〕254号，2019年11月8日起实施）。

第八节　类 REITs

案例：华泰佳越－苏宁云新一期资产支持专项计划	
计划管理人	华泰证券（上海）资产管理有限公司
发行场所	深圳证券交易所
原始权益人	苏宁电器集团有限公司
发行金额	34.92亿元
基础资产	私募基金份额
证券分层比例	优先A：53.06%；优先B：46.65%；次级：0.29%
发行利率	优先A：6.50%；优先B：7.50%；次级：N/A

176. 类 REITs 项目中基础资产有哪些？

类房地产投资信托基金（以下简称“类 REITs”）证券化产品通过转移不动产产权实现不动产的权益融资。通常，通过转让持有不动产的项目公司股权来实现不动产的转移，同时在项目公司层面形成符合法律法规要求的关联方（股东）债权性投资，将底层不动产的收入尽可能无损地输送至金融产品，具体操作上通常会在专项计划之下设一层私募基金（或信托），由私募基金持有项目公司股权并对其形成债权，专项计划持有私募基金的份额。底层不动产类型包括商业中心、酒店、写字楼，近两年逐渐出现了产业园、物流仓储、专业市场、社区商业等细分业态，特别是物流仓储等新兴产业物业较受欢迎。

177. 类 REITs 项目中原始权益人有哪些？

类 REITs 产品中，由私募基金设立时的份额认购方担任项目的原始权益人。一般而言，这些份额认购方仅进行认缴并不实缴或仅少量象征性地实缴，属于基础资产搭建中的过渡角色，因此符合资产证券化中对非特定原始权益人的准入条件即可。

178. 类 REITs 项目中常见入池标准有哪些？

（1）私募基金需满足的要求。基金管理人合法设立且有效存续，其具备担任私募基金管理人的资质及权限；私募基金文件已签署并生效，私募基金已合法有效成立，原始权益人已合法取得基金份额，基金份额真实、合法且不存在任何权利负担，可依法进行转让；（视交易机构安排是否需设立 SPV 及进一步交易主体的需要）私募基金已合法设立 SPV 并持有 SPV100% 的股权，SPV 已合法设立交易主体并持有交易主体 100% 的股权，SPV 及交易主体股权均不存在任何权利负担。

（2）项目公司需满足的要求。项目公司合法设立并有效存续，项目公司股东有权向基金管理人（代表私募基金）转让其合法持有的项目公司股权；基金管理人已持有项目公司股权或根据已签署生效的股权转让协议有权在专项计划设立日后的确定时限内取得项目公司股权，且项目公司股权不存在任何权利负担（为向私募基金提供担保的除外）或已存在明确可行的相应权利负担解除安排。

（3）不动产需满足的要求。不动产物业权属清晰，项目公司已取得不动产物业的所有权，并已取得相应的权属证书；不动产物业不存在任何权利负担（为向私募基金提供担保的除外）或已存在明确可行的相应权利负担解除安排。

基金份额、SPV及其交易主体（如有）、项目公司及其股权、不动产物业均不涉及诉讼、仲裁、执行或破产程序。

此外，各项目会根据不动产物业的具体情况和项目要求设置进一步的标准或需满足的要求，譬如对用途、出租安排、现金流状况、估值状况等的要求。如专项计划存在扩募安排，则扩募的基础资产亦应满足上述要求。

179. 类REITs项目中常见交易结构是什么？

原始权益人认缴基金份额（通常为全部），并实缴一定金额出资（如需），进行基金备案，出资设立SPV并由SPV出资设立交易主体（如需）；专项计划成立后，计划管理人向原始权益人受让取得其持有的全部基金份额，向私募基金履行剩余资金实缴义务，私募基金将相应部分（根据具体项目安排）资金实缴至SPV，并由SPV进一步实缴至交易主体（如有）；SPV与项目公司股东签订股权置换协议，以交易主体股权置换取得项目公司股权；私募基金向项目公司发放股东借款以形成对项目公司的债权性投资，项目公司以其持有的不动产物业提供抵押担保，并用前述股东借款偿还其存量借款（如有）；如项目公司股权的取得不采用股权置换而是现金收购，则可不设立SPV或SPV可不设立交易实体，而是私募基金或SPV直接向项目公司股东支付股权转让对价；如项目公司层面没有存量借款，则需由私募基金向SPV发放股权借款，并由项目公司对SPV进行反向吸收合并，以将股东借款形成于项目公司层面。

（1）交易结构如下：

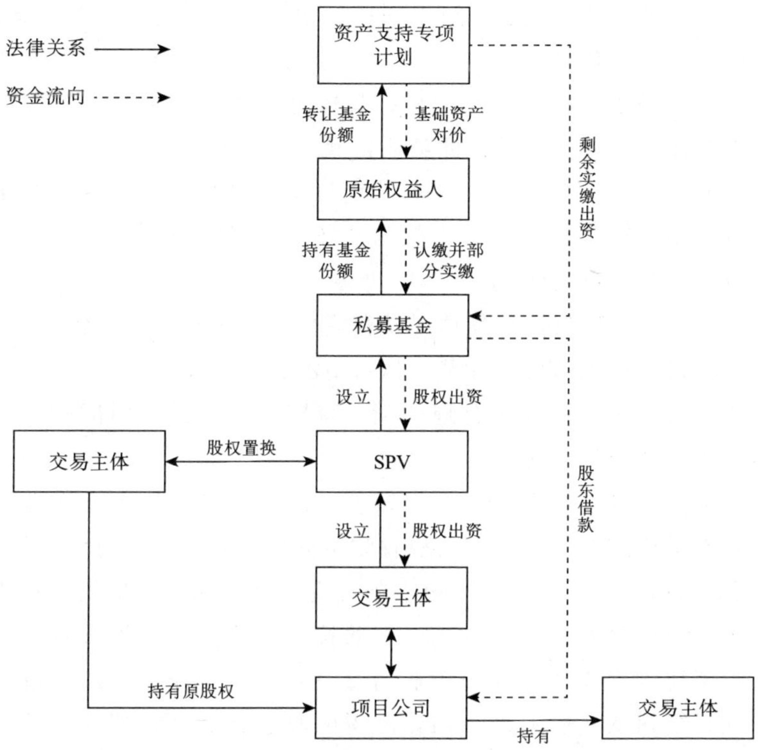

（2）增信措施。常见的增信措施包含：证券优先/次级结构化分层；超额覆盖；增信主体为优先级证券兑付进行差额补足、对优先级证券的开放退出进行差额补足、对底层不动产物业进行整租或对现金流进行差额补足等，但如增信主体为项目公司原股东或相关关联方的，其提供增信可能影响项目公司股权转让的出表。

（3）资金归集路径。资金归集路径上，通常对项目公司进行账户监管，项目公司从不动产物业取得的收益多以支付股东借款利息或归还股东借款本金的形式直接支付至私募基金账户，并由私募基金按约定分配至专项计划，划入专项计划账户。

180. 类 REITs 项目中实操要点有哪些？

（1）不动产物业剥离。实操中，持有将要进行类 REITs 证券化的不动产物业的公司，可能同时还持有大量其他物业，甚至拥有大量其他业务，此时需将不动产物业从该公司中先期剥离出来，置入单一清晰的项目公司之中，再以项目公司股权转移进行证券化运作。通常的剥离方式包括资产划转、公司分立、实物出资，各种方式在税负大小和操作难易上存在差异，具体方式需要根据项目实际情况进行综合评估，评估通常是此类项目操作的难点。

（2）项目公司的尽调。专项计划将持有项目公司股权，募集资金亦可能用于项目公司存量借款的偿还，故对项目公司的尽调显得非常重要，需重点关注：

①项目公司的资产负债情况及存量债务是否真实、有效；

②项目公司的涉诉、仲裁、执行情况；

③项目公司是否存在合规瑕疵，特别是对于设立时间较长、历史情况复杂的项目公司。

（3）股债结构的搭建。《财政部、国家税务总局关于企业关联方利息支出税前扣除标准有关税收政策问题的通知》（财税〔2008〕121 号，2008 年 9 月 19 日）第一条规定，企业在计算应纳税所得额时，支付给关联方的利息支出，在其接受关联方债权性投资与其权益性投资比例为 2∶1（金融企业为 5∶1）的情况下，准予扣除。因此，项目公司从底层不动产物业取得的收益在满足债股比例为 2∶1 的情况下，可以利息的方式税前支付至私募基金，如以股东分红的方式，则需在项目公司层面缴纳企业所得税，这样会对专项计划现金流造成严重影响。

（4）在股债结构的搭建上，如果项目公司有存量债务，则可以直接向其发放股东借款清偿存量债务，如没有存量债务，则无法直接向项目公司发放股东借款，而是需要通过私募基金向 SPV 发放股东借款，项目公司再对 SPV 进行反向吸收合并。但实操中，反向吸收合并不仅涉及税务处理，还涉及工商登记变更，需要跟各地相关政府机构沟通，当然，不排除存在部分地区的相关政府机构对这些处理并不认可的现象。

（5）项目公司股权收购方式。私募基金向项目公司股东收购项目公司股权，如直接采用现金收购，则项目公司股东（融资人）需就股权转让所得缴纳所得税，为此，可采用股权置换的方式递延该部分所得税。按照国家税务总局的相关规定，股权置换在符合条件下可适用特殊性税务处理，可暂不确认企业所得税应纳税所得。

（6）不动产物业抵押登记。类 REITs 产品中，计划管理人理论上可通过私募基金控制项目公司进而控制不动产物业，但类 REITs 产品在国内现阶段主要被视为融资产品，计划管理人在对项目公司和不动产物业管理的专业性和专注度上均不够充足，通常是由融资人或其关联方负责项目公司和不动产物业的运营管理，为防止不动产物业被不当管理，保护专项计划利益，通常会安排将不动产物业抵押登记给私募基金，但抵押登记的实操中，登记部门通常不办理股东借款为主债权的抵押登记，股东借款亦已无法通过委托贷款发放。实操中除加强计划管理人对项目公司和不动产物业的管理之外（譬如项目公司董事更换、印章印鉴保管等），仍会安排抵押协议的签订并约定在可以登记的情形下尽快完成登记。

181. 类 REITs 项目主要涉及哪些法律法规和司法解释？

（1）《中华人民共和国物权法》（中华人民共和国主席令第 62 号，2007 年 10 月 1 日起实施）。

（2）《中华人民共和国担保法》（中华人民共和国主席令第 50 号，1995 年 10 月 1 日起实施）。

（3）《私募投资基金监督管理暂行办法》（证监会令〔105〕号，2014 年 8 月 21 日起实施）。

（4）《商业银行委托贷款管理办法》（银监发〔2018〕2 号，2018 年 1 月 5 日起实施）。

（5）《财政部　国家税务总局关于企业关联方利息支出税前扣除标准有关税收政策问题的通知》（财税〔2008〕121 号，2008 年 9 月 19 日起实施）。

（6）《财政部　国家税务总局关于企业重组业务企业所得税处理若干问题的通知》（财税〔2009〕59 号，2009 年 4 月 30 日起实施）。

（7）《国家税务总局关于以转让股权名义转让房地产行为征收土地增值税问题的批复》（国税函〔2000〕687 号，2000 年 9 月 5 日起实施）。

第九节　住房租赁资产证券化

案例：中信建投－远洋地产长租公寓1号第一期资产支持专项计划	
计划管理人	中信建投证券股份有限公司
发行场所	深圳证券交易所
原始权益人	北京远盛丰房地产开发有限公司
发行金额	3.08亿元
基础资产	信托受益权
证券分层比例	优先级：92.86%；次级：7.14%
发行利率	优先级：5.0%；次级：N/A

182. 住房租赁资产证券化中基础资产有哪些？

（1）轻资产运营模式下的住房租赁企业一般为长租公寓公司，如魔方、自如等。该类住房租赁企业采用“房屋托管＋标准化装修＋租后服务”的商业模式，不以自有物业出租，而是通过包租、托管的形式对市场上分散户主的物业进行标准化装修、改造后，以自有品牌为名对外转租、代理出租住房并提供运营管理服务，向承租人收取分租租金收入（包括租赁费及管理服务费）。

轻资产运营模式通常采用“信托计划＋专项计划”双SPV结构，基础资产为信托受益权，其底层现金流来源为基于住房租赁业务对承租人产生的未来收费收益权或基于“租赁贷”对承租人享有的信托贷款债权。

（2）重资产运营模式下的住房租赁企业一般为房地产公司或有房地产股东背景的公司。该类住房租赁企业通常以自持物业出租，向承租人收取租金费用。

重资产运营模式通常选择适用CMBS结构或类REITs结构。

183. 住房租赁资产证券化中原始权益人有哪些？

双 SPV 结构及 CMBS 结构均通过搭建信托计划并以信托受益权作为基础资产，原始权益人为信托计划的委托人及初始信托受益人，通常为底层住房租赁企业的关联方。

类 REITs 结构下的原始权益人将其依据基金合同享有的基金份额所有权和其他附属权益及衍生收益转让给专项计划。原始权益人为私募基金的初始认购方，通常也为持有物业的地产公司或其关联方。

184. 住房租赁资产证券化中常见入池标准有哪些？

住房租赁资产证券化项目的基础资产一般为信托受益权或私募基金份额，分别适用于相应的常规入池标准：

（1）租赁物业所有权人以出让方式合法、有效地拥有土地使用权及房屋所有权，并已取得相应不动产权属文件，其拥有的房屋所有权真实、合法、有效。

（2）租赁物业对应土地使用权及其上建设物业不存在其他查封、抵押或其他形式的他项权利限制。

（3）住房租赁企业有权占有、使用租赁物业，享有和承担与这些物业资产相关的收益，已与业主签订合法有效的租赁协议，住房租赁企业有权经营、管理、出租租赁物业并取得全部租金、服务费等收入。

（4）住房租赁企业经营、管理、出租租赁物业的收入方面不存在质押或其他形式的权利限制，若住房租赁企业经营收入存在前述权利负担，应不晚于专项计划设立日解除。

（5）若住房租赁企业以转租形式取得经营、管理、出租租赁物业的权利，标的项目所有权人、住房租赁企业租赁前手交易方、租赁物业均不涉及影响其持续经营能力的诉讼、仲裁、执行或破产程序。

（6）租赁物业的房间出租率达到一定百分比。

185. 租金收益权模式常见交易结构是什么？

（1）交易结构图如下：

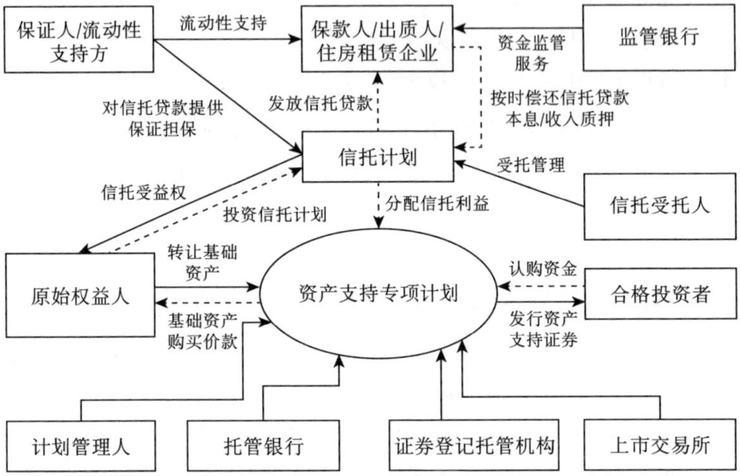

（2）增信措施。轻资产运营模式下，住房租赁企业无自有物业资产提供抵押增信，主要依赖于第三方主体提供外部增信，常见增信措施包括：

①现金流租金收入超额覆盖；

②未来租金应收账款质押；

③原始权益人、关联方或第三方担保公司提供差额支付、保证担保、流动性支持等增信措施；

④证券优先/次级结构化分层。

（3）资金归集路径。住房租赁企业即借款人开立租金收款账户作为日常经营账户，用于接收承租人支付的租金。专项计划存续期间，住房租赁企业在每个租金划款日将各自租金收款账户中收到的当期租金收入划付至监管账户，接受监管银行的资金监管。借款人于每个信托还款日将当期应还信托贷款本息从监管账户划付至信托财产专户。信托受托人于每个信托利益支付日向信托受益人（即代表专项计划的管理人）分配信托利益，将信托账户内的资金划付至专项计划账户。

186. 租金贷模式常见交易结构是什么？

（1）交易结构图如下：

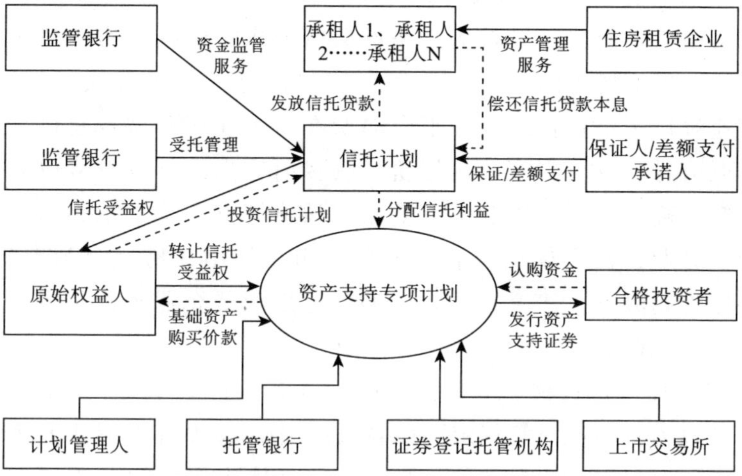

（2）增信措施。常见的增信措施包括：

①现金流租金收入超额覆盖；

②未来租金应收账款质押；

③信用触发机制；

④原始权益人、关联方或第三方担保公司提供差额支付、保证担保、流动性支持等增信措施；

⑤证券优先/次级结构化分层。

（3）资金归集路径。承租人即借款人于每个还款日将当期应还信托贷款本息付至信托财产专户。信托受托人于每个信托利益支付日向信托受益人（即代表专项计划的管理人）分配信托利益，将信托账户内的资金划付至专项计划账户。此外，第三方流动性支持的，通常会在监管银行开立流动性监测账户，并存入最低储备金额，如发生承租人提前退租情形，首先由住房租赁企业对剩余贷款本金及利息进行偿付，住房租赁企业无法偿付的情况下由流动性监测账户进行偿付。

重资产经营模式下的住房租赁资产证券化通常采用CMBS结构或类REITs结构。

187. 住房租赁资产证券化中实操要点有哪些？

（1）住房租赁企业主体及业务合规性。《整顿规范住房租赁市场秩序的意见》（建房规〔2019〕10号，以下简称《整顿意见》）对住房租赁企业提出了较为严格的监管要求，包括住房租赁企业应当依法办理市场主体登记，经营范围应当注明“住房租赁”，开展业务前通过住房租赁管理服务平台向所在城市住房和城乡建设部门推送开业信息；应当实施明码标价，收费前应当出具收费清单并由当事人签字确认；不得以隐瞒、欺骗、强迫等方式要求承租人，不得以租金分期、租金优惠等名义诱导承租人使用住房租金消费贷款。在强监管趋势下，建议在项目前期就住房租赁企业经营是否合法合规进行尽职调查。

（2）住房租赁物业合规性。住房租赁物业不合规，可能影响租赁合同效力及违反监管规定。最高人民法院2009年9月1日实施的《关于审理城镇房屋租赁合同纠纷案件具体应用法律若干问题的解释》（以下简称《房屋租赁司法解释》）第二条、第三条第一款规定，出租人就未取得规划许可的房屋或未经批准的临时建筑与承租人签订的合同无效。《住房租赁资产证券化通知》要求，住房租赁物业应“已建成并权属清晰，工程建设质量及安全标准符合相关要求”。由于轻资产运营模式下出租物业分散，尽调难度较大，建议加强对物业合规性的尽调，包括但不限于关注住房租赁企业的房屋准入标准、相关物业的建设情况、产证情况等。

（3）租赁登记备案、网签备案。《住房租赁资产证券化通知》要求住房租赁资产证券化产品对应物业应当已按规定办理住房租赁登记备案相关手续。此外，《整顿意见》要求住房租赁企业成交的住房租赁合同，应当即时办理网签备案，并使用监管部门制定的住房租赁合同示范文本。轻资产运营模式下，大部分房屋产权人考虑到租赁收入的高额赋税，通常不愿意配合进行登记，因此备案率普遍较低。租赁合同是否进行备案不影响合同效力，但备案与否属于交易所及监管部门重点关注的问题。对此，建议在尽调中关注房屋备案情况，做好风险披露，并设置相应的风险缓释措施。

（4）轻资产运营模式。轻资产运营模式下缺乏物业抵押作为担保。即使以未来租金收益作质押，其不稳定性也导致增信效果有限。因此，建议引入强信用主体提供外部增信，在文件中做好风险披露，并设定与出租率、租金回收率挂钩的风险缓释措施。

（5）转租合同。转租模式下，住房租赁企业应当与房屋产权人签署书面形式的租赁合同，住房租赁企业以“二房东”的角色将住房转租给承租人必须在取得房屋产权人的明确同意，与房屋产权人约定的租赁期限要覆盖与承租人约定的租赁期限。在转租形成的三方法律关系中，任一端合同的无效、解除及变更都可能影响底层资金的回流。因此，建议关注住房租赁企业与房屋产权人签署的合同格式文本是否符合转租的要求，房屋产权人有无随时解除、变更合同的权利，租赁期限能否覆盖转租期限，并由住房租赁企业在相关专项计划文件中做出承诺。

（6）租赁物业权利负担。根据《合同法》规定的“买卖不破租赁”原则以及《物权法》《担保法》规定的“在后抵押不破租赁”原则，租赁关系确立后的买卖、抵押不影响住房租赁企业基于租赁关系对物业的使用权。但如抵押登记早于租赁合同签署的，承租人的租赁关系不得对抗在先抵押权人。如住房租赁企业转租的目标物业存在在先抵押且抵押人行使了抵押权利，住房租赁企业已丧失对租赁物业的使用权，无法正常运营，从而影响专项计划的现金流稳定性。因此，建议核查住房租赁企业向物业产权人租赁的目标物业是否存在在先抵押登记以及其他权利负担，并将目标物业不存在权利负担作为底层资产合格标准之一。

（7）租金贷监管问题。《整顿意见》规定，住房租赁企业租金收入中，住房租金贷款金额占比不得超过30%，超过比例的应当于2022年底前调整到位。受此限制，住房租赁企业能够通过“租金贷模式”开展证券化项目的规模非常有限。《整顿意见》还规定，发放贷款的频率应与借款人支付租金的频率匹配，该规定与一次性向承租人发放贷款本金的“租金贷模式”违背，事实上已基本将该模式“扼杀在摇篮里”。鉴于目前监管部门对“租金贷”的监管态度，不建议采用“租金贷模式”开展证券化项目。

（8）重资产运营模式。重资产运营模式下，承租人相对集中，有物业为专项计划提供增信，偿付风险比轻资产运营模式低。同时，对出租物业在产权、土地性质、实际用途等方面的法律完备性要求较高。具体法律要点请见本书 CMBS 章节及类 REITs 章节部分

188. 住房租赁资产证券化主要涉及哪些法律法规和司法解释？

（1）《中华人民共和国城市房地产管理法》（中华人民共和国主席令第 32 号，2020 年 1 月 1 日修订实施）。

（2）《住房和城乡建设部、国家发展改革委、公安部等关于整顿规范住房租赁市场秩序的意见》（建房规〔2019〕10 号，2019 年 12 月 13 日实施）。

（3）《证监会　住房城乡建设部关于推进住房租赁资产证券化相关工作的通知》（证监发〔2018〕30 号，2018 年 4 月 24 日起实施）。

（4）《国务院办公厅关于加快培育和发展住房租赁市场的若干意见》（国办发〔2016〕39 号，2016 年 5 月 17 日起实施）。

（5）《住房和城乡建设部关于加快培育和发展住房租赁市场的指导意见》（建房〔2015〕4 号，2015 年 1 月 6 日起实施）。

（6）《商品房屋租赁管理办法》（住房和城乡建设部令第 6 号，2011 年 2 月 1 日起实施）。

（7）《最高人民法院关于审理城镇房屋租赁合同纠纷案件具体应用法律若干问题的解释》（法释〔2009〕11 号，2009 年 9 月 1 日起实施）。

（8）《中华人民共和国合同法》（中华人民共和国主席令第 15 号，1999 年 10 月 1 日起实施）。

第十节　购房尾款资产证券化

案例：万科－中信证券购房尾款资产支持专项计划第十一期	
计划管理人	中信证券股份有限公司
发行场所	深圳证券交易所

续表

案例：万科－中信证券购房尾款资产支持专项计划第十一期	
原始权益人	万科企业股份有限公司
发行金额	13.28 亿元
基础资产	购房尾款债权
证券分层比例	优先级：94.88%；次级：5.12%
发行利率	优先级：3.69%；次级：N/A

189. 购房尾款资产证券化中基础资产有哪些？

在商品房销售过程中，购房人与房地产开发企业签订购房合同后，购房人通常会选择先行支付首付款后，再通过申请银行按揭贷款或住房公积金贷款的方式支付购房合同的剩余购房价款。由于银行按揭贷款或住房公积金贷款的相关审批手续往往需要一定的时间，剩余购房价款的支付时间相对较长，房地产开发企业为尽快实现回款，通常会选择将这些还款来源为购房人向商业银行及/或住房公积金管理中心申请的房屋按揭贷款的购房尾款债权作为基础资产进行证券化运作。

190. 购房尾款资产证券化中常见入池标准有哪些？

（1）项目公司具有与购房人签署购房合同所需的商品房预售/销售许可证及其他资质、许可、批准和备案。

（2）基础资产对应的购房合同已由项目公司及/或购房人于当地国土资源、住房或城乡建设相关主管部门办理完成相应网签程序及登记备案手续。

（3）项目公司已履行并遵守购房合同项下应尽的义务，购房人在购房合同项下不享有任何主张扣减或减免售房应收账款的权利（但购房人因房屋实际面积误差而享有扣减售房应收账款或主张退房的权利除外），且购房人未提出因项目公司瑕疵履行购房合同项下的相关义务而要求减少售房应收账款或者退房等主张。

（4）购房合同约定的基础资产还款来源为购房人向商业银行及/

或住房公积金管理中心申请的房屋按揭贷款。

（5）购房人已向商业银行及/或住房公积金管理中心提交按揭贷款申请；或商业银行及/或住房公积金管理中心已受理购房人的按揭贷款申请；或商业银行及/或住房公积金管理中心已与购房人签署购房按揭合同。

（6）原始权益人与项目公司签署的应收账款转让合同在适用法律项下合法、有效，原始权益人已按应收账款转让合同约定向项目公司支付完毕基础资产的受让对价款，不存在任何应收账款转让合同项下的违约行为。

（7）就各笔基础资产而言，购房人在购房合同项下已累计支付的购房款项符合房屋所在地区主管部门、中国人民银行、中国银行保险监督管理委员会、住房公积金管理中心对于房屋首付款项比例的政策要求；每一购房合同项下已支付的购房款项累计不少于该份购房合同项下商品房价款总额的20%，如房屋所在地区主管部门、中国人民银行、中国银行保险监督管理委员会、住房公积金管理中心对于首付比例的政策有调整，以调整后的首付比例为准。

（8）项目公司因房地产开发建设需要而与银行、信托公司等第三方签订的房地产开发贷款协议、信托贷款合同等文件不存在限制项目公司利用售房应收账款进行融资的情形。

191. 购房尾款资产证券化中常见交易结构是什么？

购房尾款项目的交易结构一般是由原始权益人向其下属各房地产项目公司归集购房尾款债权及其附属担保权益作为基础资产出售给计划管理人，并作为资产服务机构为专项计划提供资金归集等资产服务，同时由原始权益人或其关联方为专项计划提供差额补足等增信措施，且专项计划层面设定循环购买机制，并配置权利完善措施及加速清偿措施等保障措施。

（1）交易结构图如下：

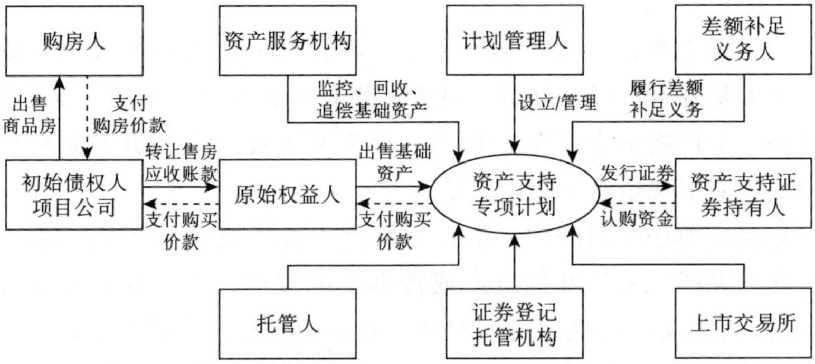

（2）增信措施。常见的原始权益人或其关联方为专项计划提供差额补足等增信措施包含：优先劣后证券分层；超额现金流覆盖；原始权益人或其关联方为专项计划提供差额补足等优先劣后证券分层。

（3）资金归集路径。原始权益人一般在基础资产回收款归集日前负责从各项目公司归集基础资产自封包日起所产生的回收款，并将这些基础资产回收款划付至其开立的监管账户，并自监管账户划付至专项计划账户中。

192. 购房尾款资产证券化中实操要点有哪些？

（1）基础资产的内部归集。为降低开发经营风险，实现不同房地产项目的风险隔离，大部分房地产企业会采用一个房地产项目对应一个项目公司的模式展业，根据不同的房地产项目成立相应的项目公司。基于房地产开发行业的上述特点，若在购房尾款的资产证券化项目中将多个项目公司均作为原始权益人，将不便于管埋人进行专项计划的管理。为此，一般情况下，房地产集团控股公司会作为原始权益人与其各下属房地产项目公司签署应收账款转让协议，统一受让其各下属房地产项目公司依据购房合同对购房人所享有的购房尾款债权，再由该单一原始权益人统一转让给专项计划。

（2）循环购买安排。因为购房尾款债权的账期相对较短（通常3—6个月按揭银行或住房公积金管理中心就会实现回款），而专项计划的存续期限通常设计为1—3年，所以专项计划通常会设置循环购买的机制安排。循环购买的相关安排一方面可以提高专项计划资金的利用效率，另一方面可实现资产支持证券的期限与基础资产期限的匹配。

（3）基础资产的置换与赎回。专项计划一般会对不合格基础资产、灭失基础资产以及涉诉基础资产设计基础资产置换与赎回机制，其目的在于控制不合格基础资产、灭失基础资产或涉诉基础资产对基础资产未来现金流回收的影响。

专项计划存续期间内，如计划管理人或者资产服务机构发现不合格基础资产、灭失基础资产或涉诉基础资产，原始权益人应按照《资产买卖协议》的规定进行置换。若原始权益人决定不予置换，或未有足够的基础资产用于置换时，则计划管理人有权按照《资产买卖协议》的规定要求原始权益人以现金形式，对该等不合格基础资产或灭失基础资产或涉诉基础资产予以赎回。

193. 购房尾款资产证券化主要涉及哪些法律法规和司法解释？

（1）《中华人民共和国城市房地产管理法》（中华人民共和国主席令第 29 号，1995 年 1 月 1 日起实施）。

（2）《城市房地产开发经营管理条例》（中华人民共和国国务院令第 248 号，1998 年 7 月 20 日起实施）。

（3）《城市商品房预售管理办法》（建设部令第 131 号，1995 年 1 月 1 日起实施）。

（4）《商品房销售管理办法》（建设部令第 88 号，2001 年 6 月 1 日起实施）。

（5）《最高人民法院关于审理商品房买卖合同纠纷案件适用法律若干问题的解释》（法释〔2003〕7 号，2001 年 6 月 1 日起实施）。

（6）《住房和城乡建设部关于进一步加强房地产市场监管完善商品住房预售制度有关问题的通知》（建房〔2010〕53 号，2003 年 6 月 1 日起实施）。

（7）《中国人民银行、中国银行业监督管理委员会关于加强商业性房地产信贷管理的通知》（银发〔2007〕359 号，2007 年 9 月 27 日起实施）。

（8）《北京市商品房预售资金监督管理办法》（京建法〔2013〕

11 号，2013 年 7 月 1 日起实施）。

（9）《北京市城市房地产转让管理办法》（北京市人民政府令第 209 号，2003 年 12 月 1 日起实施）。

（10）《天津市新建商品房预售资金监管办法》（津政办发〔2016〕54 号，2016 年 8 月 1 日起实施）。

（11）《天津市商品房管理条例》（天津市人民代表大会常务委员会公告第 52 号，2002 年 12 月 1 日起实施）。

（12）《广东省商品房预售管理条例》（1998 年 10 月 1 日起实施）。

（13）《深圳市房地产市场监管办法（2017 修正）》（深圳市人民政府令第 293 号，2017 年 2 月 8 日起实施）。

（14）《广州市房屋交易监督管理办法》（广州市人民政府令第 106 号，2014 年 11 月 1 日起实施）。

第十一节　基础设施类资产证券化

案例：华福－天汇能源电力上网收费权资产支持专项计划	
计划管理人	华福证券有限责任公司
发行场所	深圳证券交易所
原始权益人	海南天汇能源股份有限公司（现名为：海南海控能源股份有限公司）
发行金额	3.00 亿元
基础资产	电力上网收费权
证券分层比例	优先 A1：13.67%；优先 A2：3.33%；优先 A3：12.00%；优先 A4：3.67%；优先 A5：12.67%；优先 A6：2.33%；优先 A7：16.33%；优先 A8：7.33%；优先 A9：17.00%；优先 A10：6.67%；次级：5%
发行利率	优先 A1—优先 A10：6.00%；次级：N/A

194. 基础设施类资产证券化中基础资产有哪些？

基础设施类资产证券化的基础资产来源于基础设施运营主体因

向社会公众提供相关服务而取得的相应收入，属于未来经营性收入，如高速公路通行费、公交地铁客票收入、供水供气收费等。这类基础资产多数具有服务主体不特定、合同期限短次数多等特点，因此通常无法直接以合同债权作为证券化的基础资产，大多选择以收费收益权作为基础资产或架设信托发放信托贷款而以信托受益权作为基础资产，如主体特定且合同期限较长，则可直接选择合同债权作为基础资产。此外亦可以持有运营基础设施的项目公司股权为基础资产，即基础设施类 REITs。但基础资产选取仍需注意：就基础资产的界定而言，相关规范要求应具有法律法规依据，特别是选择收费收益权作为基础资产的情形；基础资产应当来源于具有垄断性和排他性的经营性收入。

195. 基础设施类资产证券化中原始权益人有哪些？

基础设施类资产证券化的原始权益人取决于基础资产的选取，如为收费收益权或合同债权，则原始权益人通常为持有运营基础设施的项目公司，除非存在某一主体从项目公司手中先行受让这些资产，受让主体才为原始权益人；采用双 SPV 的结构中原始权益人为信托的初始认购方；如基础资产为项目公司股权，则原始权益人为直接或间接持有股权的主体。

特定原始权益人（通常为持有运营基础设施的主体）开展业务应当满足相关主管部门监管要求，取得相关特许经营等经营许可或其他经营资质，基础资产或底层资产相关业务正式运营满两年，具备资产运营能力且符合下列条件之一：一是主体评级达 AA 级及以上；二是专项计划设置担保、差额支付等有效增信措施，提供担保、差额支付等增信机构的主体评级为 AA 级及以上。同时，特定原始权益人或资产服务机构应当具备持续经营能力。专项计划存续期间内，特定原始权益人经营现金流入扣除向专项计划归集的基础资产现金流后应当能够覆盖维持基础资产运营必要的成本、税费等支出。但原始权益人及资产服务机构资信状况良好，且专项计划设置担保、差额支付等有效增信措施的，可免于前述成本、税费等支出覆盖要求。

此外，原始权益人最近两年不存在因严重违法失信行为，被有权部门认定为失信被执行人、失信生产经营单位或者其他失信单位，并被暂停或限制进行融资的情形。

196. 基础设施类资产证券化中常见入池标准有哪些？

基础设施类资产证券化的基础资产包括基础资产、底层资产和相关资产三个层次。其中，基础资产是指直接转让给专项计划的资产，底层资产是指根据穿透原则在专项计划中作为专项计划现金流最终偿付来源的资产，相关资产是指基础资产或底层资产所依附的土地使用权、建筑物、设施、设备等财产或财产权利。

（1）基础资产的界定应当清晰，具有法律法规依据，附属权益（如有）的内容应当明确。原始权益人应当合法拥有基础资产。基础资产从第三方受让所得的，原始权益人应当已经支付转让对价，且转让对价应当公允。基础资产、底层资产及相关资产应当合法合规，已按相关规定履行必要的审批、核准、备案、登记等相关程序。

（2）基础资产、底层资产的运营应当依法取得相关特许经营等经营许可或其他经营资质，且特许经营等经营许可或其他经营资质应当能覆盖专项计划期限。经营资质在专项计划存续期内存在展期安排的，管理人应当取得相关授权方或主管部门关于经营资质展期的书面意向函，在计划说明书中披露按照相关规定或主管部门要求办理展期手续的具体安排，说明专项计划期限设置的合理性，充分揭示风险并设置相应的风险缓释措施。

（3）基础资产、底层资产应当可特定化，其产生的现金流应当独立、稳定、可预测。基础资产及底层资产的规模、存续期限应当与资产支持证券的规模、存续期限相匹配。基础资产现金流应当基于真实、合法的经营活动产生，形成基础资产的法律协议或文件（如有）应当合法、有效，价格或收费标准符合相关规定。基础资产不属于《资产证券化基础资产负面清单》列示的范畴。基础资产及底层资产的现金流来源应当具备一定的分散度。

（4）基础资产、底层资产及相关资产的权属应当清晰明确，不得附带抵押、质押等担保负担或者其他权利限制。基础资产或底层资产已经存在抵押、质押等担保负担或者其他权利限制的，应当能够通过专项计划相关安排在原始权益人向专项计划转移基础资产时予以解除。

（5）基础资产应当具有可转让性，转让应当合法、有效，转让对价应当公允，存在附属权益（如有）的，应当一并转让。基础资产转让依法须取得的授权、批准等手续应当齐备，并在相关登记机构办理转让登记（如需）。

197. 基础设施类资产证券化中常见交易结构是什么？

基础设施类资产证券化中，以收费收益权、合同债权为基础资产的，通常采用项目公司直接向计划管理人转让基础资产的模式，采用双 SPV 模式的，则以信托受益权为基础资产；以持有运营基础设施的项目公司股权为基础资产的，即基础设施类 REITs，交易结构上通常类似于类 REITs 模式。

（1）多层结构交易结构图如下：

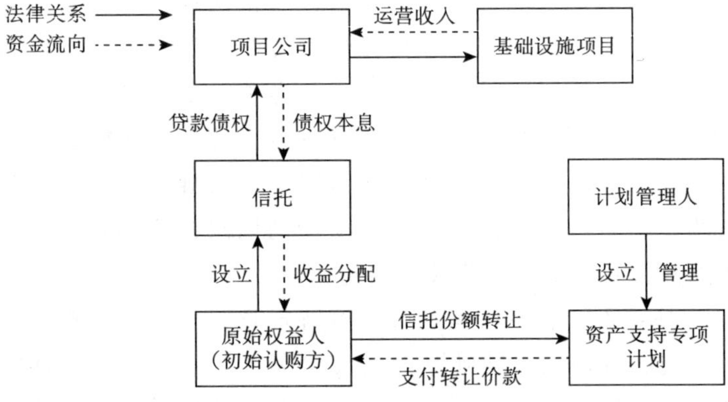

原始权益人（初始认购方）通过信托向持有运营基础设施的项目公司发放信托贷款，以信托受益权为基础资产转让给资产支持专项计划，以项目公司基础设施运营收入为还款来源并办理相关的抵质押登记。

类 REITs 模式与类 REITs 交易结构类似，适用类 REITs 交易结构图。

（2）增信措施。常见的增信措施包含：原始权益人、关联方或第三方担保公司为优先级证券兑付和开放退出（如存在）提供差额补足等增信措施；超额利差覆盖；优先劣后证券分层。

（3）资金归集路径。资金归集路径上，如需通过持有运营基础设施的项目公司进行转付的，应设置对项目公司账户进行监管，由项目公司先行归集现金流，定期转付至专项计划账户，且通常转付周期不得超过1个月，最长不得超过3个月，双SPV结构的则应先转付至信托账户，再由信托分配至专项计划账户中。

198. 基础设施类资产证券化中实操要点有哪些？

（1）基础资产界定。如基础资产拟界定为收费权或收费收益权，按照基础设施证券化的相关规则，需具备法律法规依据，基础资产的界定和论证是项目的关键要素。通常可从基础设施相关的特许、独占或排他的规范着手，结合相关法规政策综合进行论证。

（2）资产的可转让性。基础设施的相关运营或特许协议中，可能存在对合同权利、项目收费收益权的转让或处置限制。因此，在进行资产证券化运作的过程中必须取得相关方的认可和配合，或选取不在限制范围内的资产作为基础资产。建议项目实操中关注和核查基础资产是否存在这些限制。

（3）底层资产、相关资产的抵质押。基础设施证券化的相关规则要求，底层资产、相关资产应当向专项计划或其相关方进行质押、抵押，并在相关登记机构办理质押、抵押登记。通常而言，相关资产多为土地使用权、建筑物、设施，很多情形中都存在相关资产本身未办理权属登记的情况，因此，难以办理抵押登记，基础设施证券化的规则要求相关资产由于特殊情形未办理抵质押登记的，管理人应当说明原因及合理性，充分揭示风险，并设置相应的风险缓释措施。为保障专项计划利益，建议至少办理底层资产的质押登记，相关资产如无法办理抵质押登记，至少应当约定抵质押给专项计划且不得抵押给第三方，并约定在能办理抵质押登记时尽快办理登记手续。

（4）破产隔离

基础设施类证券化的基础资产来自运营主体的未来收入，一方面依靠运营主体的持续运营，另一方面通常需要运营主体归集和转付现金流，专项计划持有的基础资产受原始权益人或资产服务机构（双 SPV 模式中）的影响极大，虽能设置一定的缓释措施，但从法律和实质来看，基础资产与原始权益人或资产服务机构之间均不具备破产隔离效果，在凯迪电力上网收费收益权一期资产支持专项计划和邹平电力购售电合同债权资产支持专项计划这两个案例中都出现了这种状况。为此，建议除按照监管要求，基础资产现金流应尽量采用净现金流之外，计划管理人等相关中介机构还应明确分析其无法破产隔离的属性并进行充分的风险揭示，以便于投资者充分了解该类资产的风险。

199. 基础设施类资产证券化主要涉及哪些法律法规和司法解释?

（1）《中华人民共和国物权法》（中华人民共和国主席令第 62 号，2007 年 10 月 1 日实施）。

（2）《中华人民共和国担保法》（中华人民共和国主席令第 50 号，1995 年 10 月 1 日实施）。

（3）《中华人民共和国破产法》（中华人民共和国主席令第 54 号，2007 年 6 月 1 日实施）。

（4）《基础设施和公用事业特许经营管理办法》（国家发展和改革委员会、财政部、住房和城乡建设部、交通运输部、水利部、中国人民银行令第 25 号，2015 年 6 月 1 日实施）。

（5）《资产证券化监管问答（一）》（中国证监会，2016 年 5 月 13 日发布）。

（6）《资产证券化监管问答（三）》（中国证监会，2019 年 4 月 19 日发布）。

（7）《深圳证券交易所基础设施类资产支持证券挂牌条件确认指南》（深圳证券交易所发布，2018 年 8 月 6 日起实施）。

（8）《深圳证券交易所基础设施类资产支持证券信息披露指南》（深圳证券交易所发布，2018 年 8 月 6 日起实施）。

（9）《上海证券交易所基础设施类资产支持证券挂牌条件确认指南》（上海证券交易所发布，2018 年 8 月 6 日起实施）。

（10）《上海证券交易所基础设施类资产支持证券信息披露指南》（上海证券交易所发布，2018 年 8 月 6 日起实施）。

第十二节 政府和社会资本合作（PPP）项目资产证券化

案例：广发恒进 - 广晟东江环保虎门绿源 PPP 项目资产支持专项计划	
计划管理人	广发证券资产管理（广东）有限公司
发行场所	深圳证券交易所
原始权益人	东莞市虎门绿源水务有限公司
发行金额	3.20 亿元
基础资产	污水处理收费收益权
证券分层比例	优先 A1：12.81%；优先 A2：15.31%；优先 A3：18.13%；优先 A4：21.56%；优先 A5：25.94%；次级：6.25%
发行利率	优先 A1—优先 A5：4.15%；次级：N/A

200. 政府和社会资本合作项目资产证券化中基础资产有哪些？

PPP 项目中，社会资本方通过项目公司（可能是与政府方出资代表共同成立的项目公司）承接 PPP 项目，由项目公司与政府方签订 PPP 项目合同等协议，进行基础设施建设，由其运营并提供相关公共产品或服务，通过使用者付费、政府付费或可行性缺口补助等取得合理回报。在进行证券化运作时，既可以考虑以项目公司拥有的 PPP 项目收费权、收益权或合同债权（即 PPP 项目收益权）为基础资产，或者以项目公司持有的项目设施或其他资产（包括运营所需机器、设备等动产，以及土地使用权、厂房、管道等为基础资金），或者直接以社会资本方持有的项目公司股权（即 PPP 项目公司股权）为基础资产进行证券化运作。

201. 政府和社会资本合作项目资产证券化中原始权益人有哪些?

PPP 项目资产证券化中的原始权益人取决于基础资产的选取，如基础资产为 PPP 项目收益权或 PPP 项目资产，则原始权益人通常为项目公司，除非存在某一主体从项目公司手中先行受让这些资产，受让主体才为原始权益人。此外，采用双 SPV 结构中原始权益人是信托、基金等的初始认购方，如基础资产为 PPP 项目公司股权，则原始权益人为社会资本方。原始权益人（不含双 SPV 模式的初始认购方）应具有持续经营能力，内部控制制度健全，最近三年未发生重大违约或虚假信息披露，无不良信用记录。

202. 政府和社会资本合作项目资产证券化中常见入池标准有哪些?

（1）PPP 项目收益权。

①PPP 项目已按规定完成 PPP 项目实施方案评审以及必要的审批、核准或备案等相关手续，社会资本方（项目公司）与政府方已签订有效的 PPP 项目合同；在能源、交通运输、水利、环境保护、市政工程等特定领域需要政府实施特许经营的，已按规定完成特许经营项目实施方案审定，特许经营者与政府方已签订有效的特许经营协议。

②PPP 项目涉及新建或存量项目改建、依据项目合同约定在项目建成并开始运营后才获得相关付费的，社会资本方（项目公司）应完成项目建设或改建，按相关规定或合同约定经验收或政府方认可并开始运营，有权按照规定或约定获得收益。

③PPP 项目合同、融资合同未对社会资本方（项目公司）转让项目收益权作出限制性约定，或社会资本方（项目公司）已满足解除限制性约定的条件。

④PPP 项目收益权相关的项目付费或收益情况在 PPP 合同及相关协议中有明确、清晰的约定。政府付费模式下，政府付费应纳入本级或本级以上政府财政预算、政府财政规划。可行性缺口补助模式下，可行性缺口补助涉及使用财政资金、政府投资资金的，应纳入本级或本级以上政府财政预算、政府财政规划。

⑤PPP 项目资产或收益权未设定抵押、质押等权利负担。已经设有抵押、质押等权利负担的，通过专项计划安排能够予以解除，如偿还相关融资、取得相关融资方解除抵押、质押的同意等。

⑥社会资本方（项目公司）与政府方不存在因 PPP 项目合同的重大违约、不可抗力因素影响项目持续建设运营，或导致付费机制重大调整等情形。

⑦不存在因 PPP 项目合同或相关合同及其他重大纠纷而影响项目持续建设运营，或可能导致付费机制重大调整的协商、调解、仲裁或诉讼等情形。

⑧PPP 项目不得存在政府方违规提供担保，或政府方采用固定回报、回购安排、明股实债等方式进行变相债务融资情形。

⑨PPP 项目合同到期日应不早于资产支持证券的最晚到期日。

（2）PPP 项目资产。

①符合对 PPP 项目收益权的合格标准要求。

②PPP 项目合同等约定社会资本方（项目公司）拥有 PPP 项目资产的所有权或用益物权，且这些资产可依法转让。

③PPP 项目已经建成并开始运营；PPP 项目合同、融资合同等不存在社会资本方（项目公司）转让项目资产的限制性约定，或已满足解除限制性约定的条件。

④社会资本方（项目公司）以 PPP 项目资产开展证券化，应继续履行项目运营责任，或重新确定履行项目运营责任的主体并经政府方等认可，确保不得影响基础设施的稳定运营或公共服务供给的持续性和稳定性。

（3）PPP 项目公司股权。

①符合对 PPP 项目收益权的合格标准要求。

②PPP 项目合同、项目公司股东协议或公司章程等对项目公司股东转让、质押项目公司股权及转让的受让方没有限制性约定，或已满足解除限制性约定的条件；PPP 项目已经建成。

③PPP 项目公司股东协议、公司章程等对项目公司股权股息分配的来源、分配比例、时间、程序、影响因素等，作出了明确约定。

④PPP 项目公司股权股息分配来源于 PPP 项目收益或其他收益的，

相关收益权不存在被转让的情形，且没有被设定质押等权利负担。

⑤相关收益权已经设有质押等权利负担的，应通过专项计划安排予以解除，如回购收益权、偿还相关融资、取得相关融资方解除质押的同意等。

⑥PPP 项目公司控股股东以项目公司股权作为基础资产发行资产支持证券的规模不得超过其持有股权带来的现金流现值的 50%。

⑦其他股东发行规模不得超过其持有股权带来的现金流现值的 70%。

⑧PPP 项目公司控股股东以持有的项目公司股权发行资产支持证券，不得改变对项目公司的实际控制权和项目运营责任，不得影响基础设施的稳定运营或公共服务供给的持续性和稳定性。

203. 政府和社会资本合作项目资产证券化中常见交易结构是什么?

PPP 项目资产证券化中，以收费收益权、合同债权等 PPP 项目收益权为基础资产的（目前实操中尚未出现过以 PPP 项目资产为基础资产的情形），可以采用项目公司直接向计划管理人转让基础资产的模式，亦可采用双 SPV 模式，即通过信托、基金等方式形成/架设对项目公司的借贷债权，从而以信托受益权、基金份额等为基础资产；以 PPP 项目公司股权或持有 PPP 项目公司股权的有限合伙份额为基础资产的，即“PPP + 类 REITs”模式，与类 REITs 交易结构类似。

（1）双 SPV 模式交易结构图如下：

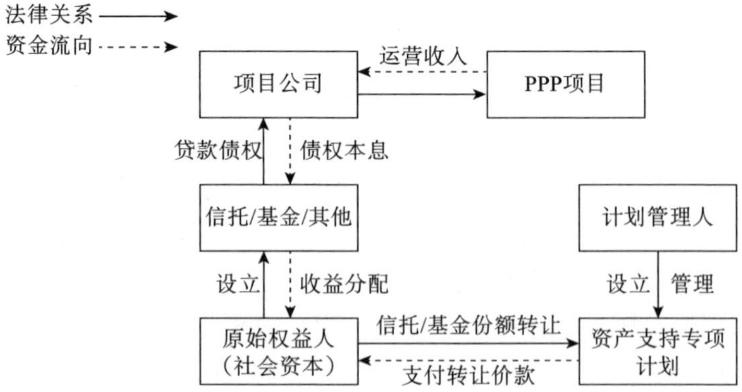

原始权益人（社会资本）通过信托、基金等方式形成对项目公司的借贷债权，以信托受益权、基金份额等为基础资产转让给资产支持专项计划，以PPP项目中使用者付费、政府付费或可行性缺口补助为还款来源设立专项计划。

类REITs模式，即以PPP项目公司股权或持有PPP项目公司股权的有限合伙份额为基础资产，专项计划通过持有这些股权或优先合伙份额间接拥有PPP项目资产收益，类REITs交易结构类似，适用类REITs交易结构图。

（2）增信措施。常见增信措施为：社会资本方、关联方或第三方担保公司为优先级证券兑付和开放退出提供差额补足等增信措施；超额利差覆盖；优先劣后证券分层。

（3）资金归集路径。资金归集路径上，均需通过项目公司进行转付，可设置对项目公司账户进行监管，再分配至信托/基金等账户（如存在中间的SPV主体），并由信托/基金等分配至专项计划账户中。

204. 政府和社会资本合作项目资产证券化中实操要点有哪些？

（1）PPP项目的入库。根据中国证监会2016年5月《资产证券化项目监管问答》，“政府与社会资本合作（PPP）项目开展资产证券化，原则上需为纳入财政部PPP示范项目名单、国家发展改革委PPP推介项目库或财政部公布的PPP项目库的项目。”其中，PPP项目纳入财政部PPP综合信息平台为财政部强制要求，未纳入将导致项目存在合规瑕疵，因此必须核查PPP项目是否列入综合信息平台。此外，《关于规范政府和社会资本合作（PPP）综合信息平台运行的通知》（财金〔2015〕166号）规定未纳入财政部综合信息平台项目库的项目，不得列入各地PPP项目目录，原则上不得通过财政预算安排支出责任，因此以政府付费（含可用性付费、可行性缺口补足）作为现金流的PPP证券化项目，需核查其是否纳入财政部PPP项目综合信息平台。财政部PPP示范库并非强制要求，国家发改委PPP项目推介项目库属于强制要求，否则PPP项目可能存在合规瑕疵。

（2）资产的可转让性。绝大部分PPP项目合同会对项目资产、项目公司股权、PPP项目合同权利、项目收费收益权的转让、处置作出限制，通常要求仅能在征得政府同意的前提下，为项目融资目的进行转让或设定担保。因此前述资产转让设定了限制，这要求在进行资产证券化运作的过程中必须取得政府的认可和配合。此外，通常项目公司均是社会资本和政府方出资代表共同设立，以项目公司资产开展证券化运作也需要取得政府方出资代表的配合。

（3）政府付费纳入财政预算。PPP项目底层现金流来源包括使用者付费、可用性付费或可行性缺口补足，后两者涉及政府付费，需要关注其是否已经纳入政府财政预算之中，是否取得本级人大出具的年度预算决议、本级人大常委会出具的预算调整决议、财政部门出具的有关项目政府性支出纳入中长期财政规划的确认文件等。

205. 政府和社会资本合作项目资产证券化中主要涉及哪些法律法规和司法解释？

（1）《国务院办公厅转发财政部发展改革委人民银行关于在公共服务领域推广政府和社会资本合作模式指导意见的通知》（国办发〔2015〕42号，2015年5月19日发布）。

（2）《财政部关于推广运用政府和社会资本合作模式有关问题的通知》（财金〔2014〕76号，2014年9月23日发布）。

（3）《国家发展改革委关于开展政府和社会资本合作的指导意见》（发改投资〔2014〕2724号，2014年12月2日发布）。

（4）《财政部关于规范政府和社会资本合作（PPP）综合信息平台运行的通知》（财金〔2015〕166号，2015年12月18日发布）。

（5）《财政部关于推进政府和社会资本合作规范发展的实施意见》（财金〔2019〕10号，2019年3月7日发布）。

（6）《财政部、中国人民银行、中国证券监督管理委员会关于规范开展政府和社会资本合作项目资产证券化有关事宜的通知》（财金〔2017〕55号，2017年6月7日发布）。

（7）《国家发展改革委　中国证监会关于推进传统基础设施领域政府和社会资本合作（PPP）项目资产证券化相关工作的通知》（发改投资〔2016〕2698号，2017年7月20日发布）。

（8）《政府和社会资本合作（PPP）项目资产证券化业务尽职调查工作细则》（中国证券投资基金业协会发布，2019 年 6 月 24 日起实施）。

（9）《资产证券化监管问答（一）》（中国证监会，2016 年 5 月 13 日发布）。

（10）《深圳证券交易所政府和社会资本合作（PPP）项目资产支持证券挂牌条件确认指南》（深圳证券交易所发布，2017 年 10 月 19 日起实施）。

（11）《深圳证券交易所政府和社会资本合作（PPP）项目资产支持证券信息披露指南》（深圳证券交易所发布，2017 年 10 月 19 日起实施）。

（12）《上海证券交易所政府和社会资本合作（PPP）项目资产支持证券挂牌条件确认指南》（上海证券交易所发布，2017 年 10 月 19 日起实施）。

（13）《上海证券交易所政府和社会资本合作（PPP）项目资产支持证券信息披露指南》（上海证券交易所发布，2017 年 10 月 19 日起实施）。

第十三节　保障房资产证券化

案例：长城证券 - 天元保障房信托受益权资产支持专项计划	
计划管理人	长城证券股份有限公司
发行场所	深圳证券交易所
原始权益人	潍坊银行股份有限公司
发行金额	3.50 亿元
基础资产	信托受益权
证券分层比例	A1 档：28%；A2 档：17%；A3 档：16%；A4 档：10%；A5 档：9%；次级：20%
发行利率	A1 档：286.2028%；A2 档：176.4017%；A3 档：166.6516%；A4 档：106.8510%；A5 档：96.959%；次级：20N/A20%

206. 保障房资产证券化中基础资产有哪些？

（1）保障房范围及类别。根据《国务院关于城镇保障性住房建设和管理工作情况的报告》第二条，住房保障有实物保障和货币补贴两种方式。实物保障性住房按照供应方式，可以归纳为租赁型保障房和购置型保障房：租赁型保障房有廉租住房和公共租赁住房；购置型保障房有经济适用住房、限价商品住房和各类棚户区改造住房。

廉租住房：由公共财政出资建设，以低廉的租金面向城镇低收入住房困难家庭配租。建筑面积控制在50平方米以内。

公共租赁住房：由公共财政投资或企业和其他机构投资建设，面向城镇中等偏下收入住房困难家庭、新就业无房职工和在城镇稳定就业的外来务工人员出租。各地根据需要，可建设成套住房，也可建设宿舍型住房。适应这一群体的特征和住房需求，建筑面积以40平方米左右的小户型为主。租赁关系稳定，租金略低于市场租金。

棚户区改造安置住房：城市和国有工矿（含煤矿）、林区棚户区改造由政府适当补助，企业和个人也出部分资金进行建设。垦区危房改造由政府适当补助，个人出资建设。

经济适用住房：由政府提供政策支持，主要由企业投资建设，面向有一定支付能力的城镇低收入住房困难家庭配售。建筑面积控制在60平方米以内。购买后不满5年，不得上市交易，确需转让的，由政府按照原价、考虑折旧等因素回购；购买后满5年，可以转让，但要按规定缴纳增值收益（具体由地方规定），并规定在同等条件下政府优先回购。

限价商品住房：这项政策在房价较高的城市实行，面向中低收入无房或住房困难家庭供应，建筑面积一般在90平方米以内。各有关城市都规定了购买条件、上市交易的条件和上市交易的收益调节办法。

在进行实物住房保障的同时，也对城镇部分低收入住房困难家庭发放租赁住房补贴，支持他们在市场上租赁住房。租赁性保障房的证券化可参考住房租赁资产证券化，此处保障房证券化主要是指购置型保障房相关的证券化。

（2）城镇保障性住房的开发建设模式。根据《住房和城乡建设部、国家发展和改革委员会、财政部、国土资源部、中国人民银行、国家税务总局、中国银行业监督管理委员会关于鼓励民间资本参与保障性安居工程建设有关问题的通知》（建保〔2012〕91号），保障房建设主体根据省、市、县的保障性安居工程建设规划和年度计划，可以通过直接投资、间接投资、参股、委托代建等多种方式参与廉租住房、公共租赁住房、经济适用住房、限价商品住房和棚户区改造住房等保障性安居工程建设，按规定或合同约定的租金标准、销售价格面向政府核定的保障对象出租、出售。

具体方式如下：

①直接投资或参股建设并持有、运营廉租住房和公共租赁住房；

②接受政府委托代建保障性住房项目，建成后由政府按合同约定回购；

③投资建设经济适用住房和限价商品住房；

④在商品住房项目中配建廉租住房和公共租赁住房，按合同约定无偿移交给政府，或由政府以约定的价格回购；

⑤参与棚户区改造项目建设；

⑥省、市、县政府规定的其他形式。

（3）保障房的建设安置计划。在国家层面，根据《国务院关于同意成立保障性安居工程协调小组的批复》（国函〔2009〕84号），国务院成立保障性安居工程协调小组，负责“贯彻落实党中央、国务院关于保障性安居工程工作的决策部署，研究提出廉租住房建设、棚户区改造和农村危房改造试点的政策措施，协调有关事项；研究制定廉租住房保障、棚户区改造以及农村危房改造试点规划和年度工作计划，并组织实施”等工作。

在地方层面，根据国办发〔2011〕45号文第六条的规定，省级人民政府对本地区保障性安居工程工作负总责；市县人民政府具体实施，负责落实项目前期工作、建设资金、土地供应、工程质量监督、保障性住房租售管理和使用监管等。各省、自治区、直辖市要按照目标任务，按需申报，自下而上，编制本地区保障性住房建设规划，将任务分解到年度。

207. 保障房资产证券化中原始权益人有哪些?

保障房资产证券化项目的原始权益人为信托委托人或初始受益人，通常为过桥资金的提供方，如保障房建设企业的关联公司等。

208. 保障房资产证券化中常见入池标准有哪些?

保障房项目本身应当满足以下要求：保障房项目证照齐全，建议已办理完成部分销售许可证；向购房者收款或实质为向购房者收款，市场化销售；保障房项目土地、在建工程、未来收入或现金流等未设有抵押、质押等权利障碍（可使用募集资金解除的除外）。关注房屋销售现金流的稳定性、可预测性，应充分论证当地房地产行业整体发展状况，可以通过保障房建设主体的母公司在信托层面进行担保，缓释现金流的不确定性风险。

209. 保障房资产证券化中常见交易结构是什么?

项目交易结构通常为资金信托及专项计划双 SPV 形式，即设立资金信托向保障房建设企业发放信托贷款，保障房建设企业以保障房销售收入作为偿还信托贷款的还款来源并进行质押，由保障房建设企业或相关方提供担保。

（1）交易结构图如下：

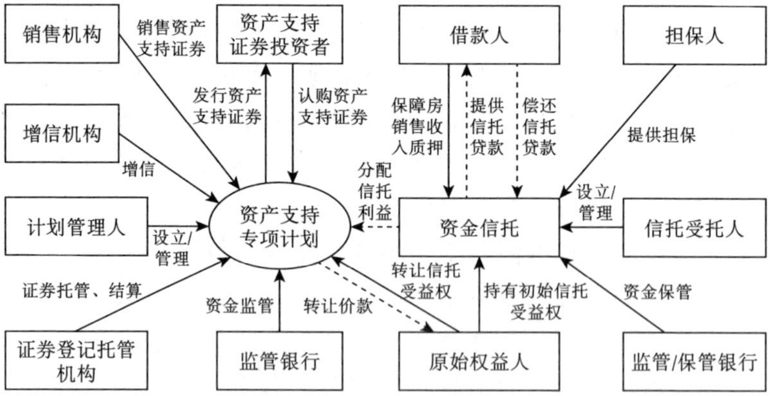

（2）增信措施。

常见的增信措施包含：应收账款质押；优先级、次级分层结构；

现金流超额覆盖；保障房建设企业或相关方对信托贷款提供担保，或对专项计划优先级资产支持证券本息提供差额补足。

（3）资金归集路径。为保证按时偿还信托贷款，保障房建设企业应当按照保障房销售计划销售入池保障房项目，并定期确认保障房销售、安置情况及核对购房款总金额，确保入池保障房项目销售收入按期足额支付至保障房收款账户（即“借款人收款账户”）。信托存续期间，借款人应当于信托文件及监管协议等约定的相关财产收益归集日向监管账户划付截至当日收到的入池保障房项目的全部现金流收入。监管银行应当于监管银行核对日核对账户金额及借款人提交的所有资料，并应当于监管账户划款日将划款期间内监管账户的全部资金划付至信托账户。在每一个信托分配日，信托机构应当根据信托合同的相关约定将信托利益转入专项计划账户。

210. 保障房资产证券化中实操要点有哪些？

（1）债务人核查。根据《资产证券化基础资产负面清单》（以下简称《负面清单》），基础资产不得为“以地方政府为直接或间接债务人的基础资产［但地方政府按照事先公开的收益约定规则，在政府与社会资本合作模式（PPP）下应当支付或承担的财政补贴除外］”，也不得为“以地方融资平台公司为债务人的基础资产”，因此需核查保障房建设企业是否属于地方政府融资平台公司或类平台企业。此外，保障房销售回款中，通常有很大部分来源于政府向拆迁安置主体支付的补偿款，而且由负责拆迁安置的企业向保障房建设企业支付，或由拆迁安置企业先行购买保障房，但需厘清购房款的法律性质，如由拆迁安置企业直接购买，还需核查其是否属于地方政府融资平台或类平台企业。

（2）保障房项目纳入国家保障房计划核查。《负面清单》规定，基础资产不得涉及“待开发或在建占比超过10%的基础设施、商业物业、居民住宅等不动产或相关不动产收益权（当地政府证明已列入国家保障房计划并已开工建设的项目除外）”。通常，保障房项目在进行证券化运作时，项目建设尚处于较为前期的阶段，难以达到建设进度完成90%的要求，因此需确认保障房项目已纳入国家保障房计划之中，建议尽量取得当地政府住建部门的确认。

（3）保障房项目尽职调查要求。鉴于保障房开发建设及安置情况均有其特殊性，对于拟纳入基础资产的保障房项目及其建设主体，应当根据保障房项目所在地的开发建设及安置政策进行以下主要方面的尽职调查。

对保障房建设企业：应当关注保障房建设企业是否已取得开发建设入池保障房项目的相应业务资质，是否取得了对入池项目进行开发建设的相应授权；涉及不同开发建设及业务经营模式的，需关注业务定位、出资比例、收益分成、建设收入的分配结构、盈利模式、相关协议或政府文件、会计处理方式及会计处理依据等。

对保障房项目：除确认其是否纳入国家保障房计划之外，还应关注入池保障房项目建设（安置、销售）周期、总投资额和已投资额、是否签订安置（销售）合同或协议、开工（竣工、销售）面积、在售项目的未来三年安置（销售）计划、已安置（销售）金额和资金回笼计划情况、是否按照安置/销售合同或协议执行回款情况等。

211. 保障房资产证券化主要涉及哪些法律法规和司法解释？

（1）《国务院关于进一步深化城镇住房制度改革加快住房建设的通知》（国发〔1998〕23 号，1998 年 7 月 3 日公布）。

（2）《国务院关于同意成立保障性安居工程协调小组的批复》（国函〔2009〕84 号，2009 年 7 月 14 日发布）。

（3）《国务院办公厅关于保障性安居工程建设和管理的指导意见》（国办发〔2011〕45 号，2011 年 9 月 28 日发布）。

（4）《国务院关于城镇保障性住房建设和管理工作情况的报告》（2011 年 10 月 25 日发布）。

（5）《国务院办公厅关于推进公共资源配置领域政府信息公开的意见》（国办发〔2017〕97 号，2017 年 12 月 19 日发布）。

（6）《住房和城乡建设部、国家发展和改革委员会、财政部等关于鼓励民间资本参与保障性安居工程建设有关问题的通知》（建保〔2012〕91 号，2012 年 6 月 2 日发布）。

（7）《财政部办公厅、住房城乡建设部办公厅关于报送城镇保障性安居工程有关情况的通知》（财办综〔2017〕121 号，2017 年 12 月 28 日发布）。

（8）《财政部、住房城乡建设部关于印发〈公共租赁住房资产管理暂行办法〉的通知》（财资〔2018〕106 号，2018 年 12 月 25 日发布）。

（9）《国家发展改革委关于印发〈中央预算内投资保障性安居工程专项管理暂行办法〉的通知》（发改投资规〔2019〕1035 号，2019 年 6 月 11 日发布）。

（10）《财政部、住房城乡建设部关于印发〈中央财政城镇保障性安居工程专项资金管理办法〉的通知》（财综〔2019〕31 号，2019 年 8 月 22 日发布）。

（11）《深圳证券交易所资产证券化业务问答》（深圳证券交易所固定收益部 2020 年 5 月修订，2020 年 5 月发布）。

（12）《关于发布〈资产支持专项计划备案管理办法〉及配套规则的通知》（中基协函〔2014〕459 号，2014 年 12 月 24 日发布）。

第十四节　知识产权资产证券化

案例：平安证券 - 高新投知识产权 1 号资产支持专项计划	
计划管理人	平安证券股份有限公司
发行场所	深圳证券交易所
原始权益人	深圳市高新投小额贷款有限公司
发行金额	1.24 亿元
基础资产	小额贷款
证券分层比例	A 档：99%；次级：1%
发行利率	A 档：993.6099%；次级：1N/A1%

212. 知识产权资产证券化中基础资产有哪些？

知识产权自身不会直接产生现金流，需投入市场运用中才能实现其价值，这使知识产权融资时存在估值难的问题，同时，知识产权（特别是技术专利）通常缺乏现金流，这也导致知识产权作为基础资产直接进行资产融资的难度较大，特别是技术专利。因此，知识产权证券化通常需要先依托知识产权构建具备现金流的基础资产，根据目前市场已发行案例，常见的方式包括知识产权融资租赁、知识产权质押贷款、知识产权许可费用或转让价款（也包括围绕核心企业展开的知识产权供应链应付款融资）。

（1）知识产权资产证券化融资租赁模式。拥有知识产权的企业通过融资租赁，作为转让方身份将相关知识产权资产转让给融资租赁公司，融资租赁公司向企业支付购买该知识产权的相应价款。同时，企业作为承租人以向融资租赁公司租赁的方式继续获得该知识产权的使用权，融资租赁公司根据与承租人签订的租赁协议向承租人提供租赁服务并对承租人享有租金债权。

融资租赁公司以租金债权作为基础资产进行证券化运作，相关案例包括文科租赁一期资产支持专项计划、文科租赁二期资产支持专项计划、文科租赁三期资产支持专项计划等。交易结构、合格标准等与常见的融资租赁证券化相同。

（2）知识产权资产证券化质押贷款模式。企业以知识产权质押贷款参与证券化运作，企业将其持有的知识产权质押给商业银行、小贷公司、信托公司或其他具有放贷资质的机构，这些机构向企业发放相应贷款，作为贷款人的企业分期偿还或到期一次性偿还贷款。

贷款机构以贷款债权或持有这些贷款债权的信托的信托受益权作为基础资产进行证券化运作，相关案例可参考“平安证券—高新投知识产权 1 号资产支持专项计划”。交易结构、合格标准等与常见的消费金融、非标债权模式相似。

（3）知识产权资产证券化应收账款模式。围绕采购（包括受让及许可）知识产权及相关服务的核心企业的供应链应付款进行证券化运作，该模式下基础资产来源于基础交易债权人与基础交易债务人（核心企业及/或其下属公司）签订的境内服务贸易（包含知识产权服务贸易，如电影、电视剧和综艺节目等著作权许可使用或委托制作）及其他服务等交易的合同性法律文件而产生的应收账款。

通常，通过保理公司向前述分散的众多基础交易债权人归集应收款债权，再统一出售给计划管理人进行证券化运作。

（4）知识产权资产证券化许可使用模式。企业也可以许可使用模式参与知识产权资产证券化。该模式项下由拥有知识产权的企业作为许可方，先将知识产权许可给某一主体（实操中多见于融资租赁公司，通常采用独占许可的方式），由该主体一次性支付许可费用，再由该主体许可给企业实施，企业分期支付许可费用，既能实现知识产权融资，又能解决实操中拥有知识产权的企业出于多种原因不愿意转让或出售知识产权特别是技术专利的问题。

213. 知识产权资产证券化中原始权益人有哪些？

在许可使用模式下，原始权益人为对拥有知识产权的企业进行许可使用的主体。

基础资产为原始权益人在专项计划设立日向管理人转让的、原始权益人依据许可使用合同对被许可方享有的知识许可使用费债权。

214. 知识产权资产证券化中常见入池标准有哪些？

（1）基础资产对应的知识产权许可使用合同应当合法有效。原始权益人应当按照其与知识产权企业之间的许可使用合同约定向知识产权企业履行合同项下的义务，支付知识产权许可使用费；被许可企业应当按照其与原始权益人之间的许可使用合同约定向原始权益人履行合同项下的义务，向原始权益人分期支付许可费用。被许可企业对原始权益人的许可使用费支付义务不享有任何主张扣减或减免的权利（法定抵销权除外）。

（2）知识产权企业基于享有的知识产权合法有效，不存在任何未决的诉讼、仲裁、知识产权权利瑕疵或其他争议情况，未设置除原始权益人为知识产权企业担保权益外的其他权利负担，且知识产权的有效期到期日应晚于专项计划预期到期日和知识产权对应的许可使用合同到期日。

（3）原始权益人应当合法拥有基础资产，基础资产权属明确，基础资产可以进行合法有效的转让。

（4）基础资产界定应当清晰，附属权益（如有）及其他权利（如有）的具体内容应当明确。基础资产不涉及对专项计划合法受让、持有基础资产或对基础资产可回收性产生重大不利影响的任何未决的诉讼、仲裁、执行或破产程序，未被采取任何查封、扣押、冻结等司法保全或强制措施，不涉及国防、军工或其他国家机密。

（5）基础资产应当基于真实、合法的交易活动产生，交易对价公允，具备商业合理性。基础资产不属于《负面清单》列示的负面清单范畴，不属于以地方政府为直接或间接债务人、以地方融资平台公司为债务人的基础资产，不存在违反地方政府债务管理相关规定的情形。

215. 知识产权资产证券化中常见交易结构是什么？

（1）交易结构图如下：

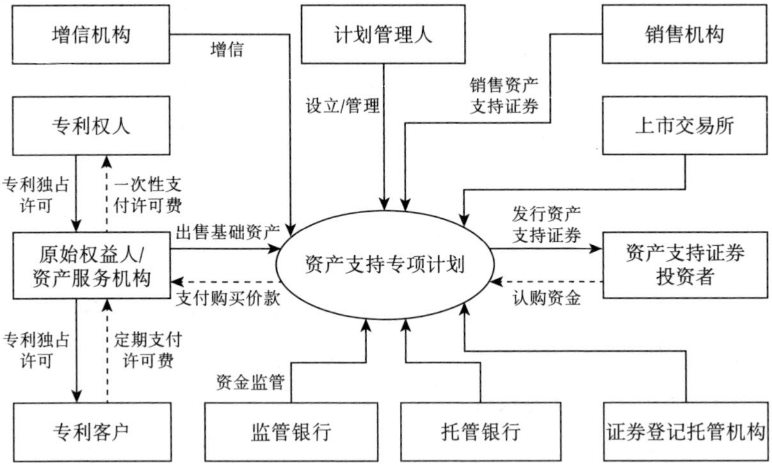

（2）增信措施。

常见的增信措施包含：优先级、次级产品结构化分层；超额现金流覆盖；原始权益人或相关方差额支付承诺、流动性支持等担保；权利完善事件、违约事件和提前终止事件等内部信用触发机制。

（3）资金归集路径。专项计划存续期间，基础资产回收款由资产服务机构负责归集，资产服务机构于每一个回收款转付日，将监管账户内回收款转付至专项计划账户，在基础资产回收款归集至专项计划账户后，这些资产属于专项计划资产，可以实现与资产服务机构的破产隔离。

216. 知识产权资产证券化中实操要点有哪些？

（1）知识产权权利瑕疵。若知识产权本身存在权利瑕疵，或基于知识产权衍生的相关财产性权利存在瑕疵，或知识产权存在争议、纠纷，或基础资产转让时存在权利瑕疵、争议、纠纷等问题，则专项计划基础资产状态及现金流回收将受到重大影响。如在许可使用模式下，基础资产项下质押有可能存在无法对抗存量许可的风险，以及特定知识产权提前终止、无效、侵权、强制许可申请的风险。在专项计划存续期间，这些风险将导致基础资产相应灭失或价值减损。因此，管理人及律师应当对基础资产权属情况、知识产权登记情况、对外许可及排他性情况、转让的合法合规性以及是否涉诉、涉执行情况进行详细的尽职调查，且专项计划文件应当约定及披露发生上述特殊情况时的相关风险缓释措施。

（2）知识产权价值的浮动性。知识产权作为无形资产，其价值受需求者、供给者、实施产品的市场状况、替代技术的出现与否等原因影响，其价值具有较大的不确定性与浮动性。针对该种情况，建议在专项计划文件中进行充分的风险提示，并设置相应的风险缓释措施。

217. 知识产权资产证券化主要涉及哪些法律法规和司法解释？

（1）《中华人民共和国专利法》（中华人民共和国主席令第8号，2008年12月27日发布）。

（2）《中华人民共和国著作权法》（中华人民共和国主席令第26号，2010年2月26日发布）。

（3）《中华人民共和国商标法》（中华人民共和国主席令第29号，2019年4月23日发布）。

（4）《中华人民共和国专利法实施细则》（中华人民共和国国务院令第569号，2010年1月9日发布）。

（5）《中华人民共和国著作权法实施条例》（中华人民共和国国务院令第633号，2013年1月30日发布）。

（6）《中华人民共和国商标法实施条例》（中华人民共和国国务院令第651号，2014年4月29日发布）。

（7）《关于深化体制机制改革加快实施创新驱动发展战略的若干意见》（中发〔2015〕8号，2015年3月13日发布）。

（8）《专利实施许可合同备案办法》（中华人民共和国国家知识产权局令第62号，2011年6月27日发布）。

（9）《关于新形势下加快知识产权强国建设的若干意见》（国发〔2015〕71号，2015年12月18日发布）。

（10）《国务院关于印发“十三五”国家知识产权保护和运用规划的通知》（国发〔2016〕86号，2016年12月30日发布）。

（11）《国务院关于印发国家技术转移体系建设方案的通知》（国发〔2017〕44号，2017年9月15日发布）。

（12）《关于进一步推动知识产权金融服务工作的意见》（国知发管函字〔2015〕38号，2015年3月30日发布）。

（13）《关于进一步加强知识产权运用和保护助力创新创业的意见》（国知发管字〔2015〕56号，2015年9月7日发布）。

第十五节　非标债权资产证券化

案例：天资2018年第一期资产支持专项计划	
计划管理人	上海东方证券资产管理有限公司
发行场所	深圳证券交易所
原始权益人	深圳前海航慧投资管理有限公司、上海鲸甲资产管理有限公司、青岛中建新城投资建设有限公司
发行金额	47.1亿元
基础资产	信托受益权
证券分层比例	A档：66%；B档：24%；次级：10%
发行利率	A档：6.6%；B档：6.8%；次级：N/A

218. 非标债权资产证券化中基础资产有哪些？

企业债权融资是银行贷款和发债，但部分企业受限于其自身信用或因企业主营业务相关行业受政策调控影响，较难直接从银行处获得贷款，或通过在证券交易场所、银行间交易市场发行债券进行融资，因此，当这些企业有融资需求时，其只能通过其他渠道，例如通过企业间借贷、信托贷款等方式获得融资。

信托公司具备发放贷款的资质，其既可以在资产管理业务中主动募集资金设立信托向企业发放信托贷款融资，也可以在借贷活动中充当通道实现企业间的合法资金融通，因此，信托贷款融资是企业债权融资的一种有益补充。银行作为借贷通道的委托贷款也具有类似的性质。实务中，金融资产管理公司及/或其以投资为主业的子公司或其他子公司（以下合称为“资产管理公司”）在不良资产业务重组中，也大量存在借道信托或委贷银行向相关主体提供重组融资的情形。此外，通过信托受让应收账款或企业间合法借贷债权进行证券化的，也是实务中的常见情形。

219. 非标债权资产证券化中原始权益人有哪些？

非标债权资产证券化中原始权益人一般为持有委贷债权及/或信托受益权的主体。

220. 以信托受益权为基础资产时，常见入池标准有哪些？

（1）信托合同在适用法律下均合法及有效，原始权益人已依据信托合同的约定向信托受托人交付信托资金（适用于资金信托）或委贷债权、企业间债权（适用于财产权信托），相关信托已经成立、生效并有效存续。

（2）底层资产相关的信托贷款合同、委托贷款合同及约定企业间债权债务关系的合同在适用法律下均合法及有效，相应的信托贷款、委贷债权及企业间债权所对应的借款均已经发放完毕，并构成债务人合法、有效和有约束力的义务。

（3）底层资产相关的抵押合同（如有）、质押合同（如有）、保证合同（如有）等担保文件在适用法律下均合法及有效，相应的抵质押等担保措施（如有）的各项手续（包括但不限于登记等）已经办理完成。

（4）底层资产如果是从第三方初始受让或经多次转让受让的，每次受让的债权转让协议在适用法律下均合法及有效，且相关债权文件未对这些债权转让进行限制。

（5）底层资产如果是企业间债权，已就底层资产拟委托并交付信托受托人设立目标信托事项通知相应的债务人。

（6）底层资产如果是委贷债权，已就底层资产拟委托并交付信托受托人设立目标信托事项通知委贷银行。

（7）信托的剩余期限及底层资产的债权到期日不超过未发生加速清偿事件及专项计划提前到期情况下的最后一个专项计划账户资金确认日。

（8）债务人不属于地方融资平台公司，底层资产不涉及负面清单。

（9）原始权益人合法有效地拥有目标信托项下的全部信托受益权，未设定质押等担保权利或其他权利负担。

（10）信托受益权可以合法有效地转让，未附带质押或其他权利负担。

（11）基础资产未发生本金或利息回款逾期或其他违约情形。

（12）基础资产及底层资产不涉及任何未决的诉讼、仲裁、执行或破产程序，未被采取任何查封、扣押、冻结等司法保全或强制措施。

若存在部分担保措施未登记给信托公司等特殊情形的，管理人应当在计划说明书中披露担保措施未登记给信托的原因及合理性，充分揭示风险，并设置相应的权利完善措施。

221. 非标债权资产证券化中常见交易结构是什么？

原始权益人向计划管理人出售信托受益权（信托公司代表信托计划持有对债务人的债权及其附属担保权益），并作为资产服务机构为专项计划提供资金归集等资产服务，同时由原始权益人或其关联方为专项计划提供差额补足等增信措施，且专项计划可根据资产池情况设定或不设定循环购买机制，并配置违约措施、权利完善措施、加速清偿措施等保障措施。

作为基础资产的信托受益权可能是一个集合信托的信托受益权，也可能是多个单一资金信托及/或财产权信托的信托受益权，需根据底层资产具体情况考虑如何构建基础资产。

（1）交易结构图如下：

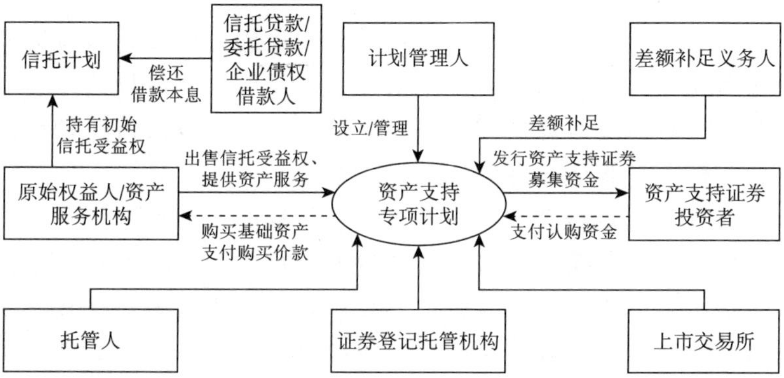

（2）增信措施。

常见增信措施为：原始权益人或其关联方为专项计划提供差额补足等增信措施；超额利差覆盖；优先劣后证券分层；原始权益人承担不合格基础资产及违约基础资产赎回义务；其他信托触发机制，如权利完善措施、加速清偿措施等。

（3）资金归集路径。根据信托受益权转让合同，计划管理人支付信托受益权转让价款后，基础资产即转让给计划管理人，并将在信托受托人处办理信托受益权转让登记手续，直接将专项计划账户登记成受益人收款账户。在此情况下，基础资产回收资金（即信托分配的信托利益）将从信托财产专户支付至专项计划账户。

222. 非标债权资产证券化中实操要点有哪些？

（1）关注底层资产形成的合法合规性。底层资产可能为信托贷款、企业间债权或委托贷款任一情形下，均应关注相关债权的形成是否合法合规。在融资人为房地产企业的情形下，通过资金信托向其发放信托贷款是否符合“四三二”的规定；当底层资产为企业间债权时，是否可能因涉及高利转贷或出借人是职业放贷人等情形导致企业间借贷债权无效；底层资产涉及不良资产重组时，其是否符合不良资产转让相关规定的要求；原始权益人如果是从其他债权人处受让取得相关债权，且其他债权人是国有企业的，还需考虑其债权转让是否符合国有资产转让程序要求等。因此，项目前期均应对底层资产情况进行详细尽调，并根据其特点考虑是否有重组需求、如何构建基础资产等具体实施方案。

（2）债权分散性。底层资产应具有一定的分散性，通常应满足十笔十个债务人的要求。如单一债务人占比较高，需将其作为重要债务人进行尽调及信息披露，同时应关注单一债务人占比较高的情况下，投资者利益是否会存在较大的风险。

（3）担保措施转移登记。鉴于底层债权的取得可能是从其他债权受让取得的，其受让取得这些债权或通过设立信托取得这些债权时，原债权人可能不会向附属担保权益相关义务人发送债权及附属担保权益转让通知，故相应的附属担保权益则不会办理转让登记给原始权益人及/或信托受托人的手续。因此，在相关债权转让时，需与原债权人衔接好相关担保措施转让事宜。为保障专项计划利益，建议将上述通知及担保措施转移登记列入权利完善措施并予以执行。

（4）债务人通知。在底层资产为委贷债权的情况下，原始权益人可能仅就债权转让事宜通知委贷银行，却未通知债务人，但为保障专项计划利益，建议将上述通知及担保措施转移登记列入权利完善措施并予以执行。

223. 非标债权资产证券化主要涉及哪些法律法规和司法解释？

（1）《中华人民共和国物权法》（中华人民共和国主席令第62号，2007年10月1日起实施）。

（2）《中华人民共和国担保法》（中华人民共和国主席令第50号，1995年10月1日起实施）。

（3）《中华人民共和国信托法》（中华人民共和国主席令第50号，2001年10月1日起实施）。

（4）《贷款通则》（中国人民银行令〔1996〕2号，1996年8月

1 日起实施）。

（5）《最高人民法院关于审理民间借贷案件适用法律若干问题的规定》（法释〔2015〕18 号，2015 年 9 月 1 日起实施）。

（6）《最高人民法院关于印发〈全国法院民商事审判工作会议纪要〉的通知》（法〔2019〕254 号，2019 年 11 月 8 日起实施）。

（7）《财政部、中国银监会关于印发〈金融企业不良资产批量转让管理办法〉的通知》（财金〔2012〕6 号，2012 年 1 月 18 日起实施）及其他与不良资产处置相关的法律法规等。

（8）《中国银监会关于印发商业银行委托贷款管理办法的通知》（银监发〔2018〕2 号，2018 年 1 月 5 日起实施）。

后　记

深圳证券交易所创业企业培训中心（以下简称“培训中心”）自2001年成立以来，一直致力于普及资本市场基础知识、基本理念，宣传资本市场政策法规，积极服务于创新创业企业改制上市、规范运作，推动提高上市公司质量，保护投资者合法权益。截至2020年底，培训中心已在全国各地举办各类培训班、座谈会或研讨会1000多期，参加培训的学员超过16万人次，受到各地政府、上市公司和拟上市企业的普遍欢迎。

培训中心作为深交所开展市场服务的主要机构之一，始终秉承“市场至上　服务为本”的理念，积极搭建综合服务平台，聚集企业高管与来自一线监管部门、市场机构等各方面的专家，就企业改制上市、规范运作、并购重组、股权激励、再融资等问题展开深入沟通交流，着力提升企业家利用资本市场发展产业的能力与经验。为加大资本市场知识传播和服务的覆盖面，培训中心在开展现场培训基础上，进一步构建了以公开出版物、线上平台（深交所创新成长学院）为媒介的全方位服务体系。

2013年，培训中心开始与中国财政经济出版社合作，公开出版“深交所创新成长学院系列读物”丛书，借此扩大受众，延伸深交所服务。期间，组织编写了《中小企业板、创业板股票发行上市问答》《上市公司并购重组问答》《创业板股票发行问答》《上市公司最新并购案例解析》《上市公司规范运作指引》《上市公司监管法规汇编》等培训教材，得到广大学员与读者的好评。

2020年3月，随着新《证券法》的实施，公开发行公司债券率先从核准制全面转向注册制，这是公司债券市场化、法制化发展进程的又一里程碑。注册制的实施，缩短了发债周期，提高了发行效率，进一步提升了企业融资的能力。另外，作为盘活中小企业存量资产的重要工具，资产证券化产品近年来也已经逐步成为企业重要的融资通道之一。为了让发行人能更深入地了解公司债券和资产证券化产品发行中的要点，培训中心组织业界专家编写了《公司债券和资产证券化产品发行问答》。

本书共分上、下两篇，上篇是公司债券，下篇是资产证券化。内容框架和编委分工如下：

<table>
<tr><th colspan="2"></th><th>主要内容</th><th>编委</th></tr>
<tr><td rowspan="12">上篇
公司
债券</td><td rowspan="2">第一章</td><td rowspan="2">公司债券常识</td><td>华泰联合证券债券承销三部副总裁　杨德聪</td></tr>
<tr><td>华泰联合证券债券承销三部高级经理　钟毅</td></tr>
<tr><td rowspan="4">第二章</td><td rowspan="4">发行公司债券前期准备</td><td>中信证券债务融资业务线总监　王宏峰</td></tr>
<tr><td>中信证券债务融资业务线副总裁　陈天涯</td></tr>
<tr><td>中信证券债务融资业务线高级经理　冯源</td></tr>
<tr><td>中信证券债务融资业务线高级经理　张路</td></tr>
<tr><td rowspan="3">第三章</td><td rowspan="3">资信评级、受托管理与债券持有人权益保护</td><td>中信证券债务融资业务线高级经理　冯源</td></tr>
<tr><td>中信证券债务融资业务线高级经理　王玉林</td></tr>
<tr><td>中信证券债务融资业务线高级经理　蔡智洋</td></tr>
<tr><td rowspan="3">第四章</td><td rowspan="3">审核备案和承销上市</td><td>华泰联合证券债券资本市场部副总裁　彭子源</td></tr>
<tr><td>华泰联合证券债券资本市场部经理　仲子昀</td></tr>
<tr><td>华泰联合证券债务融资部高级经理　杜滔</td></tr>
<tr><td rowspan="8">下篇
资产
证券化</td><td rowspan="2">第一章</td><td rowspan="2">企业资产证券化常识</td><td>华泰联合证券债券业务线主管　马添翼</td></tr>
<tr><td>华泰联合证券债券业务线主管　赖晓明</td></tr>
<tr><td rowspan="2">第二章</td><td rowspan="2">企业资产证券化交易结构</td><td>君泽君律师事务所合伙人　余红征</td></tr>
<tr><td>君泽君律师事务所律师　郑佳敏</td></tr>
<tr><td rowspan="2">第三章</td><td rowspan="2">企业资产证券化法律问题</td><td>金杜律师事务所合伙人　温建立</td></tr>
<tr><td>金杜律师事务所合伙人　宋科</td></tr>
<tr><td rowspan="2">第四章</td><td rowspan="2">企业资产证券化会计及税务问题</td><td>德勤华永会计师事务所审计合伙人
洪锐明（会计部分）</td></tr>
<tr><td>德勤华永会计师事务所审计高级经理
江丽雅（会计部分）</td></tr>
</table>

续表

		主要内容	编委
下篇 资产证券化	第四章	企业资产证券化会计及税务问题	德勤华永会计师事务所审计高级经理 陈健锋（会计部分）
			上海德勤税务师事务所有限公司税务合伙人 姜妍（税务部分）
			上海德勤税务师事务所有限公司税务合伙人 俞娜（税务部分）
	第五章	企业资产证券化实务	金杜律师事务所资深律师　胡凌波
			金杜律师事务所合伙人　李文敏
			金杜律师事务所合伙人　张乐

在以上编委的辛勤付出下，本书得以顺利成稿。本书前言由华泰联合证券于永臻博士主笔，国信证券固定收益部董事总经理傅晓军先生和招商基金首席经济学家李湛博士对其进行了文字校对。深圳证券交易所固定收益部寻晓青副总监、综合研究所郑雪晴博士对本书进行了全文审校；培训中心固定收益研究小组李佼佼、郭艺枫、袁媛、李明明、张梦凡、凌丽娴又对全书进行了文字校对工作。

由于公司债券和资产证券化市场发展迅速，相关工作的专业性和复杂性较高，加上时间和水平所限，书中难免有疏漏和不足之处。本书给出的解答只代表作者个人观点和理解，仅供参考，对于法律、法规、政策的解读最终以权威部门的正式解释为准。我们将密切跟踪监管政策变化和市场发展演变，不断修订、完善本书，欢迎各界人士随时提出宝贵意见和建议。

联系人：李佼佼；联系方式：jjli. oth@ szse. cn

深圳证券交易所创业企业培训中心

2021 年 6 月